高等职业教育"新形态"精品系列教材·汽车类
"十二五"职业教育国家规划教材·修订版
经全国职业教育教材审定委员会审定

汽车车身电控系统检修

（第3版）

主　编　曾　鑫
副主编　王旭东　郑　振　何　琨
　　　　袁　牧　郑世界
主　审　张红卫

北京理工大学出版社
BEIJING INSTITUTE OF TECHNOLOGY PRESS

版权专有　侵权必究

图书在版编目（CIP）数据

汽车车身电控系统检修/曾鑫主编 . —3 版 . —北京：北京理工大学出版社，2021.1（2024.12重印）

ISBN 978-7-5682-7926-0

Ⅰ.①汽…　Ⅱ.①曾…　Ⅲ.①汽车-车体-电子系统-控制系统-检修-教材　Ⅳ.①U472.41

中国版本图书馆 CIP 数据核字（2019）第 248447 号

出版发行 / 北京理工大学出版社有限责任公司	
社　　址 / 北京市海淀区中关村南大街 5 号	
邮　　编 / 100081	
电　　话 /（010）68914775（总编室）	
（010）82562903（教材售后服务热线）	
（010）68944723（其他图书服务热线）	
网　　址 / http：//www.bitpress.com.cn	
经　　销 / 全国各地新华书店	
印　　刷 / 河北盛世彩捷印刷有限公司	
开　　本 / 787 毫米 × 1092 毫米　1/16	
印　　张 / 22.25	责任编辑 / 高雪梅
字　　数 / 522 千字	文案编辑 / 邢　琛
版　　次 / 2021 年 1 月第 3 版　2024 年 12 月第 4 次印刷	责任校对 / 周瑞红
定　　价 / 64.90 元	责任印制 / 李志强

图书出现印装质量问题，请拨打售后服务热线，本社负责调换

前言

近年来，我国汽车工业高速发展，产销量连续多年居世界第一，各种新技术不断成为新车型的标准配置，特别是为了改善汽车舒适性、安全性和环保性，大量应用电子控制新技术。直至今日，汽车电控技术已发展到第四阶段，主要是研究开发车辆的智能控制系统，包括电子技术、优化控制技术、传感器技术、网络技术、机电一体化耦合交叉技术、无人驾驶和智能网联汽车等综合技术系统。各当前汽车车身电控系统大量采用智能控制，使得汽车维修理念、维修内容、维修方法，都发生了根本性的变化，维修技术越来越专业化和智能化，对从事汽车维修岗位人员的素质及技能要求越来越高，要求汽车维修技术人员能够在相对短的时间内掌握关于新车型的维修技术和方法，具备自我学习和知识更新能力。

作为培养高职汽车类学生专业技能的主干课程，汽车车身电控系统检修不仅要求课程的教学内容与生产一线相对接，而且要广泛采用以任务为导向的教学方式，使工学结合的高等职业教育特点不断显现，实现知识和技能双系统的同步掌握，突出培养学生学习的迁移性和自学能力。

在内容上，能够反映汽车车身电控新技术，注重理论联系实际，与职业岗位工作标准接轨，具有较强的针对性与实用性。在编写组织形式上，打破章节概念，采用项目与任务的形式，突出对学生知识点的掌握和技能的培养，利用真实的典型案例培养学生的实际应用能力。

全书以任务为引领，将各车身电控系统的结构、工作原理等知识提炼成知识点来介绍，将拆装调整、故障诊断分析与修理等实践技能通过技能训练和任务实施来掌握通过技能训练和典型案例来掌握，形成包含知识内容、技能训练、任务实施和课后作业的一体化教材。书中图文并茂，方便汽车技术从业人员自学，突出了职业技术教育特色，重点突出各电控系统的电路原理、工作过程的讲解，通过丰富的实车电路介绍应用在新车型上的各种车身电控新技术，力求知识内容同步于技术更新。

自 2010 年第 1 版出版以来，本书受到广大读者的好评。为适应汽车技术的快速更新和职业教育的教学改革需要，编者对本书进行了第 2 次修订，在大多数任务中都增加了汽车车身电控新技术，为适应电动汽车的推广应用，增加了电动汽车车身控制系统检修任务，同时配套本书建设了立体化教学资源，配套有课程标准、教学实施方案、电子课件、习题、教案、教学视频、虚拟动画等，可供读者借鉴与参考。

本书依然保留了第 2 版 5 个项目，针对最新的汽车车身电控新技术内容进行了部分重构，将第 2 版的 23 个任务调整为 17 个任务。将智能雨刮系统和电控除霜内容并入任务 2.2 电动雨刮检修；将电动天窗内容并入任务 2.4 电动车窗检修；将电控安全带和安全气囊内容合并，同时增加主动安全防护新技术，统一放入任务 3.1 乘员安全保护系统检修；将倒车雷达和新的自动泊车、车身环视系统等新技术合并为任务 3.3 驾驶辅助系统检修；将 GPS 系统加入最新的车辆定位、导航和无人驾驶等技术升级为任务 4.1 汽车导航系统检修；将音响和车载电话内容合并加入汽车影视系统内容升级为任务 4.2 汽车娱乐系统检修；将智能汽车系统具体化为任务 5.3 车内电网管理系统检修；将电动汽车控制系统内容分散到各任务中。

为满足教学改革需要，将技能训练和课后作业内容精心编写成活页式教材。将拆装部分内容大幅精简，采用以技能视频数字资源形式展现，使学习更直观更简单，同时减少教材使用成本。针对全国职业院校技能大赛汽车检测与维修赛项，本书中增加了迈腾 B8 各系统的工作原理和电路分析，同时将任务实施更新为以迈腾 B8 案例为主，以竞赛试题的形式，采用国赛标准规范的诊断流程编写，将大赛资源转化到日常教学中。

本书新增 87 个教学资源，包含有针对国赛车型迈腾 B8 技术原理的 30 个微课、27 个技能视频、20 个电路分析流程图动画、8 个故障诊断流程图动画、2 个工作过程原理动画，能帮助教师有效开展信息化教学和大赛指导，同时方便学生自学。

本书由长期从事高等职业教育教学的教师和来自汽车维修企业一线的技术人员共同编写。武汉软件工程职业学院曾鑫教授担任主编；武汉软件工程职业学院王旭东、郑振，黄冈职业技术学院何琨，湖北交通职业技术学院袁牧，成都工业职业技术学院郑世界担任副主编；武汉软件工程职业学院张红卫教授担任主审。

由于编者水平所限，书中难免出现不妥和谬误之处，恳请读者批评指正。

编　者

目录

项目一 汽车车身电控系统分析 ▶ 001
任务 走进汽车车身电控系统 / 002

项目二 汽车车身电动系统检修 ▶ 011
任务 2.1 电动后视镜检修 / 012
任务 2.2 电动雨刮检修 / 020
任务 2.3 电动座椅检修 / 042
任务 2.4 电动车窗检修 / 055

项目三 汽车车身安全系统检修 ▶ 073
任务 3.1 乘员安全保护系统检修 / 074
任务 3.2 中央门锁系统检修 / 090
任务 3.3 驾驶辅助系统检修 / 101
任务 3.4 轮胎压力监测系统检修 / 113
任务 3.5 防盗报警系统检修 / 124

项目四 汽车车身通信系统检修 ▶ 141
任务 4.1 汽车导航系统检修 / 142
任务 4.2 汽车娱乐系统检修 / 148
任务 4.3 汽车电子仪表系统检修 / 163
任务 4.4 CAN 总线系统检修 / 182

项目五 汽车车身智能控制系统检修 ▶ 199
任务 5.1 电控前照明系统检修 / 200
任务 5.2 自动空调系统检修 / 215
任务 5.3 车内电网管理系统检修 / 241

参考文献 259

项目一 汽车车身电控系统分析

匠心智造：红旗汽车技术新时尚

任务 走进汽车车身电控系统

1. 掌握汽车车身各电控系统的名称及安装位置。
2. 熟悉汽车车身各电控系统功用。

1. 能正确识别汽车车身各电控系统名称及安装位置。
2. 能介绍汽车车身各电控系统的应用。

1. 汽车电控技术的发展历程

汽车电控技术是建立在电子技术发展基础之上的,从真空管、晶体管、集成电路、大规模集成电路到超大规模集成电路的技术进步,出现了计算机等各种各样的电子装置,汽车电控技术也随之深化和发展,汽车电控技术的应用程度可以说是衡量汽车高档与否的主要标志。时至今日,汽车电控技术的发展主要经历了四个阶段。

> 目前有的汽车电子装置占整车造价的 1/3,有的高级轿车安装有几十个 ECU、上百个传感器来实现对汽车的控制。

20 世纪 50 年代到 70 年代初期为第一阶段,是汽车电控技术发展的启蒙阶段,主要是应用电子装置替代机械部件。从在汽车上安装电子管收音机开始,主要产品有交流发电机、电子式电压调节器、电子式闪光器、电子控制式喇叭、电子式间歇刮水控制器、汽车收音机、电子点火控制器和数字时钟等。

20 世纪 70 年代中期到 80 年代中期为第二阶段,是汽车电控技术发展的初级阶段,主要是发展专用的独立控制系统。为解决汽车安全、污染和节油 3 大问题,将电子控制技术应用于机械装置无法解决的复杂控制功能方面。从电控点火系统到电控燃油喷射系统再到制动防抱死系统(ABS)等,使控制系统的结构更加紧凑,可靠性进一步提高,从而使汽车电控技术真正得以应用。

20 世纪 80 年代中期到 90 年代中期为第三阶段,是汽车电控技术发展阶段,主要是开发可完成各种功能的综合系统及各种汽车整体系统的电控技术。这是对汽车工业的发展最有价值、最有贡献的阶段。超微型磁体、超高效电动机及集成电路的微型化，为汽车上的集中控制提供了基础。汽车电控技术已从单一项目的控制，发展到多项内容的集中控制。例如从单一的控制点火时刻开始，逐步扩展到控制废气再循环、空燃比、怠速转速等多项内容的发动机综合控制，即所谓发动机集中控制系统。代表性的系统是集发动机与自动变速器控制于一体的动力传动系统与制动和防滑控制系统（ABS/ASR）。

目前汽车电子技术已发展到第四阶段，主要是研究开发汽车的智能控制系统，开发包括微型计算机控制技术、优化控制技术、传感器技术、网络技术、机电一体化耦合交叉技术、人机交互技术、无人驾驶、智能网联汽车和智能交通等综合技术系统。超微型磁体、超高效电动机及集成电路的微型化，为汽车上的集中控制提供了基础，同时，智能化集成传感器和智能执行机构付诸实用，数字式信号处理方式广泛应用于声音识别、安全碰撞、适时诊断和导航系统等。代表性的如自动驾驶系统、自动导航系统和智能交通系统等。

> 这将是优化人—汽车—环境整体关系最为重要的阶段。

2. 汽车电控技术应用的优越性

由于电子技术、计算机技术和信息技术等新技术的发展和应用，汽车电子控制在控制的精度、范围、适应性和智能化等多方面有了较大的发展，实现了汽车的全面优化运行。因此，在降低排放污染、减少燃油消耗、提高安全性和舒适性等方面，电子控制汽车有着明显的优势，主要体现在五个方面：

1) 减少故障修复时间

汽车电气设备的故障约占汽车总故障的1/3。由于汽车结构比较复杂，零部件比较多，工作环境不可控（如道路条件、环境温度、湿度），加上人为的因素，所以汽车的可靠性差、无故障间隔时间短。随着电气设备在汽车零部件中比例的不断提高，电气设备的故障率也会随之上升。由于电子控制汽车均装有自诊断系统，提高了故障诊断的速度和准确性，从而缩短了故障的修复时间，带来了很好的社会效益和经济效益。

2) 节油

汽车发动机采用了电子综合优化控制，与传统的化油器式发动机相比，可以节约燃油10%~15%。汽车是一个复杂的多参数控制的机械，而且行驶条件随机变化。对其采用电子控制后，计算机可以对控制对象的有关参数（如温度、气体压力、转速、排气成分）进行适当采样，然后进行数据处理，最终控制汽车的执行机构，确保汽车在最佳工况下工作，以达到节油目的。发动机各部件的优化控制主要有电子控制点火装置、电子控制汽油喷射装置和混合气浓度控制装置等，此外还有发动机自动断油控制装置、怠速装置、进气控制装置、废气再循环控制和爆震控制等优化控制装置。

3) 减少空气污染

用传感器控制的发动机空燃比闭环控制系统，可以保证发动机处于接近理论空燃比的状态工作。若加装废气再循环和三元催化净化等装置，不但可以节约燃油，而且废气中碳氢化合物（HC）的体积分数可降低约40%，氮氧化合物（NO_x）的体积分数可降低60%左右。

4）减少交通事故

电子技术在汽车安全方面得到应用后，使整车的安全性能显著提升。交通事故主要由驾驶员的主观因素和汽车的客观因素所造成，减少人的主观因素造成事故的电子装置有<u>防止酒后驾车和疲劳驾驶的电子装置</u>、<u>检查人的心理状态和反应时间的电子装置</u>等；减少由于客观原因造成事故的电子装置有<u>电子控制制动防滑装置（缩短制动距离、防止制动跑偏、防止制动抱死等）</u>、<u>汽车主要参数报警装置</u>和<u>安全气囊</u>等。

5）提高乘坐舒适性

汽车的舒适性包括<u>平顺性</u>、<u>噪声控制</u>、<u>空气温度和湿度调节</u>以及<u>居住性</u>等。通常所说的乘坐舒适性，主要是指乘客对振动的适应程度。振动主要由路面、轮胎、发动机和传动系通过不同途径传递到人体，振动的幅度和频率对人体影响较大。采用电子技术后，可以根据汽车的运行情况和路况适时控制减振器的阻尼等参数，更有效地降低振动对人体的影响，从而提高乘坐舒适性。车内温度、湿度、亮度等，可根据环境条件及人的要求自动控制在合适的程度。

3. 汽车电控系统的主要应用

当前汽车电控系统主要应用的内容，大致可分为发动机电控技术、底盘电控技术和车身电控技术。

1）发动机电控技术

发动机电控技术主要用于<u>实现低油耗</u>、<u>低污染</u>、<u>提高汽车的动力性</u>、<u>经济性</u>。依采用的燃油不同分为汽油喷射发动机集中控制系统和电控柴油喷射系统。发动机电控技术包括燃油喷射电控系统、点火电控系统、怠速电控系统、排放电控系统、共轨式柴油喷射电控系统、独立喷射电控系统、缸内直喷电控系统等。

2）底盘电控技术

底盘电控技术用于<u>提高汽车的舒适性</u>、<u>安全性和动力性</u>等。主要有自动变速器、CVT无级变速器、主动/半主动悬架及车高自动调节系统、制动和防滑控制系统（ABS/ASR）、电子控制转向系统、车身电子稳定系统等。

3）车身电控技术

车身电控技术包括汽车照明、汽车仪表、汽车安全、舒适性控制和通信与智能化系统。

> **照明方面**：灯光自动调整系统、灯光延时照明系统、灯光自动变光控制系统等。
>
> **仪表方面**：电子转速表、电子车速里程表、电子燃油表、多功能综合屏幕显示等。
>
> **安全方面**：电控安全气囊、防盗报警系统、电控安全带、智能座舱、雷达防撞系统等。
>
> **舒适方面**：中央门锁系统、电动门窗与电动天窗系统、电动座椅、电动后视镜与电动除霜系统、汽车音响系统、自动空调系统等。
>
> **通信与智能化方面**：卫星导航与定位系统、车载电话与计算机网络系统、安全维护与监控系统、故障自诊断系统、智能汽车与自动化高速公路系统等。

4. 汽车电控系统未来发展方向

1）推进汽车绿色环保——低碳控制

不同的国家，有不同的排放标准，但目前所有国家的排放标准都越来越严格，均要求实现低碳排放，这就需要采用先进的电控技术来进行排放的控制。目前全球汽车行业最主要的发展趋势是发展高效燃料、低碳排放量的发动机。先进的柴油发动机和电子控制系统就是解决方案之一，在公路驾驶时，其燃料经济性比汽油发动机高出30%~40%。

目前部分车企正在开发气缸压力传感和均质充量压燃燃烧（HCCL）等系统，以求在经济性和汽油发动机排放方面取得更大的进展。所有这些动力系统的创新技术都将在未来的5~15年内为汽车增加大量汽车电控技术。

2）保障汽车安全可靠——主动防护

汽车市场对于能够保证驾驶更加安全的技术和产品有着庞大的需求。现代汽车已经在被动安全技术方面取得了重大的进展——在汽车发生碰撞时为驾驶者和乘客提供保护的技术和产品，如碰撞传感器、气囊、安全带，随动转向结构以及金属板冲撞区等产品和技术已经在汽车碰撞事故中挽救了许多人的生命，并减少了人员伤害。

最新的发展方向是主动安全性，通过采用雷达、光学和超声波传感器等技术，测量汽车与周围物体的距离和接近物体时的速度。该数据可用于提醒驾驶者控制汽车的驾驶速度，避免可能发生的碰撞事件。该信息还可用于控制制动器或转向系统，实现自动避免碰撞。该碰撞避免系统可以降低全球事故率以及汽车事故的昂贵成本。

在21世纪，汽车电子技术将在运用信息技术使汽车与社会联结方面获得较大的进展，包括广泛使用蜂窝电话与全球定位系统（GPS），采用多路总线分布式网络来集成所有汽车部件的电子控制模块，使整个系统具有数据融合、故障诊断和一定的自修复功能。未来的先进安全的概念汽车（Advanced Safety Vehicle，ASV）如图1-1所示，通过应用电子技术，显著提高人机系统（驾驶员驾驶汽车）的安全性，预防事故的发生，减轻受伤害的程度等。汽车上安装着各种监控驾驶员、汽车、周围环境情况的传感器，以及微型计算机和执行机构等，大幅度提高汽车行驶的自动化和智能化水平，为解决交通堵塞和交通安全问题奠定了基础。

3）助推新能源汽车——动力控制

现代汽车是全球能源消耗的重要方面，各国都投入巨资进行新能源汽车开发，目前可以预见的是纯电动汽车或混合动力汽车（HEVS）即将普及应用。混合动力汽车技术应用有许多结构，但都涉及一个小型电池组、一个电子控制器及一个可以使汽车发动机在停车时自动关闭并在发动机自动重启前对汽车进行再次电动加速的电动机。混合动力汽车系统可以提高汽车的燃油经济性达30%~40%，并降低碳排放达60%。纯电动汽车的研发工作仍在继续，而且范围已拓展至插入式混合动力汽车。这些汽车采用更大的电池组，可以在纯电动驱动的情况下，行驶更长的距离。对电动系统的动力进行智能控制，实现最大限度的能源利用是未来汽车电控系统发展的一个重要方向。

4）满足客户需求——产品开发

现代人在汽车上待的时间越来越多，对汽车的要求也越来越高，特别是对信息娱乐系统的要求不断提升。例如GPS系统和复杂的仪表板系统的采用，这些系统为用户带来了新颖和

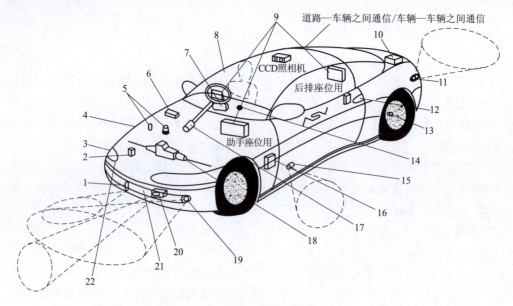

图1-1 先进安全的概念汽车（ASV）

1—路面传感器；2—碰撞检测传感器；3—吸收步行者冲击的车身结构；4—吸收冲撞的车身结构；5—车速传感器、加速度传感器；6—火灾检测传感器；7—各种信息显示板（导航系统）；8—防水挡风玻璃；9—安全气囊；10—车辆位置传感器；11、15、19—障碍物传感器（后方、侧边、前方）；12—车门内侧锁定解除装置；13—空气压力传感器；14—驾驶员状态传感器；16—驱动记录器；17—转向角传感器；18—自动操纵装置；20—车辆之间距离传感器；21—步行者保护及防止撞倒前部结构；22—提高目视性和被目视性的照明系统

有用的服务。还有用触摸屏向汽车将经过的路边餐厅预订餐位、根据本地交通情况确定行车路线等。要想让用户为这些功能付出额外费用，这些功能就必须在功能性和可靠性方面超出用户预期。这类给第三方行业带来收入的系统将从豪华型汽车加速普及到大众型汽车中，很多娱乐和信息系统的创新电子技术已经点燃信息娱乐应用市场。

客户需求的提升将触发个人舒适系统量和质的提升，像空调、遥控车门开关、电子座椅调节、电动助力转向系统等，都将是未来汽车电控技术发展的方向。

5）保障汽车通信——网络技术

汽车电子发展的一个重要趋势是大量使用微处理机来改善汽车的性能。随着电控器件在汽车上越来越多的应用，车载电子设备间的数据通信变得越来越重要。为了进一步提高行驶的经济性、温度及车速等性能，各种信息必须在不同控制单元间交换。由此，以分布式控制系统为基础构建汽车车载电子网络系统是很有必要的。

网络通信技术从初期的多子系统分别工作发展到如今的分布式模块化控制器局部网络，如以CAN总线为基础的整车信息共享的分布式控制系统，以及以无线通信为基础的远程高频网络通信系统（包括GPS、Telematics等）。特别是车载信息服务系统（Telematics）被视为汽车工业继高压缩引擎、微电子之后又一波的技术革命，它进一步将移动通信技术与无线网际网络服务等新应用整合为一体。换句话说，Telematics不仅是未来的车内资讯娱乐设备，更是连接汽车与移动商务的桥梁。

现代汽车各系统常用的集中控制和分散控制都有各自的优缺点，它们的最大问题是可靠性问题，如完全集中控制，一旦计算机出现故障将导致全车瘫痪。采用网络技术后，不但共用所有传感器，还可以共用其他设备，如进行了环形网控制，几十个计算机，就是个别出现问题，整车还可以正常运行。所以网络在汽车应用中不但增加了许多功能，而且还大大增加了可靠性。网络技术在汽车上应用后，就可发挥各种控制的优点，克服了它们的缺点。

为适应汽车网络控制的需要，更好地在各控制系统之间完成交流信息、协调控制、共享资源及标准化与通用化，世界各国都在积极合作，进行汽车局域网的研究与开发。国外在网络标准的制定以及符合网络通信标准的微处理器、通信协议等方面都已经取得成果。网络标准方面有 Bosch 公司制订的控制器局域网络（CAN）协议和 Intel 推出的 SAEJ 18065 网络标准。又如 Philips、Intel、Motorola 等公司推出了符合网络相关协议的微处理器产品。同时，为整合各种标准，一份有关汽车网络的国际标准正由国际标准化组织起草。可以预见，未来汽车电控技术将在网络技术的应用上出现突破性发展。

6）供电系统技术——升压控制

随着电子、电器元件在汽车上的应用日益增加，汽车原有的电能供应出现了不足。如何提高汽车供电系统的电压，已成为一些国际论坛中的讨论热点，尤其在欧洲，由于燃油价格较高，因此，对改进汽车效率放在优先地位。欧美的汽车制造商与零部件供应商已达成协议，将汽车的供电系统电压标准由 12 V 提高到 36 V，并已在一些车型上被采用。汽车上采用 12 V 电压已有 60 多年历史，当时对改善起动性能，提高电器件效率起了一定作用。但目前已不适应技术发展的需要，从理论上将电压提高 3 倍，电流就减小 2/3，因而可以大大减小电缆、电动机、线圈等尺寸及质量。特别是可使一些新技术如电子控制电动气阀机构、飞轮内装起动机/发电机一体式结构以及电子控制电动制动器、转向系的应用成为可能。同时，可以减轻汽车质量并提高效率。但提高电压对采用灯丝型灯光系统有不利影响。因此，有可能在开始阶段，仍保持 12 V 与 36 V 并存一个时期。

7）传感器技术——智能集成

传感器是汽车上不可或缺的重要元器件，它检测有关汽车的温度、压力、位置、角度、转速、加速度、振动、角速度、流量、亮度、距离等物理量。尤其是汽车上水温、油温、排气温度、气缸压力、轮胎气压、制动压力等需实时检测。由于汽车电子控制系统的多样化，使其所需要的传感器种类和数量不断增加。为此，研制新型、高精度、高可靠性和低成本的传感器是十分必要的。未来的智能化集成传感器，不仅要能提供用于模拟和处理的信号，而且还要能对信号作放大和处理。同时，它还能自动进行时漂、温漂和非线性的自校正，具有较强的抵抗外部电磁干扰的能力，保证传感器信号的质量不受影响，即使在特别恶劣的使用条件下仍能保持较高的精度。它还具有结构紧凑、安装方便的优点，从而免受机械结构的影响。

现在汽车制造商为开发自动行驶汽车，正加紧研制各种传感器，包括车辆位置传感器、后方障碍物传感器、侧方障碍物传感器、前方障碍物传感器、车间距离传感器、路面传感器、防撞检测传感器、车速传感器、加速传感器、防火检测传感器、转向盘角度传感器、驾驶员状态传感器等。

5. 汽车电路系统的特点

在汽车上，往往一条线束包裹着十几根甚至几十根电线，密密麻麻令人难以分清它们的走向，加上电是看不见摸不着的，因此汽车电路对于许多人来说，是很复杂的东西。但是任何事物都有它的规律性，汽车电路也不例外，具有如下特点：

1）单线制

一般家庭用电是交流电,实行双线制的并联电路,用电器最少有两根外接电源线。汽车上为了避免导线过多的情况,利用汽车发动机和底盘、车身等金属机件作为电路的负极,用电器只要有一根外接电源线即可。同时各种用电设备都采用并联方式与电路连接,每条电路有自己的负载导线与控制开关或保险丝盒相连接实现独立控制。全车电路其实都是由各种电路叠加而成的,每种电路都可以独立分列出来,化复杂为简单。

2）负极搭铁

电源负极搭铁是将蓄电池的负极用蓄电池搭铁线连接到发动机或底盘等金属机件上。这样做就使负载引出的负极线能够就近连接,电流通过金属构架回流到蓄电池负极接线。国家标准中规定发电机、蓄电池必须负极搭铁。目前世界各国产的汽车大多采用负极搭铁方式。现在很多汽车都采用公共接地网络线束来保证接地的可靠性,即将负载的负极线接到接地网络线束上,接地网络线束与蓄电池负极相连。

3）低压直流

汽车电气设备一般采用12 V和24 V两种额定电压,汽油机普遍采用12 V,柴油机普遍采用24 V。汽车电源使用直流电对用电设备进行供电。现代汽车由于用电设备普遍增加,汽车电源正在向增压方向开展研究,目前多建议用增压为36 V的电源进行供电。

4）双电源

汽车上采用蓄电池和发电机双电源供电。起动车辆时,蓄电池为起动电动机、点火和燃油系统等组件提供电力;发动机关闭后,蓄电池仍可为车辆提供电力;在车辆行驶过程中,当暂时需要超过充电系统输出量的电能时,蓄电池又可作为一个附加电源提供电能。发电机的作用是将发动机产生的机械能转变为电能。由于发电机产生交流电,因此需要利用其内部的整流器将交流电转变为直流电。发电机是汽车大部分工况下的供电电源。

5）安装保险装置

为了防止电路或元件因搭铁或短路而烧坏电线束和用电设备,各种类型的汽车上均安装有不同规格的熔断装置。这些熔断装置有的串接在元器件（或零部件）回路中,有的串接在支路中。

6）采用继电器控制

汽车中大电流用电设备（如起动机、电喇叭等）工作时的电流很大（如通过起动机的电流一般为100~200 A）,如果直接用开关控制它们的工作状态,往往会使控制开关过早损坏。因此,对于大电流用电设备的控制开关,常采用加中间继电器的方法,即通过继电器触点的断开与闭合来控制大电流用电设备的工作状态。

6. 汽车电路系统的工作条件

汽车电气系统的工作条件可概括为大范围的温度和湿度变化、波动的电压及较强的脉冲干扰、电器间的相互干扰、剧烈的振动以及尘土的侵蚀等。

1）温度与湿度

温度的变化包括两方面:一是外界环境温度;二是使用温度。它与电器设备工作时间的长短、布置位置以及电器元件自身的发热散热条件有密切关系。对于电子元件来说,较高的使用温度是造成过热损坏的主要原因。

在湿度较大的环境下，将会增加水分子对电子元件的浸润作用，使其绝缘性能下降，影响电气设备的工作性能。

2）电压的波动

汽车电气系统的电压波动分为两种：一种是正常范围内的波动，即从蓄电池的端电压到电压调节器起作用的电压之间；另一种为过电压，过电压将对汽车上的电子设备带来极大危害。过电压按其性质来分，可分为非瞬变性过电压和瞬变性过电压。

非瞬变性过电压主要是由于发电机调节器失灵，或其他原因引起发电机激磁电流未流经调节器，使发电机电压升高到不正常值。这种故障如不及时排除，则整个充电系统的电压会一直处于不正常的高压状态，过电压有时可高达 100 V。它会使蓄电池的电解液沸腾、电器设备烧毁。

> 瞬变性过电压对汽车电子元件危害最大，其产生主要有以下几种情况：
> ①当停车关闭点火开关时，由于发电机的磁场绕组与蓄电池之间通路瞬间切断，从而在磁场绕组中感应出按指数规律变化的负电压，其反向峰值可达 50～100 V。该脉冲由于没有被蓄电池吸收，极易引起电子元件的损坏。
> ②汽车运行中，发电机与蓄电池之间的导线意外松脱，或者在没有蓄电池的情况下，突然断开其他负载。发电机端电压瞬间可升高很多，极限情况可达 100 V 以上，且可维持 0.1 s 左右的时间。对一些过电压敏感的电子元件，这样的过电压足以造成其损坏或误动作。
> ③电感性负载，如喇叭、各种电动机、电磁离合器等，在切换时，将在电路中产生高频振荡，振荡的峰值电压可达 200 V，但其持续时间较短（0.3 ms 左右），一般不能引起电子元件损坏，但对于具有高频响应的控制系统，如电控汽油喷射系统，往往会引起误动作。

3）电器间的相互干扰

由于各个电器设备工作方式不同，它们之间会以不同的方式彼此干扰。通常将汽车上所有电器能在车上正常工作而不干扰其他电器正常工作的能力称为汽车电器的相容性。在实际中，电器间的相互干扰是不可避免的，因此，对汽车电气系统来说，重要的是相容性。任何因素激发出的振荡都会通过导线等以电磁波的方式发射出去，势必对其他电子系统产生电磁干扰。

> 汽车上应用的 ECU 等，都应具有良好的屏蔽措施，一旦屏蔽被破坏，也会导致其工作异常。

4）其他

汽车行驶中不可避免地产生振动和冲击，它将造成电子设备的机械性损坏，产生如脱线、脱焊、触点抖动、搭铁不良等故障；尘土及有害气体的侵蚀会导致接触不良、绝缘性能下降等故障。

项目二

汽车车身电动系统检修

大国工匠：弘扬工匠精神
逐梦精彩人生

任务 2.1 电动后视镜检修

任务导入

一辆 2018 款迈腾 B8L 车辆，车主反映，操作后视镜开关时，发现左后后视镜均不能实现任何动作，经维修技师检查诊断后发现迈腾后视镜开关公共搭铁线断路引起左右后视镜都不工作。

知识目标

1. 通过学习，能熟练掌握常见电动后视镜系统的组成、各部件功用、工作原理及系统的控制方法和原理。
2. 通过学习能掌握电动后视镜系统的故障诊断方法。

能力目标

1. 能正确分析电动后视镜系统电路。
2. 会检测判断电动后视镜系统各部件性能。
3. 会分析诊断和排除电动后视镜系统常见故障。

知识内容

1. 电动后视镜的组成

汽车后视镜通常分为车外后视镜和车内后视镜两种。对于外后视镜，一般汽车左右两侧都有，其功用主要是让驾驶员观察汽车左右两侧的行人、车辆以及其他障碍物的情况，确保行车或倒车安全（图 2.1-1）。内后视镜主要供驾驶员观察和注视车内乘员、物品以及车后路面的情况。

驾驶员手动调整外后视镜的位置比较困难，特别是乘客一侧的外后视镜，使用电动控制系统能很方便地解决这个问题。现在大部分轿车的外后视镜都是电动调节的，有些外后视镜还有加热丝，在后窗除霜器电路接通的同

图 2.1-1 外后视镜位置

项目二 汽车车身电动系统检修

时,外后视镜也能被加热进行除霜。

汽车的电动外后视镜一般由镜片、双向直流电动机、传动和执行机构、控制电路及控制开关组成。在每个电动外后视镜的背后装有两个可逆电动机和驱动机构,可操纵外后视镜上下及左右转动。电动外后视镜结构,如图 2.1-2 所示。

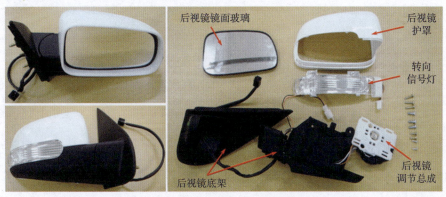

图 2.1-2 电动外后视镜结构

上下方向的转动由一个电动机控制;左右方向的转动由另一个电动机控制。通过改变电动机的电流方向,即可完成外后视镜的位置调整。

> 内后视镜还具有防止夜间后方车辆前照灯光线引起的炫目的功能。
> 电动外后视镜的外形及内部结构主要以枢轴为中心,由使外后视镜能进行上下和左右方向灵活变换位置的两个独立的微电机、永久磁铁及霍尔 IC 等组成(图 2.1-3)。
> 外后视镜由一个开关控制,能多方向运动,可使一个微电机工作或两个同时工作。

微课:汽车后视镜调整

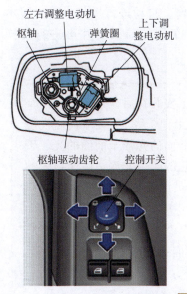
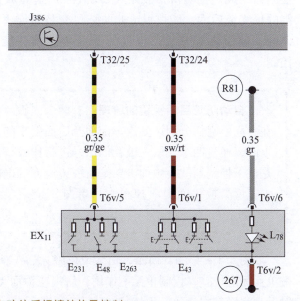

图 2.1-3 电动外后视镜结构及控制

2. 电动后视镜的分类

电动后视镜的类型见表2.1-1。

表2.1-1 电动后视镜的类型

分类方式	类型	特　　点
安装位置	内后视镜	一般在驾驶室的前上方,用于观察车内或透过后车窗观察车后方
	外后视镜	分左右,一般装在车门或者前立柱附近,用于观察道路两侧
	下视镜	安装在车身外部的车前或车后部位,用于观察车前或车后地面
镜面形状	平面镜	不失真,但后视范围小
	球面镜	后视范围大,但物体映象缩小失真
	双曲率镜	基本不存在失真和盲区问题,但成本高
功能	普通型	反射膜为铝或银,无防炫目功能
	防炫目型	分为菱形镜、平面镜和液晶镜
操纵方式	手动	通过杠杆传递力,由软轴驱动
	电控	由电动机驱动,通过开关控制

3. 自动防炫目后视镜(电控变色)

防炫目后视镜通常作为内后视镜,其结构由一面液晶镜片、两个光敏二极管、电子控制器组成,在胆甾相液晶(CH液晶)里面放置偏光板,玻璃板被放置在经过真空镀铝的反光镜后面。防炫目或非防炫目交替切换不用人工操作,自动进行操作。反光镜本体的一部分装有光敏二极管的照度传感器,能检测后方车辆的前照度并可进行切换控制。

> **自动防炫目后视镜的原理**:有两个光敏二极管,一个安装在后视镜正面,一个在背面,它们分别接受汽车前面及后面射来的光线。当后车的大灯射在车内后视镜上时,通过两个光敏二极管的信号进行比较,可以判断后面的光强于前面的光,于是电子控制器就会施加电压给后视镜镜面的电离层,将它的颜色变深,后面射来的强光就会被镜面吸收掉很大一部分,余下反射到驾驶员眼内的光线就变得柔和多了。

如图2.1-4(a)所示,白天或夜晚无后车前照灯炫目时,前后光强度相同,前后光敏单元无电位差,控制单元不作用,后视镜镜面无变化,后方光线全部反射,因前光与反射后光强度基本一致,不炫目。

如图 2.1-4（b）所示，夜晚有后车前照灯炫目时，后光强度大于前光强度，前后光敏单元有电位差，控制单元作用，镜面颜色变深吸收光，后方光线部分反射，减弱后的反射光与前光强度基本一致，不炫目。

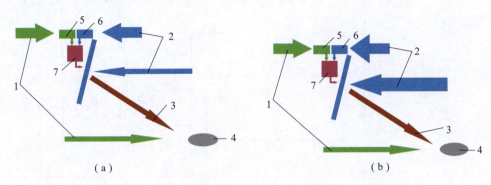

图 2.1-4　自动防炫目后视镜原理
(a) 正常使用状态；(b) 防炫使用状态
1—前方光线；2—后方光线；3—反射后光线；4—驾驶人眼睛；
5—前方光敏单元；6—后方光敏单元；7—控制单元

4. 电动外后视镜的控制电路

图 2.1-5 是一种较典型的电动外后视镜电路，由点火开关、RADIO No.2 熔断器、后视镜控制开关、左右调节开关、左侧与右侧后视镜电动机组成。在每个后视镜的背后都有两个双向直流永磁电动机，一个电动机控制垂直方向的上下运动，另一个电动机控制水平方向的左右运动。通过改变进入电动机的电流方向改变电动机轴的转动方向，从而改变后视镜的运动方向。图 2.1-5 中蓝色线路为后视镜向左摆动电路。

动画：典型后视镜控制电路分析

5. 迈腾 B8 电动外后视镜的工作原理

迈腾 B8 后视镜控制系统通过驾驶员侧车门控制单元集中控制，系统包含后视镜控制开关、左侧后视镜总成、右侧后视镜总成、驾驶员侧车门控制单元（J386）、副驾驶员侧车门控制单元（J387）等元器件，如图 2.1-6 所示。后视镜开关由后视镜调节开关（E43）、后视镜调节转换开关（E48）、后视镜加热按钮（E231）、后视镜内折开关（E263）组成。

迈腾 B8 后视镜控制开关为了减少信号线路连接数量，开关内部采用触点和分压电阻相结合的输出方式，将通常的输出信号线（左后视镜调节、右后视镜调节、左后视镜垂直/水平调节、右后视镜垂直/水平调节、左右后视镜加热、左右后视镜折叠）简化为两根信号线输出，通过两根信号线上的电压组合判断后视镜的调节意图。图 2.1-7 所示为迈腾 B8 左侧后视镜电路。

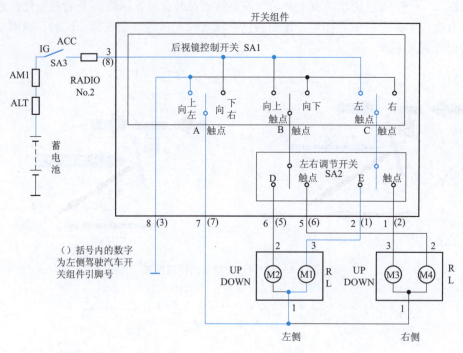

图 2.1-5 典型的外后视镜电路示意图

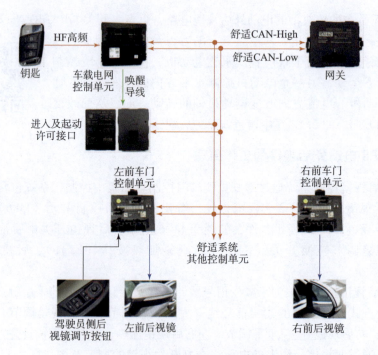

图 2.1-6 迈腾 B8 外后视镜控制结构

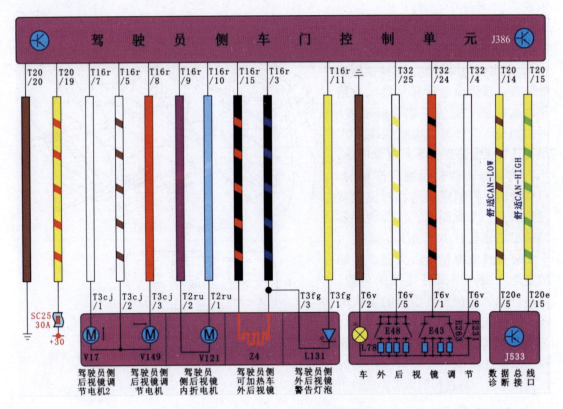

图 2.1-7 迈腾 B8 左侧后视镜电路

后视镜开关内部装有不同的触点开关和分压电阻，操作开关在不同的挡位时，通过开关内部触点和分压电阻输出两个信号电压，左前车门控制单元（J386）接收到这两个信号电压后将这些输入的信号处理分析，控制单元（J386）处理分析这些信号后控制后视镜电机以及加热元件做相应动作。当操作后视镜转换开关（E48）时，开关闭合，通过内部的分压电阻与搭铁电路构成回路，将此高电位信号拉低至对应的电压，控制单元（J386）根据该电压来判知驾驶员操作左或右后视镜的意图。

> 如果元器件、控制单元的供电电源、搭铁、信号出现虚接现象，将导致元件输出错误信号、元件执行功率降低、控制单元电源功率降低。这些将造成车左、右后视镜工作异常。

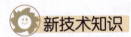 **新技术知识**　　**具有驾驶姿势存储功能的电动后视镜**

电子控制装置在车上的布置如图 2.1-8 所示，电子控制装置主要包括驾驶姿势存储和复位开关、倾斜/伸缩转向柱 ECU、后视镜 ECU、位置传感器等。

具有驾驶姿势存储功能的后视镜电子控制系统电路如图 2.1-9 所示，主要由左、右后视镜电动机、位置传感器（H——水平，V——垂直）、后视镜 ECU、遥控开关等组成。

由图2.1-9可知，每个后视镜里装有2个位置传感器（水平和垂直），其主要功用是检测后视镜所处的位置。其组成包括霍尔集成电路和永久磁铁（安装于螺旋枢轴内）两大部分。工作时，由后视镜ECU给霍尔集成电路提供5 V电源电压，当后视镜的转动引起螺旋枢轴前、后移动时，枢轴螺旋的相对位置就发生改变。与此同时，位置传感器的输出信号也就有所变化，这是由于安装在螺旋枢轴上永久磁铁磁场的变化所致。根据后视镜的位置，ECU能检测出位置传感器的输出电压，并将此信号储存到存储器里，与ECU所设定的标准电压进行比较，直至后视镜的位置与所存储的位置相适合，后视镜的调节系统才开始调节。

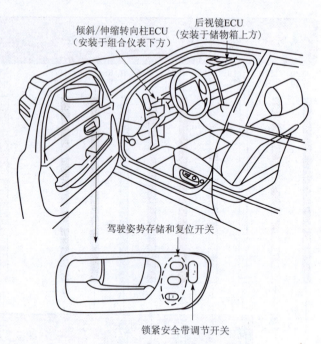

图2.1-8 具有驾驶姿势存储功能的电动后视镜

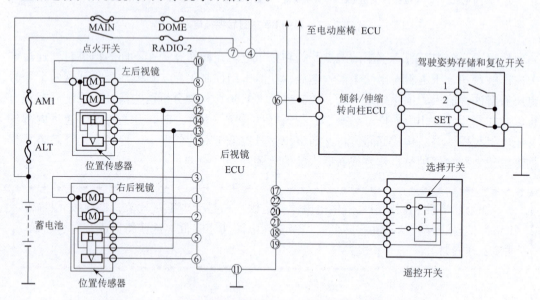

图2.1-9 具有驾驶姿势存储功能的后视镜电子控制系统电路

> 后视镜ECU的主要功用是控制后视镜的工作，也能根据倾斜/伸缩转向柱ECU和各种位置传感器送来的信号，储存和恢复后视镜的位置。

项目二 汽车车身电动系统检修

任务实施

步骤 1. 了解确认故障现象

（1）收集车辆信息，确认故障现象。操作车外后视镜开关各挡位，后视镜均无法工作；后视镜开关指示灯不亮；打开危险警告灯，后视镜上警告灯正常闪烁；其他舒适系统均正常。

（2）进一步明确故障现象，缩小故障范围。连接诊断仪，读取故障码，发现没有相关故障码。

微课：迈腾 B8 电动后视镜系统故障诊断

步骤 2. 分析故障可能原因，引出突破点

（1）因两侧后视镜均不能工作，后视镜开关指示灯不亮，说明后视镜开关及电源线路故障。

（2）打开危险警告灯，后视镜上警告灯正常闪烁，说明 J386、J387 与后视镜信号线路正常。

（3）其他舒适系统均正常，说明 J386、J387 的供电和搭铁正常。

动画：迈腾 B8 后视镜异常诊断流程

结合图 2.1-10 电路分析，故障可能原因有后视镜开关及电源线路故障、后视镜调节和内折电机故障、J386、J387 局部故障等。基于故障发生概率大小和容易检测诊断原则，确定故障突破点为通过诊断仪读取后视镜开关数据流，了解后视镜转换开关 E48 触点信号情况。

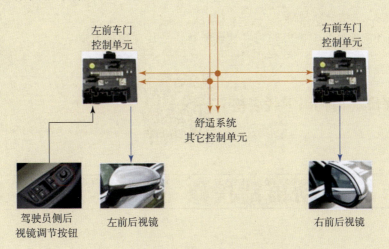

图 2.1-10 迈腾 B8 后视镜电路图解

步骤 3. 排除故障点（表 2.1-2）

表 2.1-2 后视镜故障排除一览表

步骤	测试对象	测试条件	测试设备	测试结果			分析及结论
1	排驾驶员侧后视镜状态数据组	ON 挡，操作开关各挡位	诊断仪	同步的后视镜调节	激活		各挡位均异常，说明 J386、后视镜开关、搭铁之间线路存在故障。进一步测开关电源线路
				后视镜加热装置	未开动		
				后视镜调整（X/Y 方向）	位置中央		
				后视镜内折功能	未激活		
2	测开关侧 T6v/2# 端子对地电压	ON 挡，操作开关各挡位	示波器	T6v/2#	标准	实测	结论	操作开关时，T6v/2# 端子波形始终为 +B，说明没有提供搭铁，进一步测开关搭铁线路
				未操作	4.5V	+B	异常	
				L	0.39V	+B	异常	
				R	0.9V	+B	异常	
				折叠	0V	+B	异常	
				加热	1.9V	+B	异常	
3	测 T6v/2# 与搭铁点线路电阻	断开插头	万用表	实测线路电阻无穷大			确认故障点：T6v/2# 端子至搭铁点线路断路

步骤 4. 总结分析故障

迈腾 B8 车外后视镜因开关搭铁线断路，造成电动后视镜不工作。

任务评价（请扫码下载表格）

任务 2.2 电动雨刮检修

任务导入

一辆 2018 款迈腾 B8L 车辆，车主反映，操作电动雨刮开关时，发现电动雨刮低速、高速、间歇所有档位均不能实现任何动作，经维修技师检查诊断后发现是电动雨刮控制单元至车载电网控制单元之间 LIN 线断路造成电动雨刮各档位都不工作。

项目二 汽车车身电动系统检修

 知识目标

1. 掌握常见电动雨刮系统的组成、各部件功用、工作原理及系统的控制方法和原理。
2. 熟悉电动后视镜系统的故障诊断方法。

 能力目标

1. 能正确拆装电动雨刮系统各部件。
2. 会检测判断电动雨刮系统各部件性能。
3. 会分析诊断和排除电动雨刮系统常见故障。

 知识内容

1. 电动刮水器的功能

大多数汽车的前风窗上装有两个刮水片（图2.2-1），有些汽车上则只安装一个刮水片。有些汽车后窗也装有一个刮水片，有些高级轿车的前照灯上也装有刮水片。

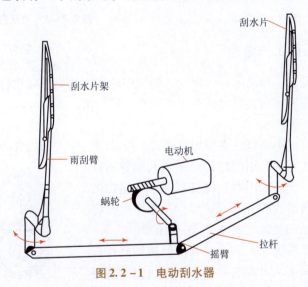

图2.2-1 电动刮水器

> 刮水器的作用是清扫风窗玻璃上的雨水、雪或尘土，保证汽车在雨天或雪天时，驾驶员有良好的视线，确保行驶安全。

汽车上采用的刮水器根据其动力不同分为真空式、气动式和电动式三种。目前在汽车上广泛采用的是电动刮水器，普遍具有高速、低速及间歇三个工作挡位，而且除了变速之外，还有自动回位的功能。

2. 电动刮水器的组成

如图2.2-2所示，电动刮水器由直流电动机、传动机构和控制开关组成。传动机构主要由蜗轮、蜗杆、拉杆、摆杆、底板和刷架等组成,控制开关主要由组合开关中的操纵手柄进行控制(图2.2-3)。

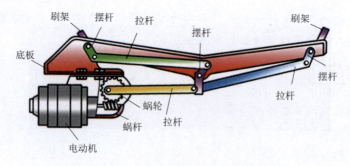

图2.2-2 电动刮水器电动机及传动机构

视频:迈腾B8电动雨刮操纵控制　　　　图2.2-3 雨刮器操纵手柄

3. 电动刮水器的工作原理

永磁式电动机旋转,带动蜗杆、蜗轮,使与蜗轮相连的拉杆和摆杆带着左、右两刮片架作往复摆动,橡皮刷便刷去风窗玻璃上的雨水、雪、灰尘。

1)刮水电动机

刮水电动机为直流电动机,多采用永磁式,按其输出形式分可分为旋转输出与摆动输出两种。其减速方式也可采用圆柱齿轮减速和蜗轮蜗杆减速两种,目前轿车上多采用蜗轮蜗杆减速摆动输出结构,当采用摆动输出形式时,除减速外,还需要一套将旋转运动改变为摆动的装置,如图2.2-4所示。

为了保证刮水器系统在不工作时其雨刷能始终停在风窗玻璃下沿,在大多刮水器电动机的减速箱内都装有一套回位装置,用这个装置来控制电路,使刮水电动输出轴每次停在一个固定的位置。这种回位装置的控制电路有两触点回位双速控制电路和三触点回位双速控制电路两种结构,现以三触点回位双速控制电路为例阐述其结构和工作原理。

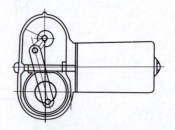

图2.2-4 蜗轮蜗杆减速摆动输出结构

图2.2-5所示为三触点回位双速控制电路的原理图,其开关挡位有快速、慢速、回位三个位置,其回位电极是a、b、c三个触点,回位控制板由装配在绝缘胶板(浅色部分)上的一块铜板组成,深色部分表示导电铜板,浅色部分表示绝缘板。三触点回位板是通过回位电极c与搭铁接通的。

项目二 汽车车身电动系统检修

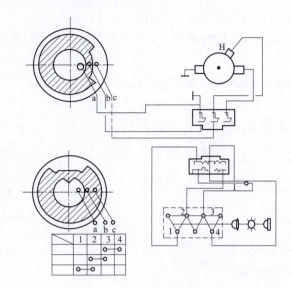

图 2.2-5 三触点回位双速控制电路

> 当开关挡位由慢速挡切换到回位挡时，回位控制板运转到使回位电极 b 与 c 接通（此时，回位电极 a 处于断路）时，电动机输出轴始终停止于线路所示的一个固定位置，即风窗玻璃下沿的一个固定位置。

2）雨刮及传动机构

雨刮的作用是使刮水器系统能有效地刮净风窗玻璃上刮拭范围内的雨水和尘埃。雨刮分刮杆和刮片两个部分，刮杆部分是由接头、刮杆臂、刮杆等零件组成的一个刚性杆件。接头用以与传动轴输出端相连接，而刮臂等零件铰接在接头的传轴销上，在弹簧的作用下对刮片中心产生合适的压力 P，使之与风窗玻璃吻合后进行工作。

3）开关

刮水器开关有拉钮或旋钮开关和杠杆开关两种，有些轿车上的刮水器除具有刮水、喷洗功能外，还具备可调时间间歇式刮水及刮雾功能。当驾驶者将刮水器和喷洗器开关杠杆向自身方向拉动并随即释放时，则刮水器起作用。当向下压动杠杆位于第一挡位时，刮水器间歇刮水，可适应微雨时需要；当向下压动杠杆至第二挡位时，刮水器处于低速工作，以适应小雨需要；当继续下压杠杆至第三挡位时，刮水器处于高速工作，以适应大雨时刮水的需要。转动刮水器间歇时间调整按钮，可使间歇时间在 2~12s 变化。

4. 永磁式刮水器电动机的变速控制

刮水器刮水片的摆动速度由刮水电动机转速决定。永磁式刮水器电动机的磁场由永久磁铁产生，电动机上有三只电刷（图 2.2-6）。利用三个电刷来改变正负电刷之间串联的线圈数，实现变速。永磁电动机工作时，在电枢内同时产生反电动势，其方向与电枢电流的方向相反。要使电

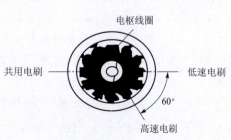

图 2.2-6 永磁式刮水器电动机

动机旋转，外加电压必须克服反电动势的作用。

当电动机转速升高时，反电动势增加，只有当外加电压等于反电动势时，电枢的转速才能稳定。

如图2.2-7（1）所示，当水器开关K拨向L时，电源电压U加在电刷B_1和B_3之间的两条并联支路中，每条支路中各有4个串联绕组，反电动势的大小与支路中反电动势的大小相等。由于外加电压需要平衡4个绕组所产生的反电动势，故电动机转速较低。

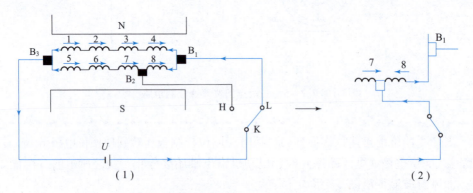

图2.2-7 永磁式刮水器电动机的变速原理电路图

如图2.2-7（2）所示，当刮水器开关K拨向H时，电源电压U加在电刷B_2和B_3之间。绕组1、2、3、4、8同在一条支路中，其中绕组8与绕组1、2、3、4的反电动势方向相反，相互抵消后，每条支路变为3个绕组。由于电动机内部的磁场方向和电枢的旋转方向没有变化，所以各绕组内反电动势的方向与低速时相同，但外加电压只需平衡3个绕组所产生的反电动势，因此电动机转速升高。

5. 永磁式刮水器的自动复位与制动

为了不影响驾驶员的视线，要求刮水片能自动复位，不管在什么时候切断电源，刮水片都能自动停在风窗玻璃的下部。

图2.2-8所示为永磁式刮水器自动复位装置原理图。当开关推到"0"挡停止时，如果刮水片没有停到规定位置时，由于触点6与铜环9接触，如图2.2-8（b）所示，则电流继续流入电枢，其电路为蓄电池正极→电源开关1→熔断器2→电刷B_3→电枢绕组→电刷B_1→接线柱②→接触片→接线柱①→触点臂5→铜环9→搭铁→蓄电池负极。电动机以低速运转直至蜗轮旋转到图2.2-8（a）所示的特定位置，电路中断。由于电枢的惯性，电动机不能立即停止转动，电动机以发电机方

式运行，此时电枢绕组通过触点臂 3、5，与铜环 7 接通而短路，电枢绕组产生很大的反电动势，产生制动力矩，电动机迅速停止转动，使刮水片复位到风窗玻璃的下部。

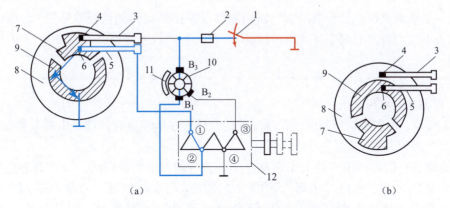

图 2.2-8　永磁式刮水器的自动复位装置原理图

1—电源开关；2—熔断器；3、5—触点臂；4、6—触点；
7、9—铜环；8—蜗轮；10—电枢；11—永久磁铁；12—刮水器开关

6. 电动刮水器的间歇控制

现代汽车刮水器都加装了电子间歇控制系统使刮水器按一定周期停止和刮拭，每动作一次，停止 3~6s。汽车刮水器间歇控制电路有多种形式，按照间歇时间不同可分为可调型和不可调型。间歇时间由间歇继电器控制，利用电动机的回位开关触点与继电器电阻电容的充放电功能使雨刮器按照一定周期刮扫。一般情况下在汽车组合开关手柄上有雨刮器控制旋钮，设有低速、高速、间歇 3 个挡位。

1）不可调节间歇控制电路

刮水器不可调节间歇控制由自动复位装置和电子振荡电路或集成电路组成，目前多采用集成振荡电路控制。

如图 2.2-9 所示，当闭合间歇刮水器开关打开时，集成电路将输出高电位，使继电器电磁线圈通电，在电磁吸力的作用下，常闭触点打开，常开触点（虚线）闭合，刮水电动机运转。其电路①为：蓄电池正极→电源开关→熔断器→B_3→B_1→刮水器开关→继电器常开触点→搭铁→蓄电池负极。同时自动复位开关的常闭触

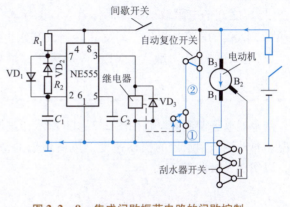

图 2.2-9　集成间歇振荡电路的间歇控制

点打开，常开触点（虚线）闭合。经过一定时间后，电路输出低电位，继电器电磁线圈断电，继电器复位，常开触点打开，常闭触点闭合。此时由于自动复位开关的常闭触点处于闭合状态，电动机仍将继续转动。其电路②为：蓄电池正极→电源开关→熔断器开关→B_3→B_1→刮水器开关→继电器常闭触点→复位开关的常开触点→搭铁→蓄电池负极。只有当刮水片回到原位（即不影响驾驶员视线位置），自动复位开关的常开触点打开且其常闭触点闭合时，电动机才停止转动。然后重复上述过程。

2）可调式间歇控制电路

人工调节：由电位器控制电子振荡电路的变化频率（该电位器即是由驾驶员控制的旋钮）。

自动调节：能根据雨水的大小自动开闭，并自动调节间歇时间，安装有感应雨水量大小的传感器，该调速器可根据雨量的大小或雾天的实际情况，自动调节刮水片的摆动速度使风窗玻璃的清晰度提高，且能自动接通或关闭刮水器，以达到无级调速的目的。

如图2.2-10所示，S_1、S_2和S_3是安装在风窗玻璃上的流量检测电极，雨水落在两检测电极之间，使其电阻值减小，水流量越大，其阻值越小。

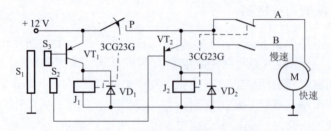

图2.2-10　自动开关与调速控制电路

S_1与S_3之间的距离较近（约2.5 cm），因此晶体管VT_1首先导通，继电器J_1通电，在电磁吸力的作用下，开关P闭合，刮水电动机低速旋转。当雨量增大时，S_1与S_2之间的电阻减小到使晶体管VT_2也导通，于是继电器J_2通电，在电磁吸力的作用下，开关A断开，开关B接通，刮水电动机转为高速旋转。雨停时，检测电阻之间的阻值均增大，VT_1、VT_2截止，继电器复位，刮水电动机自动停止工作。

刮水器电子调速器电路如图2.2-11所示，该调速器可根据雨量的大小或雾天的实际情况，自动调节刮水片的摆动速度，风窗玻璃的清晰度提高，且能自动接通或关闭刮水器，以实现无级调速。

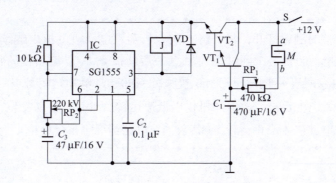

图 2.2-11 刮水器电子调速器电路

7. 电动刮水器电路分析

电动刮水器控制电路如图 2.2-12 所示,刮水器开关有五个挡位,其中 2 挡为高速运转挡(62~80 r/min),1 挡为低速运转挡(42~52 r/min),F 挡为点动挡,0 挡为复位停止挡,J 挡为间歇运转挡。刮水电动机为双速永磁直流电动机,电路受点火开关和中间继电器控制。

动画:刮水器电路分析

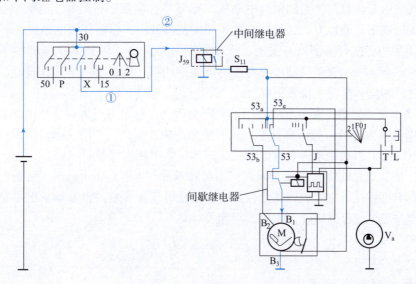

图 2.2-12 电动刮水器控制电路

接通点火开关,即接通蓄电池向中间继电器电磁线圈的放电回路,如图 2.2-12 中①电路所示。在电磁吸力的作用下,中间继电器触点闭合,为刮水电动机的工作做好准备。

将刮水器开关拨到 F 挡,蓄电池通过刮水器开关、间歇继电器常闭触点向刮水电动机放电,如图 2.2-12 中②电路所示,此时电动机以低速运转。当手离开刮水器开关时,开关将自动回到 0 位;如果此时刮水片处在影响驾驶员视线的位置,自动复位装置的常闭触点打开，常开触点闭合，刮水电动机电枢内继续有电流通过。其电流为：蓄电池正极→中间继电器触点→熔断器 S_{11}→复位装置的常开触点→刮水器开关 53_e 接线柱→刮水器开关 53 接线柱→间歇继电器常闭触点→电刷 B_1→电刷 B_3→搭铁→蓄电池负极，故电动机仍以低速运转。只有当自动复位开关处在图示位置时，刮水电动机才停止运转。（其余挡位电路情况可自行分析）

8. 使用注意要点

目前，汽车上普遍使用电动刮水器，在使用中稍有不当，可能造成刮水器部件的损坏，从而影响雨天驾驶的视野。为此，在使用刮水器时应从以下几个方面加以注意。

（1）定期检查雨刮器片。当发现其严重磨损或有脏物时更换或清洗，否则将降低雨刮器的工作效能，影响驾驶员视线。清洗雨刮片时，可用蘸有酒精清洗剂的棉丝沿雨刮方向擦去刮片上的污物。雨刮片不可用汽油清洗和浸泡，否则会引起变形，影响其工作效能。

（2）在试验雨刮器工作情况时，风窗玻璃应该先用水润湿，否则会刮伤玻璃，同时由于刮片摩擦阻力大，还有可能损伤刮水片或烧坏电动机。在试验时应注意电动机有无异常噪声，尤其应引起注意的是当刮水器电动机"嗡嗡"作响而不转动时，说明雨刮器机械传动部分有锈死或卡住的地方，这时应立即关闭雨刮器开关，以防烧毁电动机。

（3）使用中当断开雨刮器开关时，雨刮器刮片应能自动回到风窗玻璃的下侧之后停止。若位置不当，可用转动自动停止器盖的方法来调整。调整时，顺时针转动，停止位置上移，逆时针转动，则停止位置下移。

（4）除冰块、雪团后方可继续使用，否则会因刮水片阻力过大而烧坏雨刮器电动机。

（5）雨刮器电动机一般不要拆下，若因故障必须拆下时，要防止电动机跌落损坏，因为雨刮器电动机大多利用永磁直流电动机，其磁极多采用陶瓷材料制成。

（6）雨刮器电动机大多做成封闭式，不可随意拆卸。若必须拆卸时，装配时要保持内部的清洁，不可将铁屑之类的污物落在其内，装配时还要注意向含油轴承的毛毡上加注少许润滑油，并更换或补充减速器内的润滑脂。

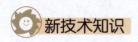

电控智能雨刮系统

1. 电控智能雨刮系统的组成

电控智能雨刮系统由 ECU、雨水传感器、雨刮器电动机、雨刮器继电器和运行开关等组成。

视频：迈腾 B8
电动雨刮系统拆卸

2. 雨水传感器

1）传感器功能

> 雨水传感器的电控单元可根据光强度识别传感器的信号自动接通及关闭行车灯、激活回家/离家功能、实现白天/夜晚识别。在拂晓、黄昏、黑暗中、驶入穿行隧道或在树林里行驶时，光强度识别传感器会发送信息到供电控制单元上，接通行车灯。

为了能识别出诸如树林内的道路以及穿行隧道等环境状况，光强度识别传感器接收来自两个区域内的光强度信号。全区表示紧靠车附近的亮度，而前区表示车辆前部区域的光线情况，如图2.2-13所示。

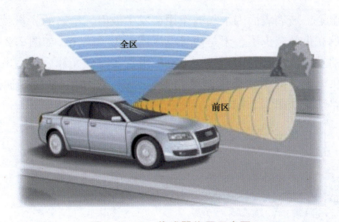

图2.2-13 传感器作用示意图

电控单元还可根据雨水感应传感器感应的前风窗玻璃的沾水湿润程度，实现雨刷器7个速度挡的自动接通和关闭，同时在下雨时自动接通行车灯。

当雨刷开关置于"Interval"（间歇）时，雨水传感器即被激活。驾驶员也可以通过雨刷器间歇工作调节器的4个灵敏度来设置雨水感应传感器，在这种模式下则不再需要参考刮水动作（激活雨水感应传感器时的刮水动作）。刮水开关就可以总是保持在间歇位置。出于安全考虑，只有在车速超过16 km/h或通过雨刷器间歇工作调节器来改变其工作灵敏度时，雨水传感器才会被激活。

2）雨水传感器的工作原理

> 雨水传感器可根据光折射的原理来判断前风窗玻璃的湿度情况，该传感器内集成有环形的发光二极管，这个发光二极管在乘员舱内透过前风窗玻璃发射出红外线，如图2.2-14所示。

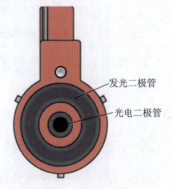

图2.2-14 雨水传感器结构

如果玻璃处于干燥状态,那么红外线光由玻璃的表面反射回来,则集成在该传感器中央的光电二极管能接收到较多的光,如图2.2-15所示。

微课:雨水传感器的工作原理

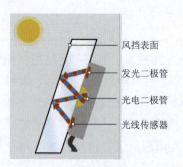

图 2.2-15 雨水传感器工作原理(一)

如果玻璃浸湿了,玻璃表面因水滴的作用会发生散射,反射的光量就减少了,那么光电二极管接收到的光也就减少了,于是信号电压就发生了改变,如图2.2-16所示。

要使传感器的发光二极管发出光线,光电二极管接收到光线后产生电压信号,就需要给发光二极管提供电流,即需要提供电源与搭铁回路,其信号是直接通过LIN总线发送的,该传感器线路连接如图2.2-17所示。

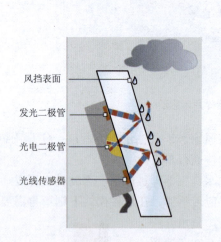

图 2.2-16 雨水传感器工作原理(二)

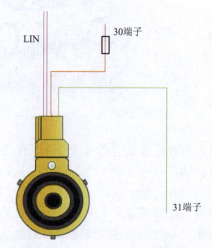

图 2.2-17 传感器电路连接图

3. 雨刷电动机控制单元 ECU

迈腾 B8 轿车上的雨刷电动机控制单元与雨刷电动机集成在同一个元件内部。该控制单元是通过 LIN 总线与供电控制单元连接在一起的。

4. 迈腾 B8 雨刷电动机工作原理

迈腾 B8L 的转向柱电子装置控制单元 J527 接收来自电动雨刮开关信号,并通过 CAN 舒适总线将雨刮开关信息传递至车载电网控制单元 J519,J519 通过 LIN 线控制雨刮控制单元的档位和功率输出。带雨水传感器的电动雨刮系统配置的车型,J519 还通过 LIN 总线控制雨水传感器的工作。

项目二 汽车车身电动系统检修

　　如果在雨刷电动机正在工作时打开了发动机舱盖,那么雨刷电动机会立即停止工作。如果在风窗玻璃清洗泵工作时打开了发动机舱盖,那么该泵也会被立即关闭。发动机舱盖是否打开由两个接触开关来识别,这两个开关信号被发送到供电控制单元 J519 上。

　　J519 通过 LIN 总线给雨刷电动机控制单元提供所需要的信息,以便执行雨刷器的各种功能。用于起动风窗玻璃清洗泵 V5 的 E22 开关信息是由转向柱 J527 发送到舒适系统 CAN 总线的。J519 在接收到信息后,又通过 LIN 总线将包含相应雨刷功能的信息继续传送到雨刷电动机控制单元 J400,J400 随后起动风窗玻璃清洗泵 V5,雨刷器就开始工作,其电路控制如图 2.2 – 18 所示。

微课:迈腾 B8 电动雨刮系统工作原理

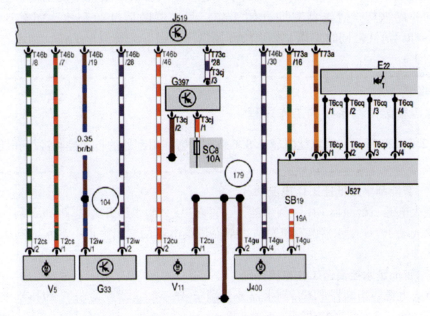

图 2.2 – 18　迈腾 B8 雨刷电动机的控制电路

J519—供电控制单元;J527—转向柱电气控制单元;J400—雨刷电动机控制单元;E22—间歇式刮水器运行开关;V5—车窗玻璃清洗泵;V11—大灯清洗装置泵;G397—雨水与光线识别传感器;G33—车窗玻璃清洗液液位传感器

　　另外,J519 还可实现转向柱调节、脚坑照明、变速杆位置照明、前面和侧面转向信号、喇叭控制、风窗清洗泵控制、转向柱记忆等功能。供电控制单元装在仪表板左侧的后部,取下脚坑盖板就可看到,根据车上装备 J519 有三个版本,如图 2.2 – 19 所示,在更换时一定要保证零件号的正确。

版本	装备		
	电动转向柱调整	氙灯	日间行驶灯
低线	×	×	×
中线	×	√	√
高线	√	√	√

图 2.2 – 19　J519 车载电网控制单元 LIN 控制电路示意图

5. 智能型雨刷器控制功能

智能型雨刷器一般具有间歇、慢速、快速和点动刮水 4 挡，当车速为 0 时会自动降速一挡，起步之后恢复设定的刮水速度。如在间歇挡，间隔时间与车速成反比。雨刷操纵杆向下拨一下可短促刮水一次，如保持在该位置 2 s 以上，刮水器开始加快刮水速度。

> 智能型雨刷器具有根据雨水传感器检测到的雨量信号控制雨刷器自动工作的功能，在完成清洗玻璃刮水过程后 5 s 再刮一次水（仅在车速大于 5 km/h 时），防止玻璃上产生水滴。同时雨刷控制单元还控制风窗玻璃清洗泵的工作。向转向盘方向拉操纵杆，清洗器立即开始工作，刮水器随后开始刮水。如车速超过 120 km/h，清洗器同时工作。如果松开操纵杆，则清洗器停止工作，刮水器继续工作约 4 s。

6. 电控智能雨刮系统的工作过程

如图 2.2-20 所示，这里就凯越 1.8 T 轿车的智能雨刮器的自动控制进行介绍。

> **1）智能刮水器低速工作电流路径**
> 点火电源→熔断器 F16→刮水器开关端子 A8→刮水器开关端子 A5→刮水器电动机总成端子 1→刮水器电动机总成内部左侧继电器的常闭触点→刮水电动机低速端→接地。
>
> **2）智能刮水器高速工作电流路径**
> 点火电源→熔断器 F16→刮水器开关端子 A8→刮水器开关端子 A9→刮水器电动机总成端子 5→刮水电动机高速端→接地。

3）智能雨刮的控制

将刮水器开关置于自动（AUTO）挡，当雨水传感器感应到风窗玻璃表面有水时，自动起动刮水电动机。通过旋拧刮水器开关上的调节轮，可调节自动刮水控制的敏感度，即调整刮水的速度。雨水传感器位于前风窗玻璃中间的顶部，靠近后视镜。雨水传感器以 45°的角度向前风窗玻璃发射一束红外线，在玻璃干燥的情况下，反射回传感器的光线较多；如果玻璃表面有水，光线就被散射到其他地方，反射的光线减小。雨水传感器以此判断雨量的大小。

在雨刷电动机内有两个继电器，左侧的控制雨刷的高/低速，受雨水传感器 2 脚的控制；右侧的是低速/间歇继电器，受雨水传感器 1 脚的控制，雨水传感器通过 1、2 脚控制刮水电动机总成内部继电器的搭铁。雨水传感器可自动控制间歇时间长短和刮水时是高速还是低速。雨水传感器 7 脚用于检测回位脉冲，以正确进行间歇控制。

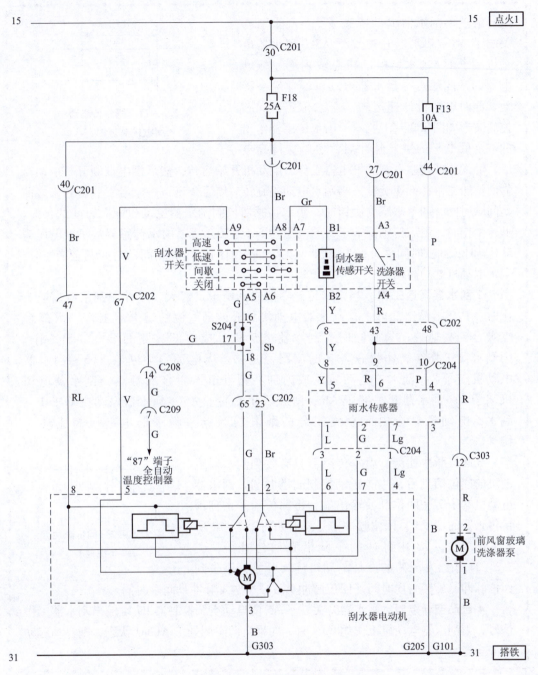

图 2.2-20 智能雨刮电路

①**刮水器低速/间歇工作**。当雨水传感器控制刮水器电动机低速工作时,其端子 1 接地,刮水器电动机总成内部的右侧继电器工作,触点吸合,则有如下电流通路:点火电源→熔断器 F16→刮水器电动机端子 8→刮水电动机内部右侧闭合的继

电器触点→刮水器电动机端子 2→刮水器开关端子 A6→刮水器开关端子 A5→刮水器电动机端子 1→刮水器电动机总成内部左侧继电器的常闭触点→刮水器电动机低速端→接地，此时电动机低速运转。雨水传感器间歇控制波形如图 2.2－21 所示。雨水传感器给出的一个低电平的触发脉冲后，然后保持高电

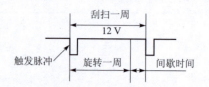

图 2.2－21　雨水传感器间歇控制波形

平，触发脉冲控制右侧的继电器工作，电动机开始运转，然后继电器断开，电动机靠回位通路维持低速旋转；当刮水电动机旋转一周后，至下一个触发脉冲到来之前是间歇时间，调节敏感度旋钮时，雨水传感器控制刮水器电动机间歇时间的长短。低速工作时，雨水传感器端子 1 的电压为 5.1～10.8 V，雨水传感器端子 1 电压为 5.1 V 时，间歇时间最长；为 10.8 V 时，间歇时间最短。当间歇时间调至最短时，刮水电动机起动高速挡。

②刮水器高速工作。当雨水传感器感应到雨量足够大，需控制刮水器高速工作时，其 2 端输出低电平，刮水器电动机总成内部左侧的继电器工作，内部触点吸合到高速端；与此同时，刮水器电动机总成内部右侧的继电器仍工作，则刮水器工作在高速状态，其电流路径是：点火电源→熔断器 F16→刮水器电动机端子 8→刮水器电动机总成内部右侧继电器闭合的触点→刮水器电动机端子 2→刮水器开关端子 A6→刮水器开关端子 A5→刮水器电动机端子 1→刮水器电动机总成内部左侧闭合的继电器触点→刮水器电动机高速端→接地。

③回位脉冲检测。雨水传感器只有收到刮水器电动机的回位信息后，才能正确控制间歇时间。刮水器电动机端子 7 是回位脉冲输出端，将回位信号送到雨量传感器的端子 2，回位脉冲信号波形如图 2.2－22 所示。图 2.2－22 中脉冲的下降沿是回位开始，图 2.2－21 中触发脉冲前沿是电动机旋转开始，至收到回位脉冲是旋转一周时间。回位脉冲至下一个触发脉冲是间歇时间。

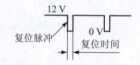

图 2.2－22　回位脉冲信号波形

④自动空调控制。刮水器开关端子 A5 向自动空调控制器 B7 端输出刮水器工作信号，当刮水器电动机工作约 60 s 时，如果自动空调处于 AUTO 状态，则自动起动除湿功能。

项目二 汽车车身电动系统检修

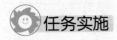

步骤 1. 确认故障现象，推断故障范围

（1）收集车辆信息，确认故障现象

操作迈腾 B8L 电动雨刮各档位开关，进一步检查车辆状况，发现车辆存在下列故障现象：按下 E22 开关各档位时，雨刮系统低速档、高速挡、间隙档、喷水档均不能正常工作。

（2）进一步明确故障现象，缩小故障范围

连接诊断仪，读取故障码，发现显示故障码与雨刮控制单元有关：雨刮控制单元失去通讯。

步骤 2. 分析故障可能原因，引出突破点

按下 E22 开关各档位时，雨刮电机均不工作。通过图 2.2-23 所示电路图结合电路控制逻辑分析，E22 开关信号发送到 J527，J527 将雨刮开关信号传递至 J519，J519 通过 LIN 线来控制雨刮控制单元 J400 使其工作。因此分析故障可能原因主要有 J400 电源电路、J400 至 J519 通讯、E22 开关及其线路。

由于操作 E22 开关，诊断仪中开关数据流正常，所以排除 E22 开关及其线路。结合电路分析，基于故障发生机率大小原则，确定故障突破点为 J400 电源电路，了解 J400 电源线路是否正常，若电源电路正常，继续排查 J400 至 J519 通讯，参考图 2.2-18。

步骤 3. 排除故障点（如表 2.2-1 所示）

表 2.2-1

步骤	测试对象	测试条件	测试设备	测试结果		分析结论及突破口
1	测 SB19 的上下游对地电压	ON 档	万用表	标准	12 V	说明 J400 上游供电保险丝正常，继续查 J400 供电电压
				实测	12 V	
				结论	正常	
2	测 J400 侧 T4gu/1 对地电压	ON 档	万用表	T4gu/1		说明 J400 供电电压正常
				标准	12 V	
				实测	12 V	
				结论	正常	

035

续表

步骤	测试对象	测试条件	测试设备	测试结果		分析结论及突破口
3	测 J400 侧 T4gu/2 对地电阻	OFF 档位	万用表	标准	T4gu/2	说明 J400 搭铁线路正常下一步测 J400-J519 通讯情况。
					≤2 Ω	
				实测	≤2 Ω	
				结论	正常	
4	测 J400 侧 T4gu/4 对地波形	ON 档，操作 E22 开关档位	示波器	标准	T4gu/4	输出异常，LIN 总线波形无变化，下一步测量测 J519 侧 T46b/30 对地波形
					0-12 方波	
				实测	+B 直线	
				结论	异常	
5	测量 J519 侧 T46b/30 对地波形	ON 档，操作 E22 开关档位	示波器	标准	T4gu/4	J519 侧 LIN 总线波形为正常，同一条 LIN 线，两侧波形不统一，怀疑 LIN 线路异常，下一步测量 LIN 线路阻值。
					0-12 方波	
				实测	0-12 方波	
				结论	正常	
6	测量 J519 侧 T46b/30 至测 J400 侧 T4gu/4 线路电阻	OFF 档位，断开导线两侧插头	万用表	测得 J519 侧 T46b/30 至测 J400 侧 T4gu/4 线路电阻为无穷大		确认故障点：J519 侧 T46b/30 至测 J400 侧 T4gu/4 断路

步骤 4. 总结分析故障

迈腾 B8L 因 LIN 线断路导致 J519 与 J400 失去通讯，使得雨刮各档位开关均无法工作。

任务评价（请扫码下载表格）

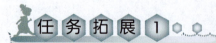

风窗玻璃洗涤器

为了及时消除风窗玻璃上的尘土和污物，使驾驶员有良好的视线，在汽车上还装有风窗玻璃洗涤器，与刮水器配合使用，保证驾驶员视野良好。当风窗玻璃上有灰尘或污物时，应先开动洗涤泵，将洗涤液以一定压力经喷嘴喷到刮片的上部，湿润玻璃。然后再开动刮水器，将风窗玻璃上的灰尘或污物刮掉。

1. 风窗玻璃洗涤器组成

图 2.2-23 所示为桑塔纳轿车风窗玻璃洗涤器，主要由储液罐 1、洗涤泵 2（直流电动机与泵）、软管 3 与喷嘴 4 等组成。储液罐由塑料制成，其内装有洗涤液。

2. 风窗玻璃洗涤器工作过程

洗涤泵由永磁直流电动机和离心式液片泵组成。喷射压力为 70～88 kPa。喷嘴安装在风窗玻璃下面，其喷嘴方向可以调整，使水喷射在

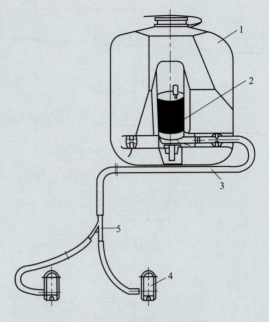

图 2.2-23　风窗玻璃洗涤器
1—储液罐；2—洗涤泵；3—软管；4—喷嘴；5—三通

风窗玻璃的合适位置。洗涤泵连续工作的时间一般不超过 1 min，使用时应先开洗涤泵后开刮水器。在喷水停止后，刮水器应继续刮 2～5 次，这样配合使用才能达到良好的洗涤效果。所以，洗涤器的电路一般是与刮水器开关联合工作的。

3. 新技术：奥迪轿车前风窗玻璃清洗装置电路

图 2.2-24 所示是奥迪轿车前风窗玻璃清洗装置电路。当刮水器开关在 I 挡位置时，刮水器处于间歇工作状态，利用自动复位触点及 C_2 充放电时间来实现间歇控制；当刮水器开关处于 1 挡时，刮水器以低速工作；当刮水器开关处于 2 挡时，刮水器以高速工作；当刮水器开关置于 Tip 位置时，刮水器电动机短时间工作，松开刮水器开关，开关自动返回至 0 位置。

刮水器开关置于 Wa 位置时，将完成洗涤和刮水两项工作。具体工作过程如下：

① 洗涤器工作电路中的工作电流由蓄电池正极（经卸荷继电器触点）→熔断器→刮水器开关 2 的 53a 触点→刮水器开关 2 的 53c 触点→洗涤器电动机 3→搭铁→蓄电池负极，于是洗涤器开始工作，将洗涤液喷洒到风窗玻璃上。

② 上述电路中除洗涤器工作外，同时，电路中的工作电流刮水器开关 2 的 53c 触点→间歇控制器 1 的 53c 触点→二极管 VD_1→电容器 C_1→蓄电池负

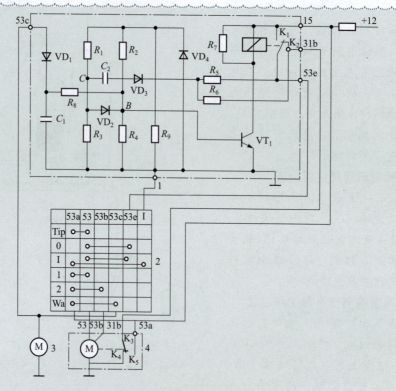

图 2.2-24 奥迪轿车前风窗玻璃清洗装置电路
1—刮水器间歇控制器；2—刮水器及洗涤器开关；3—洗涤器电动机；4—刮水器电动机

极，为 C_1 充电。在 C_1 充电的同时，电阻 R_8 与电阻 R_4 电路中的电流由小增大（B 点的电位逐渐升高），在此电压作用下晶体三极管 VT_1 导通，间歇控制器的继电器线圈通电。触点 K_1 闭合，使间歇控制器触点 15 与 53e 接通，于是刮水器电动机的电路接通。电路中的工作电流由蓄电池正极→熔断器→间歇控制器触点 15 与 53e→刮水器开关的触点 53e 与 53→刮水器电动机→蓄电池负极，于是，刮水器电动机慢速工作。

③松开开关手柄时，刮水器开关自动复位，洗涤泵立刻停止喷水工作，但这时间歇控制器中的电容器 C_1 开始向电阻 R_8 及电阻 R_4 放电，使晶体三极管 VT_1 继续导通，刮水器电动机仍慢速工作 4 s，即电容器 C_1 放电；放电的时间要长，其目的是为了刮干净前风窗玻璃上的水滴。

4. 故障检修

许多风窗清洗装置的故障都是因输液系统而引起的。因此，应首先拆下泵体上的水管，然后使电动泵工作。如果电动泵能够喷出清洗液，则故障在输液系统，多为管路堵塞故障。否则，按照下列步骤查找故障：

(1) 目测储液罐内的液体存储量。检查熔断器和线路连接是否良好。

(2) 打开洗涤器开关,同时观察电动机。如果电动泵工作但不喷液,检查泵内有无堵塞,排除泵体内的任何异物;如果没有堵塞,需更换电动泵。

(3) 如果电动泵不运转,用电压表或试灯检查开关闭合时洗涤泵电动机上有无电压。若有电压,用欧姆表检查搭铁回路,若搭铁回路良好,需更换电动泵。

(4) 在第(3)步中,如果电动机上没有电压,需沿线路向开关查找,检测开关工作是否正常。如果开关有电压输入,但没有输出,需更换开关。

任务拓展 2

电控除霜器

在气温较低的环境中,风窗玻璃内侧易结冰霜(或雾水),通常采用加热法将其除去。前风窗玻璃一般采用暖风加热,而后风窗玻璃通常采用电热丝加热法除霜。其中电热丝由镀在后风窗玻璃内表面的多条金属导电膜制成。部分车辆以相同的电路加热外后视镜。因除霜系统耗电量很大(30 A以上),所以系统采用了定时电路。

1. 电控除霜系统的工作过程

后窗除霜器所用的电阻元件是烧结在玻璃内的栅丝,如图2.2-25所示栅丝各端焊到垂直的汇流条上,一根汇流条为栅丝的正极,另一根汇流条搭铁。

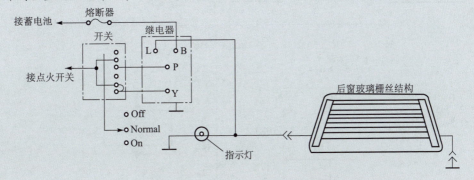

图2.2-25 通用汽车后窗除霜器结构

如图2.2-26所示,除霜器系统采用了固体电路定时器来控制继电器,除霜器控制开关是一个加了回位弹簧的三挡位开关。开关拨向ON,便开动电子定时电路,电路立即励磁定时继电器线圈,继电器触点闭合,蓄电池电压便进至栅丝,与此同时,电压还加至运行指示灯。定时器开动10 min后,继电器便被解除励磁,栅丝和指示灯断电。如果再次操作开关,定时器再次励磁继电器的时间是5 min而不是10 min。

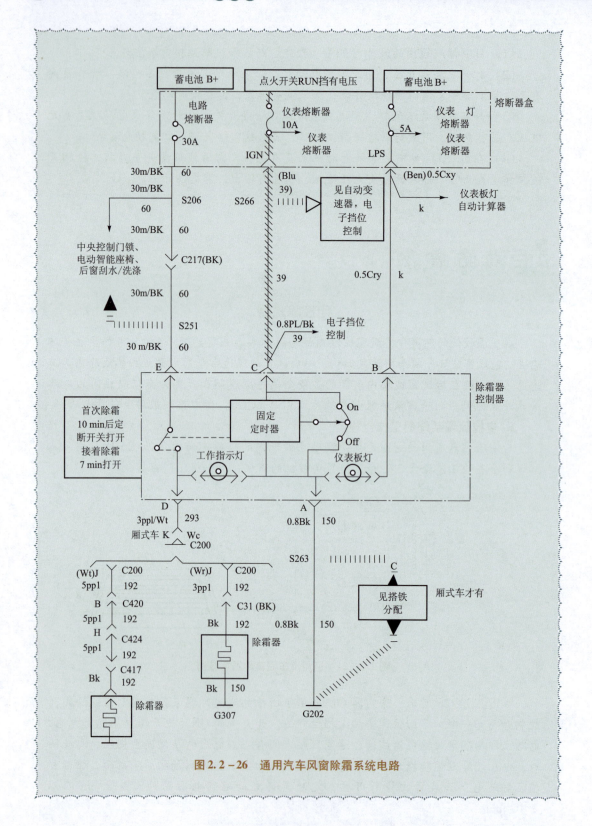

图 2.2-26 通用汽车风窗除霜系统电路

将开关拨向 OFF 或关闭点火开关，都能中断继电器。如果定时电路正在运行时，关闭点火开关，要再次运行除霜器，必须将除霜器开关再次拨向 ON。

2. 后窗玻璃除霜器

冬季风窗玻璃上易结冰霜，用刮水器是无法清除的，有效的办法是将玻璃加热。

装有空调或暖风装置的汽车上，通过风道将热风吹向前面或侧面的风窗玻璃就可避免结霜，而后窗玻璃常利用电热丝加热的方法来除霜。在后窗玻璃的内表面上镀有数条导电膜，形成电热丝，通电加热，即可防止结霜。这种装置的耗电量为 0~50 W，在轿车上广泛应用。

电子后窗除霜器电路，主要由电热线、传感器、继电器、控制电路除霜开关以及指示灯等组成，如图 2.2-27 所示。

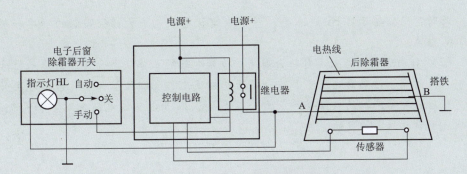

图 2.2-27　电子后窗除霜器电路

1) 电热线

当在电热涂料两端加上 12 V 电压时，即会产生 25~30 ℃ 的微温，将玻璃加热以消除霜层。

2) 传感器

传感器是一种热敏电阻，一般安装在后窗玻璃下方，用以检测有无积霜。如果有积霜，则传感器电阻减小，控制器就使继电器线圈通电，吸合触点，使电热线通电。当除霜结束时，玻璃上温度上升，传感器阻值变大，控制电路将继电器断电，使除霜自动停止。

3) 控制电路

控制电路一般以分立元件电路或单片集成电路为主构成。其输入信号有两个：一个是手动/自动除霜开关信号；另一个是传感器信号。传感器信号主要是控制其内的一只电子开关，使电子开关在传感器电阻值减小（也即结霜）时导通，使继电器线圈内的电流通路形成，吸合触点接通，于是给电热线通电加热。

> 当传感器电阻值增大（即除霜后玻璃温度上升）后，上述电子开关截止，这就切断了继电器线圈电流，电热线加热停止。

4）除霜指示灯

除霜指示灯实际上并接在电热线两端，受继电器控制。当电热线加温时，该指示灯也同时点亮，表示除霜电路处于除霜工作状态。当除霜停止时，该指示灯也将熄灭。

5）除霜电路工作原理

（1）手动除霜。当采用手动除霜时，除霜开关接通到"手动"挡，继电器线圈内有电流通过，其触点吸合接通，从而形成以下电流回路：

> 蓄电池正极→继电器触点（闭合）→电热线 A、B 端→搭铁→蓄电池负极。

此时，除霜指示灯 HL 也点亮，以示除霜状态。电子后窗除霜器的功率一般在 100 W 左右。

（2）自动除霜。当采用自动除霜时，控制电路的工作状态受传感器输入信号的控制。当结霜、传感器电阻变小时，起动电热线工作，即开始加热。当温度上升到除完霜后，即传感器的电阻值增大到一定值时，断开电热线电流回路。如此循环，就实现了自动除霜的目的。

任务 2.3 电动座椅检修

任务导入

一辆 2008 年日产英菲尼迪 EX35，行驶里程 1 880 km。用户反应该车的电动座椅不能调节，经维修人员检查维修发现座椅开关失灵。

知识目标

1. 通过学习，能正确描述常见电动座椅系统的组成、各部件功用、工作原理及系统的控制方法和原理。
2. 通过学习能讲述电动座椅系统的故障诊断方法。

能力目标

1. 能正确拆装电动座椅系统各部件。

2. 会检测判断电动座椅系统各部件性能。
3. 会分析诊断和排除电动座椅系统常见故障。

1. 电动座椅的功用

汽车座椅的主要功能是为驾驶员提供便于操作、舒适而又安全的驾驶位置,为乘员提供不易疲劳且舒适而又安全的乘坐位置。座椅调节的目的就是使驾驶员和乘员乘坐舒适。通过调节还可以变动坐姿,减少乘员长时间乘车的疲劳。

微课:电动座椅的调节

现代汽车普遍采用电动座椅,驾驶员通过操纵电动座椅开关按钮,可以将座椅调整到最佳的位置上,使驾驶员获得最好视野,便于操纵转向盘、踏板、变速杆等,还可以获得最舒适和最习惯的乘坐角度。汽车乘客也能通过操纵电动座椅开关按钮,调整乘坐姿势,使乘坐更加舒适。

电动座椅的调节正向多功能化发展,使座椅的安全性、舒适性、操作性日益提高。其种类很多,还可以有不同的组合方式。如具有 8 种调节功能的电动座椅,其调节功能包括:①前后调节座椅;②上下调节座椅;③座椅前部的上下调节;④侧背的支撑调节;⑤靠背的倾斜度调节;⑥腰椎的支撑调节;⑦头枕的上下调节;⑧头枕的前后调节。电动座椅前后方向的调节量一般为 100~160 mm,座位前部与后部的调节量为 30~50 mm。全程移动所需时间为 8~10 s。

2. 电动座椅的组成

普通的不带记忆功能的电动座椅一般由双向电动机、传动装置和座椅调节开关等组成。带记忆功能配置的电动座椅由座椅控制 ECU、位置传感器、座椅控制开关、位置储存和复位开关、双向电动机、传动装置等组成,如图 2.3 – 1 所示。各装置的主要功能见表 2.3 – 1。

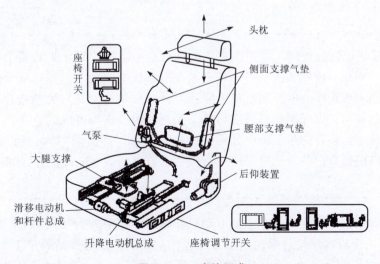

图 2.3 – 1 座椅组成

表 2.3-1　座椅系统各个装置的主要功能

装置名称		功　　能
ECU		座椅 ECU 控制电动座椅的电源通断、存储执行和复位动作。当收到来自电动座椅开关的输入信号后，在 ECU 内的继电器动作，控制电动座椅运动。座椅的存储和复位由电驱动的倾斜和伸缩 ECU 与座椅 ECU 之间的相互联系进行控制
座椅调节装置	电动座椅开关	该开关接通时向 ECU 输入滑动、前垂直、后垂直、倾斜或头枕位置的信号
	位置储存和复位开关	通过倾斜和伸缩 ECU，将记忆和复位信号输送给座椅 ECU
	腰垫开关	当开关接通时，电源输入至腰垫电动机，开关控制电动机的转向和电流的接通和关断。该开关不接至 ECU，而且调整位置不能储存在复位用的存储器中
	调节机构	包括座椅前后移动调整机构、座椅前部垂直调整机构、座椅后部垂直调整机构、靠背倾斜度调整机构、腰部支撑调整机构、头枕调整机构等
位置传感器		该传感器将每个电动机（滑动、前垂直、后垂直、倾斜和头枕）位置信号送至 ECU，储存在存储器中
双向电动机		这些电动机来自座椅控制开关或者座椅 ECU 的控制，每个电动机都可以进行两个方向的动作
传动装置		包括上下轨道、螺杆、连轴节支架等组成。传动方式有齿轮齿条式和蜗轮蜗杆式等

3. 电动座椅的工作过程

电动座椅系统的存储座椅控制信号原理如图 2.3-2 所示，其控制电路框图如图 2.3-3 所示。

电动座椅的工作原理如下。

微课：电动座椅的工作原理

> 按下某一记忆键按钮，可逆性直流电动机受控制器控制并驱动某个调整方向的蜗杆轴、蜗轮、齿轴和齿条等。蜗杆轴在电动机的驱动下，带动蜗轮转动，从而将齿轴旋入或旋出，即控制座椅下降或上升。如果蜗轮又与齿条啮合，蜗轮转动驱使齿条移动，即令座椅前移或后移。先进的调节机构可以调节座椅的水平移动和垂直移动，靠背的角度调整和靠枕的高度调节，即所谓"六向可调式"。乘车人员可以根据自己的身材将座椅调整到适合自己的最舒适的位置，如图 2.3-4 所示。

当按下滑动按钮时，装在轨条上的电动机开始运转（图 2.3-5），蜗轮带动减速器齿轮开始运转。由于减速齿轮与蜗轮同轴，故也一起转动，而螺母是固定于下轨道的支架上，因此螺母可以前后运动，带动座椅滑动。座椅调节器是由螺旋千斤顶和齿轮传动机构

项目二 汽车车身电动系统检修

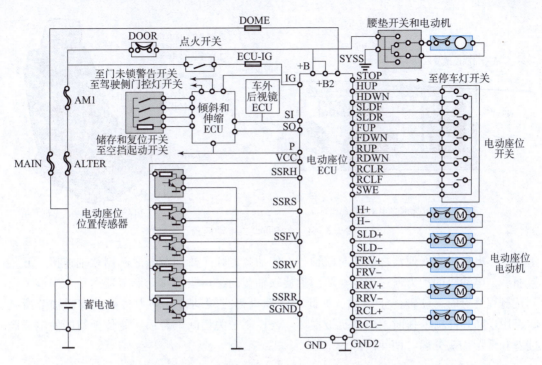

图 2.3-2 存储座椅控制信号原理图

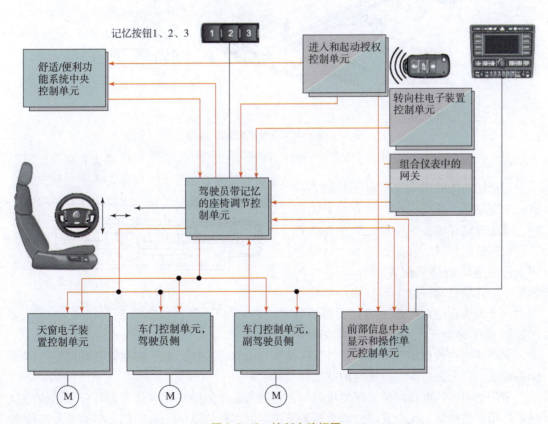

图 2.3-3 控制电路框图

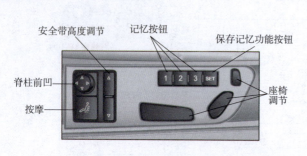 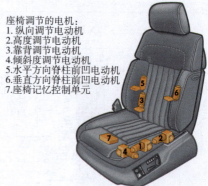

(a) 带记忆功能的电动座椅操作面板 　　(b) 12向电动座椅调节电机位置

图 2.3-4　六向可调式电动座椅

组成的。电动机和变速器之间装有联轴节，传动装置和座椅调节器之间用软轴连接。开关接通后，电动机的动力通过齿轮、驱动轴使软轴转动，再驱动座椅调节器运动。当调节器到达行程终点时，软轴停止转动。如此时电动机仍在转动，其动力将被橡胶联轴节所吸收，用来防止座椅卡住时，电动机被损坏。当控制开关切断电源后，复位弹簧能使电磁阀柱塞和爪形接头分离，使其回到原来位置。

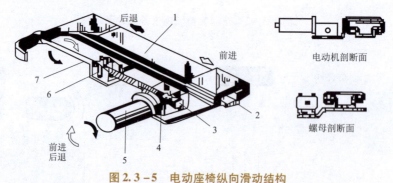

图 2.3-5　电动座椅纵向滑动结构

1—上轨条；2—下轨条；3—减速齿条；4—蜗轮；5—电动机；6—螺母；7—螺杆

带记忆功能的电动座椅电子控制系统有一个存储器，只要一按位置存储开关按钮，就能按储存的各个座椅位置的要求自动调整座椅的位置。存储器有 4 个电位计用来感应座椅的调整位置。图 2.3-6 所示是电位计的结构图。电位计由一根螺杆驱动一个滑块在电阻丝面上滑动，传给电子控制装置的电压信号取决于滑块的位置，只要座椅位置调定后，驾驶员按下存储器的电位计按钮，电子控制装置就把这些信号储存起来，作为重新调整位置时的基准。

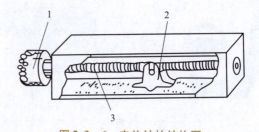

图 2.3-6　电位计的结构图

1—齿轮（电动机驱动）；2—滑块；3—电阻丝

带记忆功能的电动座椅采用微机控制，它能将选定的座椅调节位置进行存储，使用时只要按指定的按钮，就会自动地调节到预先选定的座椅位置上。带记忆功能的电动座椅系统示意如图 2.3-7 所示。

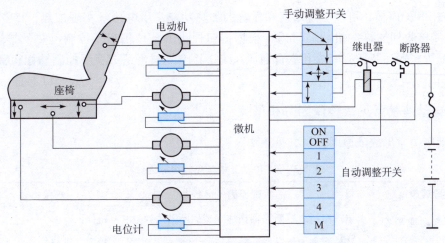

图 2.3-7 带记忆功能的电动座椅系统示意图

4. 迈腾 B8 不带记忆功能电动座椅控制电路

迈腾 B8 不带记忆功能的左前电动座椅控制电路如图 2.3-8 所示。通过调节开关控制调节电机的电路通断，同时通过双向开关改变电流的方向，使调节电机实现正反转，从而实现座椅调节的正反方向变化。

动画：迈腾 B8 电动座椅控制电路分析

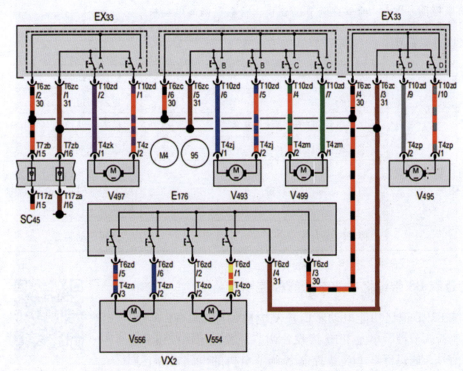

图 2.3-8 迈腾 B8 不带记忆功能电动座椅控制电路

EX_{33}—左前座椅调节操作单元；E_{176}—驾驶员腰部支撑调节开关；VX_2—驾驶员座椅腰部支撑；
V_{493}—纵向调节电机；V_{495}—靠背调节电机；V_{497}—倾斜度调节电机；V_{499}—高度调节电机；
V_{554}—腰部支撑高度调节电机；V_{556}—腰部支撑前后位置调节电机

迈腾 B8 的座椅还可以实现座椅和靠背的加热功能。由电热丝实现加热，J519 通过舒适 CAN 线接收到加热按钮的信号后，根据按钮提供的挡位信号，控制电热丝接通发热。部分高配置车辆还装备有座椅和靠背通风系统，J519 通过舒适 LIN 线控制靠背和座椅的风扇工作。

5. 电动座椅常见故障原因分析

电动座椅常见故障原因分析，见表 2.3 - 2。

表 2.3 - 2 电动座椅常见故障原因分析

故障现象	故障原因	解决办法
所有电动座椅都不能动	电动座椅电路断路器损坏（或熔断器失效）	检修
	搭铁不良或搭铁线路断路	检测、维修
一个电动座椅不能动	该电动座椅的输入电源线路断路或接触不良	检修
	该电动座椅的搭铁不良或线路断路	检修
	开关失效	更换新件
电动座椅前、后端不能垂直升降或整个座椅不能垂直升降	前垂直调节电动机、后垂直调节电动机的连接线路故障	检查线路接头是否接触牢固
	前垂直调节电动机、后垂直调节电动机故障	检测电动机
	控制开关失效	更换控制开关
	传动装置失效	检修传动装置
	调整不当	重新调整
电动座椅不能前移或后移	水平电动机的连接线路故障	检查线路接头是否接触牢固
	水平电动机故障	检测电动机
	前进、后退开关故障	在前进、后退挡位切换的情况下检测开关输出端是否有电压
	传动装置失效	检修传动装置

6. 迈腾 B8 带记忆功能电动座椅控制电路

迈腾 B8 带记忆功能电动座椅控制电路如图 2.3 - 9 所示。驾驶员座椅调节控制单元 J810 接收各调节开关、记忆按钮和传感器的信号，通过舒适 LIN 线控制各调节电机的电路通断，同时可以改变电流的方向，使调节电机实现正反转，从而实现座椅调节的正反方向变化。J810 通过舒适 CAN 线将信号传输到舒适 CAN 实现与 J519 等控制单元的信息共享。

微课：迈腾 B8 带记忆功能电动座椅工作原理分析

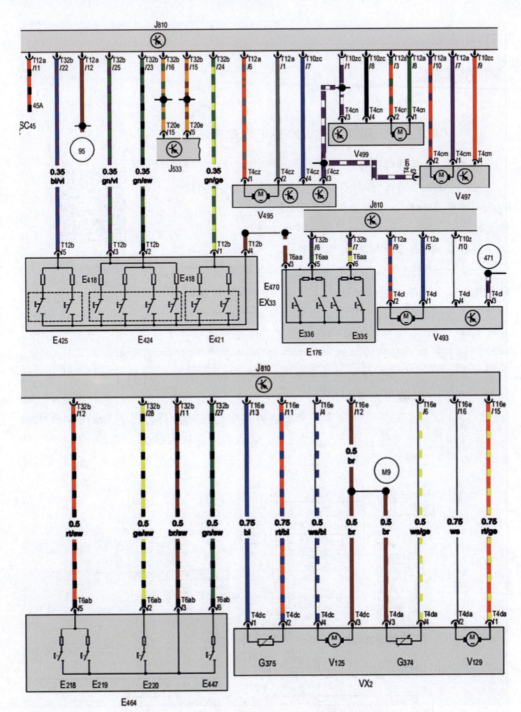

图 2.3－9 迈腾 B8 带记忆功能电动座椅控制电路

J_{810}—驾驶员座椅调节控制单元；EX_{33}—左前座椅调节操作单元；E_{418}—座椅纵向调节按钮；E_{421}—倾斜度调节按钮；E_{424}—座椅高度调节按钮；E_{425}—靠背调节按钮；E_{447}—座椅位置存储按钮；E_{464}—驾驶员侧记忆功能的操作开关；E_{176}—驾驶员腰部支撑调节开关；E_{335}—腰部支撑高度调节按钮；E_{336}—腰部支撑前后位置调节按钮；V_{493}—纵向调节电机；V_{495}—靠背调节电机；V_{497}—倾斜度调节电机；V_{499}—高度调节电机；V_{129}—腰部支撑高度调节电机；V_{125}—腰部支撑纵向位置调节电机；E_{470}—驾驶员座椅调节操作单元；G_{374}—腰部支撑高度调节传感器；G_{375}—腰部支撑前后调节传感器

任务实施

英菲尼迪 EX35 电动座椅不能调节

步骤 1. 了解故障现象

一辆 2008 年产日产英菲尼迪 EX35 小型 SUV，搭载 VQ35HR 型发动机，行驶里程 1 880 km。据用户反映，该车的电动座椅不能调节，座椅调节开关失灵。

动画：迈腾 B8 电动座椅调节异常诊断流程

步骤 2. 故障诊断与排除

首先进行故障确认，发现该车存在的故障现象包括电动座椅不工作、电动车窗不工作以及可电动调节倾斜角度和伸缩的转向柱不工作。驾驶员座椅由驾驶员座椅控制单元来控制，电动车窗由车身控制单元 BCM 控制，电动转向柱由自动驾驶定位器控制单元控制。既然这 3 个控制单元控制的部件都不能正常工作，而 3 个系统同时出问题的可能性很小，那么应该先检查这 3 个控制单元公用的部分，例如 BCM 电路图（图 2.3-10）中的熔丝 K（40 A）和 10 号熔丝（10 A）。检查发现，位于蓄电池边上的熔丝 K 已经熔断（图 2.3-11），于是怀疑该线路中有短路的部位。使用万用表测量 M6 插头的 91 号针脚与接地之间的电阻，未发现异常。在 K 位置换上新的熔丝，试车故障排除，反复操作座椅调节开关、调节转向柱以及电动车窗开关都没有出现故障，于是交车给用户。

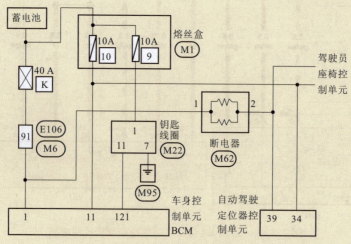

图 2.3-10 BCM 电路图

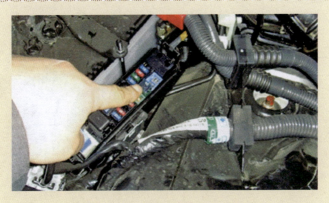

图 2.3-11　蓄电池边上的熔丝 K

大约一个星期后，用户回厂抱怨电动座椅又失灵了，检查发现电动座椅和转向柱调节又不能正常工作了，但电动车窗工作正常，各熔丝也都供电正常，但是不能保证相关控制单元端子侧的供电正常。由于座椅控制单元在座椅下面，不方便检测，于是先检查自动驾驶定位器控制单元（图 2.3-12）的 34 号端子和 39 号端子是否供电正常，测量发现 39 号端子上没有 12 V 电源。

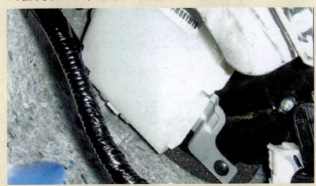

图 2.3-12　自动驾驶定位器控制单元

从电路图上可以看出该线路中安装有 1 个断电器，找到该断电器（图 2.3-13），测量 M62 插头的 1 号端子供电正常，将断电器拔下然后再插上，座椅又可以正常调节了，但操作几下后又不动作了，同时感觉断电器有些发热，于是分析该线路中肯定存在短路的地方，导致断电器由于过热保护而断电。测量 M62 插头的 2 号端子与接地之间的电阻，没有发现异常，晃动该线路并同时拍打车内的各个部件，终于发现在晃动驾驶员座椅时 M62 插头的 2 号端子对地短路了。拔下座椅下方的线束接头，晃动该线束，情况没有变化，看来问题出在座椅上。

拆下驾驶员座椅，剥开座椅线束，发现座椅腰部支撑开关（图 2.3-14）的电源线已经磨破（图 2.3-15），这会造成线路搭铁短路。包裹破损的线路，重新布置线束的走向，装复试车确定故障彻底排除。

图 2.3-13 断电器

图 2.3-14 座椅腰部支撑开关

图 2.3-15 磨破的电源线

步骤3. 总结分析故障

该车在第一次到店检查时,只是怀疑线路中有搭铁的部位,但是没有仔细排查,在没有找到故障原因时故障现象又不再出现,于是把车辆交予了客户,还想当然地以为是车里开启了多个用电器而产生的瞬间大电流导致熔丝K的熔断。对于这种时好时坏的短路现象,维修人员必须要耐心仔细检查,而且要掌握方法,对所怀疑的线路和设备采用拍打、轻拽以及晃动等方法,总之就是让故障重现才能彻底地排除故障。

项目二 汽车车身电动系统检修

任务评价（请扫码下载表格）

任务拓展

电动座椅新型辅助功能

1. 主动头枕功能

主动式头枕系统（AKS）是指在车尾部受到撞击时，该头枕会向前移动并能避免肩部与头部产生相对加速度，从而降低颈椎在撞车中受到伤害的危险。AKS结构原理如图2.3-16所示。

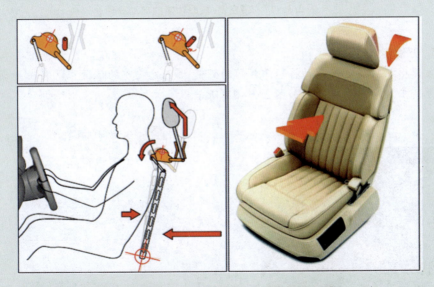

图2.3-16 主动式头枕系统（AKS）结构原理

若在车尾出现了一个向前的推力，乘员会因为惯性而保持原位，因此身体会被推入座椅内。这样就会增加对靠背的压力，一个弯形杠杆转动让头枕向上向前移动。这个移动方向由头枕所在的导轨所决定。在AKS触发后，这种可反向操作的系统将持续工作并仍然具有全部效能。AKS只有在车尾部受到撞击才会触发，在发生前部撞击时，有一把安全锁会阻止其触发。

2. 空调/按摩功能

电动座椅的空调功能由集成在座椅中的通风装置（加热装置与风扇）来提供，通风装置将温度适宜的空气通过空气通道均匀地穿过座椅皮面的细孔导向乘客。按摩功能由机械式4位置腰部支撑实现。腰部支撑自动地向上和向下运动，从而放松脊椎与背部的肌肉。带空调/按摩功能的电动座椅如图2.3-17所示。

▽图 2.3－17　带空调/按摩功能的电动座椅

3. 方便出入功能

方便出入功能可以自动将转向柱移动到最上且最靠前的位置以方便驾驶员上下车。方便出入功能系统示意如图 2.3－18 所示。

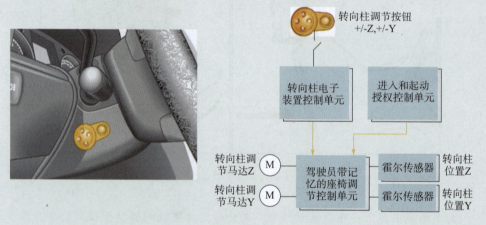

图 2.3－18　方便出入功能系统示意图

该功能独立于用户个人设定通过转向柱模块上的开关激活,开关信息(调节转向柱的请求)通过舒适/便利功能 CAN 总线传输,并由驾驶员座椅位置记忆功能处理。在发出调节指令后,转向柱将沿要求的方向运行,直到撤消请求或实现软停止。

项目二 汽车车身电动系统检修

任务 2.4 电动车窗检修

任务导入

一辆 2017 款迈腾 B8L 车辆，车主反映，右前车窗不能正常工作，经维修人员检查维修后发现右前车门控制单元电源线路故障导致右前车窗工作异常。

知识目标

1. 通过学习，能正确描述常见电动车窗系统的组成、各部件功用、工作原理及系统的控制方法和原理。
2. 通过学习能讲述电动车窗系统的故障诊断方法。

能力目标

1. 能正确拆装电动车窗系统各部件。
2. 会检测判断电动车窗系统各部件性能。
3. 会分析诊断和排除电动车窗系统常见故障。

知识内容

1. 电动车窗的作用

目前，轿车普遍装有电动车窗，能根据乘坐人员的要求，由驱动车窗玻璃的升降，为乘车人员提供所需的车窗开度。通常电动车窗能保证驾驶员坐在驾驶座上，可操纵控制开关使全部车窗玻璃自动升降，操作简便，有利于行车安全，能实现后座车窗锁止。部分轿车电动车窗还能实现锁车自动关闭车窗等智能控制。

2. 电动车窗的组成

传统的电动车窗主要由车窗玻璃、玻璃升降器、电动机、控制开关和控制电路等组成。

1）玻璃升降器

升降器常见的类型有钢丝滚筒式（图 2.4-1）和交叉传动臂式（图 2.4-2）。升降器按传动装置的传动方式可分为齿扇式和齿条式两种，钢丝滚筒式多采用齿扇式传动，交叉传动臂式多采用齿条式传动。

图 2.4-1　钢丝滚筒式

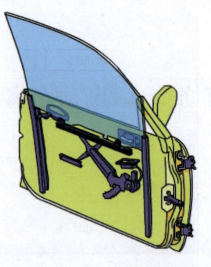

图 2.4-2　交叉传动臂式

齿扇式升降器如图 2.4-3 所示。齿扇上连有螺旋弹簧，当门窗下降时螺旋弹簧收缩吸收能量；当门窗上升时螺旋弹簧伸展而释放能量，以减轻电动机的负荷。于是无论门窗上升或下降，电动机的负荷基本相同。当电动机转动时，通过蜗轮蜗杆减速并改变旋转方向，使齿扇转动，并带着门窗上下进行升降。

齿条式升降器如图 2.4-4 所示。升降器采用柔性齿条和小齿轮结构。当电动机转动时，通过蜗轮蜗杆减速机构将动力传给小齿轮，小齿轮又使齿条移动，齿条通过拉绳带着门窗进行升降。

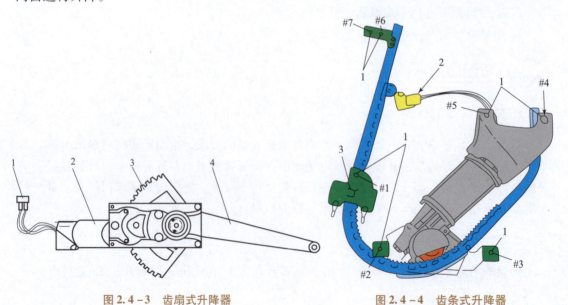

图 2.4-3　齿扇式升降器

1—电源接头；2—电动机；3—齿扇；4—推力杆

图 2.4-4　齿条式升降器

1—铆接处；2—插头；3—贴条

项目二 汽车车身电动系统检修

2）电动机

当电流从电动门窗总开关或分开关流入电动门窗电动机时,电动机随即带动门窗传动机构升、降门窗玻璃。由于车窗的动作是双向（升降）的,所以采用直流双向电动机控制,即工作电流方向不同,电动机的转向不同。由于车门内空间有限,电动机一般做成扁平形（图 2.4-5）。

电动机内的传动装置是一种自锁蜗轮蜗杆结构,可防止车窗自行打开或强力开启。与传动装置一体化的缓冲器,在车窗移动到极限位置时,取到良好的缓冲特性。

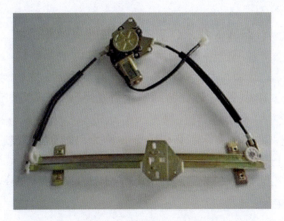

图 2.4-5 扁平电动机

由于升起电动门窗要比门窗下降费力。因此,在电动机和门窗玻璃升降器机构中间装有一个变速器,以增大驱动扭矩。变速器的驱动齿轮带动一个柔性齿条,或直接连接一个类似手动式的门窗升降机构。

电动门窗控制电路中多装有一个或多个断路器,有的就装在电动机内,以便当有过载电流通过电动门窗电动机时,断路器会切断电路,以保护电路免受损失。例如,当车窗已升到顶点或因结冰致使玻璃不能自由运动时,即使驾驶员操纵的开关没有断开,断路器也会自动断开。断路器还具有防夹功能,能防止关窗时夹住人的身体。

3）控制开关

系统一般装有两套控制开关。一套装在仪表板或驾驶员侧车门扶手上,为主开关（见表 2.4-1）,可控制每个车窗的升降。另一套分别装在每个乘客门上,为分开关,可单独控制一个车窗。不带控制单元的电动车窗系统所有车窗电动机都要通过总开关搭铁,如果总开关断开,分开关就不能起作用了。

表 2.4-1 主控制开关

图　　例	控制方式
	2挡式的车窗升降开关： ①自动上升——向上拨"到头" ②手动上升——向上拨"一点" ③手动下降——向下拨"一点" ④自动下降——向下拨"到头"

在主开关上还有断路开关,可切断分开关的电路。为防止电路过载,线路中（或者电动机内）装有热敏断路开关。例如,当车窗完全关闭或者由于结冰等原因使玻璃不能再自如运动时,即使控制开关没有断开,热敏开关也会因为通电时间过长,而自动断路。

3. 电动车窗的控制电路

控制电路如图 2.4-6 所示。

①主控开关控制。当主控开关左后门窗开关拨到上升时，电流方向为：蓄电池正极→点火开关→保险→主控开关左后门窗触点→左后门窗分控开关触点→电动机→左后门窗分控开关另一触点→主控开关中后门窗另一触点→搭铁。电动机旋转，带动左后门窗玻璃上升。

②**练一练**：分控开关控制。当左后门窗分控开关拨到上升时，电流方向为：_____

_____。

动画：典型电动车窗控制电路分析

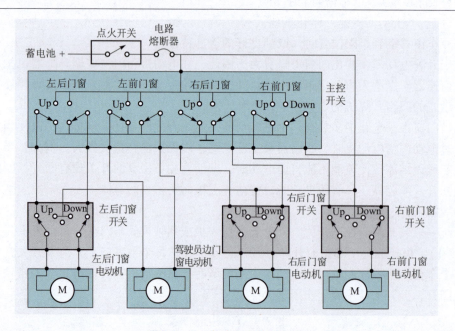

图 2.4-6 电动车窗控制电路

4. 迈腾 B8L 电动车窗系统组成

迈腾 B8 玻璃升降器通过各控制单元控制，如图 2.4-7 所示，整体系统包含以下元器件和控制单元：车载电网控制单元 J519、遥控钥匙、数据总线诊断接口 J533、进入及起动许可接口 J965、车门控制单元（四个）、玻璃升降器电机（四个）、玻璃升降器开关（四个）。

1）迈腾驾驶员侧玻璃升降器操作开关 E512

操作开关 E512 如图 2.4-8 所示，为了减少普通线路连接数量，迈腾 B8 玻璃升降器控制开关采用分压方式，将通常的四根信号线（上升、自动上升、下降、自动下降）采用一根信号线输出，如图 2.4-9 所示。

微课：迈腾 B8 玻璃升降器控制故障诊断

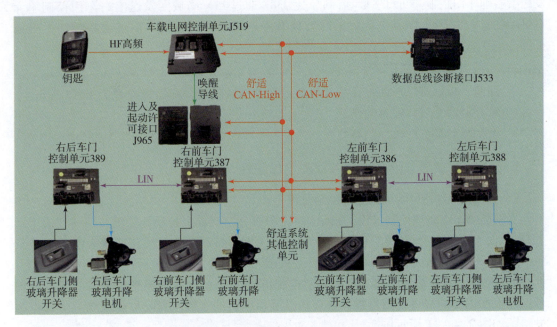

图 2.4－7　迈腾 B8 玻璃升降器结构组成

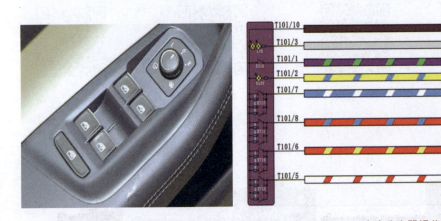

图 2.4－8　玻璃升降器开关 E512　　　图 2.4－9　玻璃升降器操作开关 E512 电路原理图

迈腾 B8 玻璃升降器开关内部装有不同的电阻，操作开关在不同的挡位（上升、自动上升、下降、自动下降）时，通过开关内部分压电阻将信号线输出电压改变，控制单元将这些输入的信号电压和控制单元内部预先存储的玻璃升降器图谱动作数据（上升、自动上升、下降、自动下降）电压对比，如果和哪一个图谱动作数据电压对比成功，将控制玻璃升降器相应动作。

2）玻璃升降器锁止开关

按下驾驶员侧玻璃升降器操作开关 E512 上的玻璃升降器锁止开关，驾驶员侧车门控制单元 J386 检测到开关开启信号，控制单元 J386 将这个模拟信号转换为数字信号，通过 LIN 局域网发送给左后车门控制单元 J388，控制单元 J388 将停止左后车门玻璃升降电机动作，左后车门玻璃将无法上升或下降。同时，控制单元 J386 将数字信号通过 CAN 局域网发送给右前车门控制单元 J387，控制单元 J387 通过 LIN 局域网发送给右车门控制单元 J389，控制单元 J389 将停止右后车门玻璃升降电机动作，右后车门玻璃将无法上升或下降。

> **注意：** 玻璃升降器锁止开关开启后，驾驶员侧玻璃升降器操作开关 E512 还可以继续控制两个后门玻璃动作。

5. 迈腾 B8 玻璃升降器工作过程及工作原理

1）迈腾 B8 驾驶员侧车窗玻璃控制过程

驾驶员侧车窗玻璃控制过程，如图 2.4-10 所示。当向上拉动开关至一挡（代表手动上升）、向上拉动开关至二挡（代表自动上升）、向下按动开关至一挡（代表手动下降）、向下按动开关至二挡（代表自动下降），开关就会将电源电压分压后作为信号输出（上、下时电压相反），并输送给驾驶员侧车门控制单元 J386，J386 将模拟信号转变成数字信号，并根据内部的程序控制驾驶员侧玻璃升降器电机的运行。驾驶员侧玻璃升降器控制电路图如图 2.4-11 所示。

视频：迈腾 B8 电动车窗 LIN 线波形测量

视频：迈腾 B8 电动车窗 LIN 线断路波形测量

视频：迈腾 B8 电动车窗 LIN 线虚接波形测量

视频：迈腾 B8 电动车窗 LIN 线短路波形测量

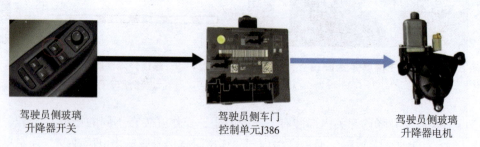

图 2.4-10　迈腾 B8 驾驶员侧车窗玻璃控制过程

2）副驾驶员侧玻璃升降器控制过程

副驾驶员侧玻璃升降器控制原理图如图 2.4-12 所示，操作驾驶员侧玻璃升降器开关 E512 上的左后玻璃升降器开关，车窗玻璃应能正常手动上升、自动上升、手动下降、自动下降；操作左后车门面板上的玻璃升降器开关，车窗玻璃应能正常手动上升、自动上升、手动下降、自动下降。副驾驶员侧玻璃升降器控制电路图如图 2.4-13 所示。

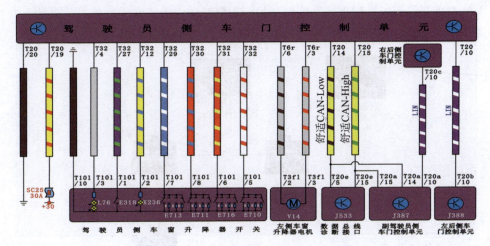

图2.4-11 驾驶员侧玻璃升降器控制电路图

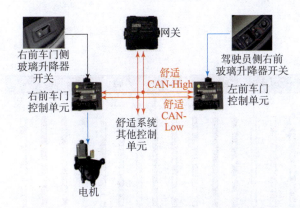

图2.4-12 副驾驶员侧玻璃升降器控制原理图

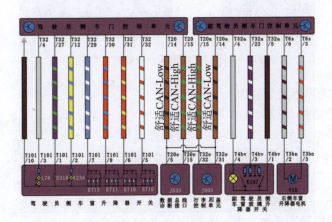

图2.4-13 副驾驶员侧玻璃升降器控制电路图

3）左后玻璃升降器控制过程

左后玻璃升降器控制原理图如图2.4-14所示，操作驾驶员侧玻璃升降器开关E512上的左后玻璃升降器开关，车窗玻璃应能正常手动上升、自动上升、手动下降、自动下降；操作左后车门面板上的玻璃升降器开关，车窗玻璃应能正常手动上升、自动上升、手动下降、自动下降。左后玻璃升降器控制电路图如图 2.4-15 所示。

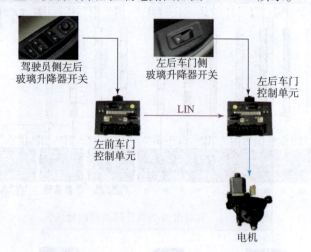

图 2.4-14　左后玻璃升降器控制原理图

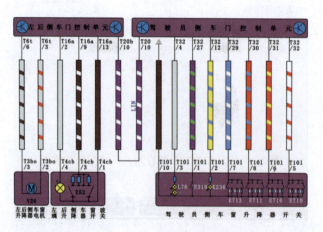

图 2.4-15　左后玻璃升降器控制电路图

4）右后玻璃升降器控制过程

右后玻璃升降器控制原理图如图 2.4-16 所示，操作驾驶员侧玻璃升降器开关 E512 上的右后玻璃升降器开关，车窗玻璃应能正常手动上升、自动上升、手动下降、自动下降；操作右后车门面板上的玻璃升降器开关，车窗玻璃应能正常手动上升、自动上升、手动下降、自动下降。右后玻璃升降器控制电路图如图 2.4-17 所示。

5）儿童安全锁许可过程

操作驾驶员侧玻璃升降器开关 E512 上的儿童安全锁按钮 E318，驾驶员侧车窗玻璃升降器开关应能对所有后车门车窗玻璃进行控制，而所有后车门开关不能操作对应的车窗玻璃。

微课：迈腾 B8 电动车窗 LIN 线工作原理及故障分析

项目二 汽车车身电动系统检修

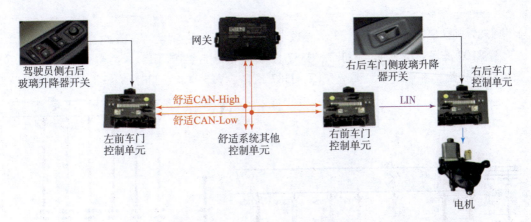

图 2.4-16　右后玻璃升降器控制原理图

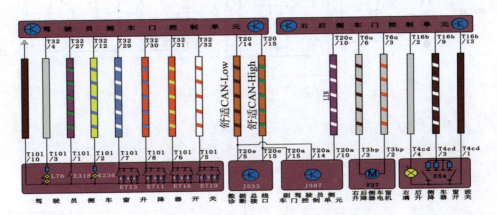

图 2.4-17　右后玻璃升降器控制电路图

任务实施

步骤 1. 确认故障现象，推断故障范围

（1）收集车辆信息，确认故障现象。操作各控制开关，进一步检查车辆状况，发现车辆存在下列故障现象：按下 E716 与 E107 时，右前车窗电机 V15 不工作；操作 E308 时，所有门锁不工作。

（2）进一步明确故障现象，缩小故障范围。连接诊断仪，读取故障码，发现显示故障码 J387：车窗升降机马达断路。

步骤 2. 分析故障可能原因，引出突破点

按下 E716 与 E107 时，V15 均不工作。通过图 2.4-18 所示电路图结合电路控制逻辑分析，E716 开关信号发送到 J386，J386

微课：迈腾 B8 车门
LIN 总线故障诊断

063

与 J387 通过网线共享信号，J387 接收到 E716 开关信号后控制 V15 电路接通使其工作；E107 开关信号发送到 J387，J387 接收到信号后控制 V15 电路接通使其工作。因此分析故障可能原因主要有 V15 – J387 线路、V15 自身、J387 局部及电源电路。

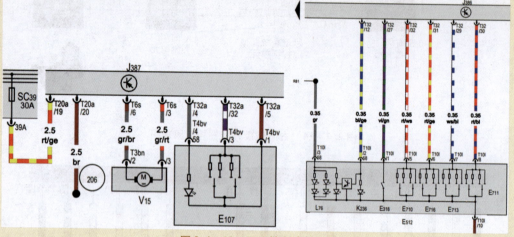

图 2.4 – 18　V15 控制电路图

由于操作两个开关均不起作用，结合电路分析，基于故障发生概率大小原则，确定故障突破点为 J387 – V15 之间线路，了解 V15 电源线路是否正常。

步骤 3. 排除故障点（表 2.4 – 2）

表 2.4 – 2　故障排除一览

步骤	测试对象	测试条件	测试设备	测试结果			分析结论及突破口
1	测 V15 的对地波形	ON + 按 E716 上升	示波器		T3bn/3、T3bn/2		如图 2.4 – 19 所示为 T3bn/3、T3bn/2 点波形图。可能存在短路/虚接或 J387 未发出信号
				标准	0 ~ 12 V 变化		
				实测	0 ~ 2.5V 变化		
				结论	异常		
2	测 J387 侧 V15 的对地波形	ON + 按 E716 上升	示波器		T6s/3	T6s/6	J387 未正常发出信号。E716 上升挡电机供电幅值过低，可能供电不足。下一步测 J387 电源
				标准	0 ~ 12 V 变化	0V 直线	
				实测	0 ~ 2.5V 变化	0V 直线	
				结论	异常	正常	
3	测 J387 电源	ON + 按 E716 上升	示波器		T20a/19		如图 2.4 – 20 所示为 T20a/19 端波形图。供电电压存在下拉异常。下一步测上游 SC39 输出
				标准	+B 直线		
				实测	+B – 5V 方波		
				结论	异常		

续表

步骤	测试对象	测试条件	测试设备	测试结果		分析结论及突破口
4	SC39 输出	ON + 按 E716 上升	示波器	SC39 输出		输出正常，C39 - J387T20a/19 同一线路存在 9.5V 压降，线路虚接
				标准	+B 直线	
				实测	+B 直线	
				结论	正常	
5	测量 SC39 - J387 线路电阻	断开 SC39 和 J387 线路	万用表	测得 SC39 - J387T20a/19 线路电阻 5Ω		确认故障点：SC39 - J387T20a/19 线路虚接

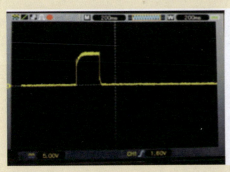 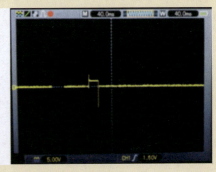

标准：0～12 V 方波　实测：0～2.5V 方波（异常）

图 2.4－19　T3bn/3、T3bn/2 端波形

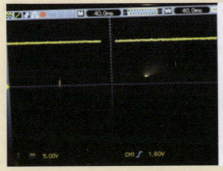 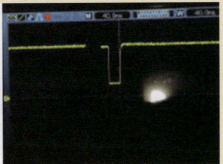

标准：+B 直线　实测：+B－5V 方波（异常）

图 2.4－20　T20a/19 端波形

步骤 4. 总结分析故障

迈腾 B8L 因 J387 电源线路虚接，导致车窗和门锁都不工作。

任务评价（请扫码下载表格）

任务拓展

电动天窗检修

汽车天窗是改善车厢内通风换气状况的有效措施。以往的通风换气方式均不够理想。不开侧窗时，虽然设置了进风口、采用鼓风进气等方法增加进气量，但排气始终没有摆脱利用行车时车体内外产生的正负压差，使车厢内气体通过缝隙和设置的排风孔排出的模式。由于排气不通畅，进气受阻，车内空气无法快速更新，乘车时间较长时，便会有不舒服的感觉。

如果打开侧窗，虽然通风畅快了，但车外的尘土、噪声便会统统灌进车内。若是冬夏两季，享受车内暖风或冷气时，让窗外的寒气或热浪扑面吹来，不仅破坏空调的效果，而且也达不到有序换气的目的。

由于天窗换气利用的是负压原理，打开时会将车内的空气抽出，而不是直接进风。污浊的气体被抽走后，从进气口补充经过过滤的新鲜空气。因此，打开天窗换气是一种对空调影响小，且不易灌入尘土、噪声的方式。

天窗不仅有换气的功用，还可以给驾车摄影、照相、打猎等活动带来切实的方便。另外，对于喜爱阳光的人士来说，坐进车内，透过天窗的阳光照在脸上，去除了似被封闭在铁皮车内的压抑感，沐浴更多的头顶阳光，会备感舒畅。

为提高乘坐的舒适性和操作的方便性，现代轿车上安装了电动天窗系统。汽车的电动天窗通常称为太阳车顶（Sun Roof）或电动车顶，它是汽车移动式车顶的一种，指在车厢的顶部有可以打开或关闭的部分车顶，以改善车厢的采光和通风、通气。有些车上安装有双开启式电动天窗，是指有两种开启方式：一种是可以向后全开，一种是可以后面翘起来。

1. 电动天窗的组成

电动天窗结构如图2.4-21所示，主要由天窗玻璃组件、滑动机构、连接机构、驱动机构和控制系统等组成。天窗玻璃组件包括天窗框架、车顶玻璃、遮阳板、导流槽、排水槽等部分。天窗玻璃一般具有遮挡视线（避免由外向内看）和前后倾斜功能。

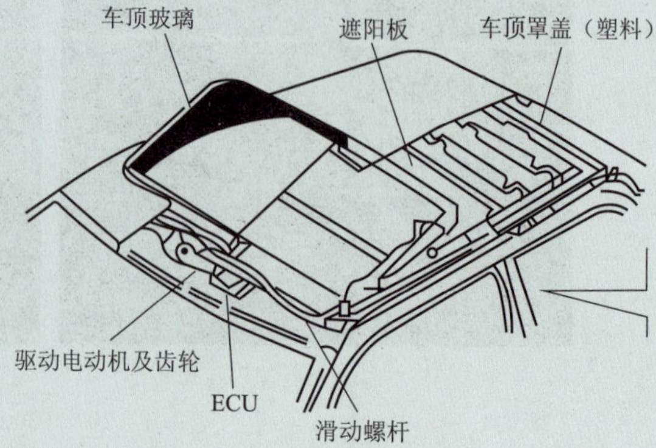

图2.4-21 电动天窗结构

2. 电动天窗主要部件的工作过程

1) 滑动机构

图2.4-22所示是电动天窗滑动机构。它由驱动电动机、驱动齿轮、滑动螺杆和后枕座等组成。

工作时，驱动电动机所产生的转矩由驱动齿轮传送给滑动螺杆，从而带动后枕座滑动。后枕座利用电动机的正、反转做向前、后的交替运动，由驱动电动机的正转和反转来决定向前滑动还是向后滑动，也就决定了车顶玻璃打开还是关闭。在电动机齿轮外壳内部有两个利用凸轮进行工作的限位开关。

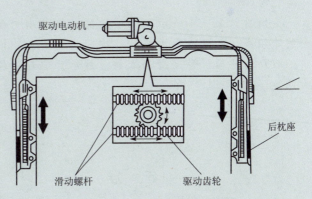

图 2.4-22 电动天窗滑动机构

2) 连接机构

图 2.4-23 所示为电动天窗连接机构图。当车顶面板打开时，后枕座由于滑动线缆的作用，向汽车后方推出。两个导向销分别沿着导向槽移动，首先把面板后端向下方引出，落入车顶下部。其后，对线缆压紧，向车辆后方滑动，当面板关闭时，后枕座向车辆前方伸出滑动，导向销达到图示位置即为关闭。

当后枕座向前移动时，导向销也沿导向槽向前滑动，连杆即按箭头 A 方向移动，从而斜升起车顶玻璃，此称为斜升。当车顶玻璃斜降开始时，后枕座按箭头 B 的方向收回与合拢，于是车顶玻璃便斜降下来。此项工作完成之后，车顶玻璃才可按常规进行滑动打开，此称为斜降。

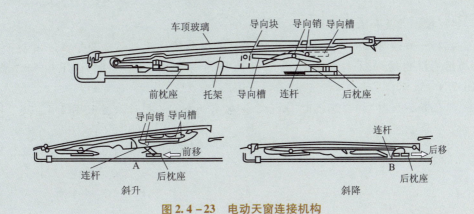

图 2.4-23 电动天窗连接机构

3）驱动机构

如图 2.4-24 所示，车顶的驱动机构由电动机、驱动齿轮、凸轮、限位开关等组成。电动机通过蜗轮、中间齿轮1和中间齿轮2进行减速，将动力传递给驱动齿轮后，移动滑动螺杆。然后，驱动齿轮再作一次减速，将动力传送给凸轮。

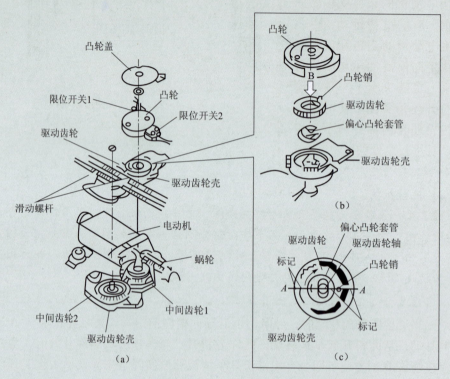

图 2.4-24 驱动机构

(a) 驱动机构分解图；(b) 凸轮分解图；(c) 凸轮俯视图

4）控制开关和限位开关

控制开关如图 2.4-25 所示。它由滑动开关和倾斜开关两部分组成。滑动开关的功用是控制滑动机构的驱动电动机的接通与切断，用"升"（UP）和"降"（DOWN）表示。

限位开关如图 2.4-26 (a) 所示，一般有两个，其工作特性如图 2.4-26 (b) 所示。

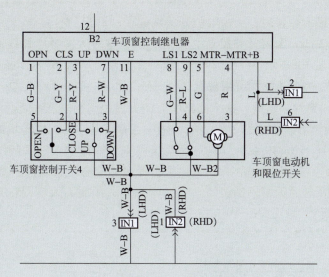

图 2.4－25 控制开关

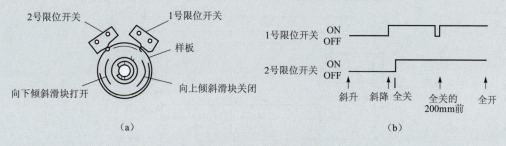

（a） （b）

图 2.4－26 限位开关
（a）安装示意图；（b）工作特性

3. 电动天窗的电路控制原理

东风本田 CR－V 汽车电动天窗的控制电路如图 2.4－27 所示。

> ① 天窗开启。天窗开关拨到"开启"挡，这时天窗继电器线圈的电流回路为：蓄电池 +→No. 19→No. 20→白线→点火开关→No. 6→黄/绿→天窗开启继电器线圈→红/黄→天窗开关"开启"挡→黑线→搭铁。这个回路电流使天窗开启继电器线圈通电，并使其触点从实线位置变为虚线位置，给天窗电动机通电。天窗电动机的电流回路为：蓄电池 +→No. 19→No. 13→白/蓝线→No. 7→绿→天窗开启继电器线圈（虚线）→绿/黄→天窗电动机→绿/黑→天窗关闭继电器（实线）→黑线→搭铁。天窗电动机正转，天窗渐渐打开。当

天窗打开到最大位置时，天窗限位开关均处在"开启"位置。

②天窗关闭。天窗开关拨到"关闭"挡，这时天窗继电器线圈的电流回路为：蓄电池+→No.19→No.20→白线→点火开关→No.6→黄/绿→天窗关闭继电器线圈→绿/白→天窗限位开关 S_2→"开启"挡→淡绿/黑→天窗开关"关闭"挡→黑线→搭铁。这个回路电流使天窗关闭继电器线圈通电，并使其触点从实线位置变为虚线位置，给天窗电动机通电。天窗电动机的电流回路为：蓄电池+→No.19→No.13→白/蓝线→No.7→绿→天窗关闭继电器（虚线）→绿/黑→天窗电动机→绿/黄→天窗开启继电器（实线）→黑线→搭铁。天窗电动机反转，天窗渐渐关闭。当天窗完全关闭时，天窗限位开关均处在"关闭"位置。

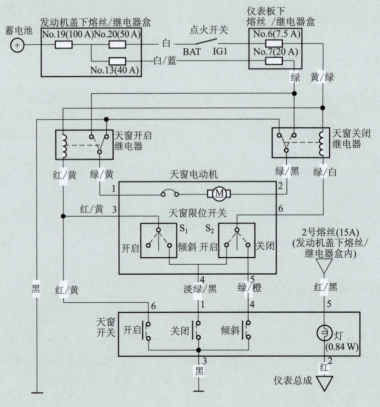

图 2.4-27　东风本田 CR-V 汽车电动天窗的控制电路

4. 新技术：防夹电动车（天）窗

防夹功能的实现需要"触觉""视觉"的配合。

"触觉",就是当电动车(天)窗机构感触到有异物在玻璃上时,会自动停止玻璃上升工作。防夹电动车(天)窗在关闭的过程中,驱动机构中有电子控制单元(ECU)及霍尔传感器时刻检测着电动机的转速,当霍尔传感器检测到转速有变化时就会向ECU报告信息,ECU向继电器发出指令,使电动机停转或反转(下降),防夹电动车窗也就停止移动或下降,如图2.4-28所示。

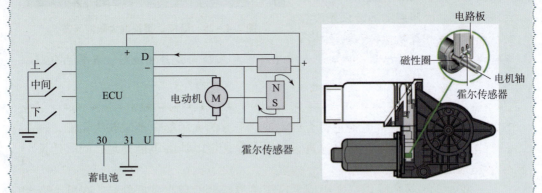

图2.4-28 防夹功能电路结构原理

车窗玻璃移动过程中的阻力变化与车窗玻璃到达终端的阻力是不一样的,后者阻力远较前者阻力大得多,因此控制方式也不一样。当车窗玻璃到达关闭的终端时,因阻力变大电动机过载电流也变大,继电器有过载保护会自动切断电流。有的汽车在玻璃升降的终点装置限位开关,玻璃到达终端时压住限位开关,电流被切断,电动机就停止运转了。

"视觉",是一套光学控制系统。它检测有无异物在电动车窗移动范围内,从而控制玻璃移动,无须异物直接接触到玻璃。这个光学控制系统主要元件是光学传感器,它由红外线发射器和接收器组成,安装在车窗的内饰件上,能连续精确地扫描指定的区域。这个区域一般指车窗玻璃向上移动时,距离车窗开口框上边缘4~200 mm处。一旦检测到有异物,传感器会极迅速地把信息反馈至ECU,ECU发出指令使电动机停止运转。由于这种装置小巧,装嵌隐蔽,由ECU控制,技术先进,所以有人称之为"智能无接触防夹玻璃"。

一般普通乘用车的防夹电动车窗只有"触觉",比较高档的乘用车才有"视觉"。如果有"触觉"和"视觉"二重监测,汽车防夹电动车窗就十分安全了。

5. 新技术:太阳能天窗

上海大众斯柯达昊锐汽车的电动天窗外形和普通内滑式电动天窗一样,并且通过车内按键也可以实现全部隐藏和向上倾斜的开启方式。但这个看似普通的天窗，实际上还隐藏了太阳能发电功能（图2.4-29）。它通过安装在天窗里的太阳能集电板将太阳能转换成电能，来驱动鼓风机运转，从而达到为车内换气的目的。位于车顶的太阳能天窗，是在天窗的玻璃下方设置太阳能电池，太阳能电池与设置的控制单元输入端相连接，输入端连接汽车空调系统的温度传感器，同时输入端还与蓄电池和点火器相连接。其作用包括以下3项。

图2.4-29 斯柯达昊锐的太阳能天窗

①提供电能对蓄电池进行充电。玻璃下方的太阳能电池吸收太阳能，经汽车天窗控制单元可对蓄电池进行充电，保证蓄电池的电能充足，同时延长蓄电池的使用寿命。

②驱动鼓风机降温。太阳能天窗带给消费者的最直接好处是，在夏天高温天气里，汽车在烈日下停车熄火，完全没有能源供给时，能自动调节车内温度。利用内置在天窗内部的太阳能集电板依靠阳光所产生的电力，经过控制系统来驱动鼓风机，将车厢外的冷空气导入车内，驱除车内热气，达到降温的目的。当驾驶者及乘员再打开车门及坐在座位上，不会感觉热浪袭人、闷热难耐，汽车的空调系统可以在最短时间内将车内温度降至舒适的程度。根据资料显示，与没有通风降温的车型相比，安装了太阳能天窗的汽车驾驶室内的温度最高降低20 ℃。利用太阳能供电，节能降温，十分有效地减少了汽车内由热所产生的"孤岛"效应。

③还可以改善车内的空气状况，冬天也可以减少车内前挡风玻璃的结霜。目前国内销售的车型当中，奔驰E级，奥迪A8、A6L、A4，途锐等部分车型都已配备了太阳能天窗，但并不是所有车型的太阳能天窗都能达到理想的降温效果。新奥迪A6L太阳能天窗可以在阳光充足时利用太阳能带动鼓风机运转，将车内外空气进行交换，不消耗电能和其他能量，但驻车通风和驻车加热则需要消耗蓄电池电能，驻车加热还要消耗部分燃油。而奥迪A4的太阳能天窗好处只是将一部分能源供给天窗系统去用，当驻车时太阳能天窗就不需要其他额外的支持。

太阳能作为清洁无污染的可再生能源，已经在各行各业得到了广泛的应用。可以预见的是，汽车太阳能天窗将随着科技的不断进步，其功能将会越发完善。

项目三

汽车车身安全系统检修

以人为本：践行企业担当
增强安全意识

任务3.1 乘员安全保护系统检修

任务导入

一辆丰田花冠车辆，车主反映，仪表上安全气囊指示灯常亮，经维修人员检查维修后发现安全气囊指示灯线路故障导致安全气囊指示灯常亮。

知识目标

1. 通过学习，能正确描述常见乘员安全保护系统的组成、各部件功用、工作原理及系统的控制方法和原理。
2. 通过学习能讲述电控安全带系统的故障诊断方法。
3. 通过学习能讲述安全气囊系统的故障诊断方法。

能力目标

1. 能够了解安全保护系统的工作原理及结构组成。
2. 能分析安全保护系统的控制系统工作原理。
3. 能排除安全保护系统的故障。

知识内容

1. 汽车乘员安全保护系统的结构组成

对乘员最有效的被动保护方法之一就是人体约束装置，它包括安全带约束系统和安全气囊约束系统，安全带与安全气囊统称为辅助约束系统，属于被动安全保护装置。图3.1-1为奥迪车乘员安全保护系统控制图。

2. 座椅安全带的结构和原理

早时的安全带结构非常简单，仅有织带、带扣和固定件系统。20世纪60年代出现了安全带收紧器，20世纪70年代出现了自锁式收紧器和紧急锁止式收紧器。到了20世纪80年代以后，出现了智能性安全带、自动脱戴式安全带和安全气囊式安全带等。

> 座椅安全带控制系统的功用是：在汽车遭受碰撞时，迅速收紧安全带，缩短驾驶员和乘员身体向前移动的距离，防止身体受到伤害。

项目三 汽车车身安全系统检修

安全带控制系统仅在安全气囊系统的基础上,增设了防护传感器和左、右座椅安全带收紧器,由碰撞防护传感器、中心碰撞传感器、前碰撞传感器、电控单元 ECU 和安全带收紧器组成,其中安全带收紧器为执行器。座椅安全带结构如图 3.1-2 所示。

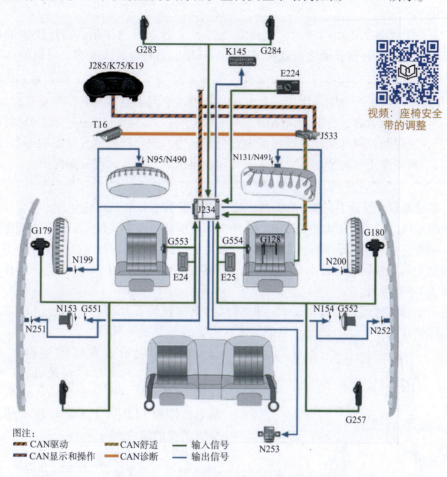

视频:座椅安全带的调整

图 3.1-1 奥迪车乘员安全保护系统控制图

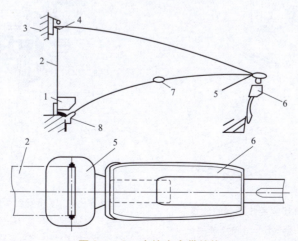

图 3.1-2 座椅安全带结构

1—卷收器;2—织带;3—高度调节器;4—导向板;5—锁舌;6—锁扣;7—限位钮;8—底支架

3. 汽车安全带收紧器的结构

座椅安全带收紧器与安全气囊一样，属于被动安全装置，它改善了安全带对驾乘人员的保护作用。

当汽车发生严重的正面碰撞时，座椅安全带收紧器立即起作用，通过快速的收紧反应，使安全带在乘员往前移动之前就回缩一定的长度，这样就可减少乘员向前的移动量。

> 在近几年的新车型中，座椅安全带收紧器增设了限力器。当发生严重撞击而使安全带收紧器收紧时，若安全带施加在乘员身上的张力达到预定值，限力器则限制这一张力，以此控制施加在乘员胸部的安全带张力。安全气囊和安全带收紧器及限力器与座椅安全带搭配使用，可使驾驶员和前座乘员受到最大程度的保护。

安全带收紧器在设计上只能工作一次。安全带收紧器工作时，可能会发出工作声响，且会有少量烟雾释出，这些气体是无害的。此外，即使座椅上没有乘员，安全带收紧器也可能会工作。座椅安全带收紧器按控制方式不同，分为电子式（E型）和全机械式（M型）。

座椅安全带收紧器安装在前排座椅左、右两侧或前左、右车门立柱旁边，其在车上的位置如图3.1-3所示。

座椅安全带收紧器虽然有电子式（E型）和全机械式（M型）之分，但两者的基本构造和工作原理实质上是一样的，只是气体发生器的点火方式不同。

座椅安全带收紧器的结构组成如图3.1-4所示，它主要由收紧机构、收缩机构和ELR（紧急锁紧收缩器）组成，其中收紧机构和ELR属于不带收紧器的普通座椅安全带的组成部分。

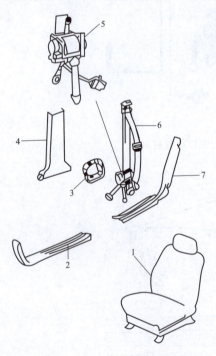

图3.1-3 座椅安全带收紧器的位置
1—前座；2—前门框板；3—伸缩装置罩；
4—中央立柱饰件；5—安全带收紧器；
6—前座外侧安全带；7—后车门框板

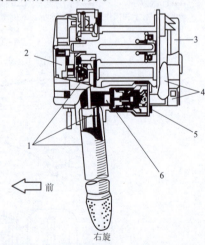

图3.1-4 座椅安全带收紧器的结构组成
1—收紧机构；2—座椅安全带收紧机构；
3—ELR；4—保险装置（仅限M型）；
5—收紧器传感器（仅限M型）；
6—带发火极的气体发生器

一般电子式安全带收紧器由中央气囊传感器总成控制工作,全机械式安全带收紧器带有自己的收紧传感器,它可检测减速惯性力,并据此点燃气体发生器。此外,它还有一个安全装置来锁定此传感器。

1)收紧机构

收紧机构的具体构造因制造厂家的不同而有差异,但工作原理均相同。

(1)形式一。这种形式的收紧机构的结构如图 3.1-5 所示,主要由气体发生器、缸筒、活塞以及与活塞连在一起的拉索组成。为不影响安全带的正常工作,拉索绕在一鼓轮上,而不与轴的外表面接触。

> **当收紧器动作时:** 由气体发生器释放出的大量气体迫使活塞向下运动。由于拉索与活塞连在一起,所以活塞带动拉索,使鼓轮压紧轴。这样,向收紧安全带的方向转动,使安全带以收紧一定的长度后,安全带便无法被拉出或回缩。

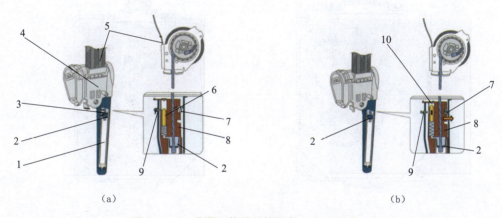

图 3.1-5 收紧机构的结构及其工作(形式一)

(a)未动作;(b)已动作 1—活塞;2—拉索;3—座椅安全带自动伸缩器;4—安全带;5—气体发生器;6—传感器弹簧;7—传感器支架;8—传感器螺栓;9—传感器螺栓;10—撞针

(2)形式二。这种形式的收紧机构的结构如图 3.1-6 所示,主要由点火器、金属带、安全带轴和金属套圈等组成。

> **当收紧器动作时:** 由点火器释放出的大量气体首先迫使金属带张开,然后气体继续迫使金属带尽可能张开直到尽头,接下来,安全带自动收卷器锁定安全带轴,从而防止安全带松开。

2)安全带限力器

安全带限力器的结构如图 3.1-7 所示,主要由限力板、卷筒、固定轴等组成。

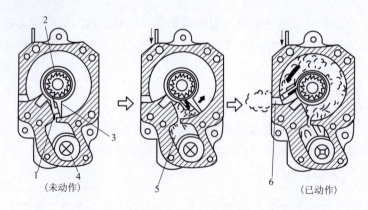

图 3.1-6　收紧机构的结构及其工作（形式二）
1—离合键；2—离合齿轮；3—转子；4—气体发生器；5—气体；6—释放孔

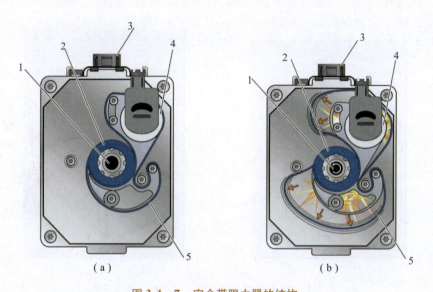

图 3.1-7　安全带限力器的结构
（a）烟火式安全带拉紧器结构；（b）烟火式安全带拉紧器动作过程
1—安全带轴；2—金属带；3—电插头；4—引爆器；5—金属带环套

前左、右碰撞传感器与安装在安全气囊 ECU 中的中心传感器相互并联，驾驶席气囊点火器与乘员席气囊点火器并联，左、右安全带收紧器与点火器并联。

在安全气囊 ECU 中，设有两只相互并联的安全传感器，其中一只与收紧器和安全气囊 ECU 中的驱动电路构成回路，收紧器的点火器受安全气囊 ECU 的控制。另一只安全传感器与气囊点火器和碰撞传感器构成回路，气囊点火器也受安全气囊 ECU 的控制。

当车辆发生严重的正面碰撞时：由于乘员进一步向前移动而使安全带所受的力超过预定值时，限力板开始变形，卷筒立即旋转，使得绕在其上的安全带得以向外拉出。与此同时，限力板继续随卷筒的旋转而绕固定轴变形，成为安全带继续拉出的阻力。当卷筒转过 1.25 圈，随着限力板两端接触，限力板完成绕固定轴的转动，卷筒也不能再进一步转动，限力器完成其工作。

4. 汽车安全带收紧器的工作原理

常见的安全带收紧器根据驱动方式通常分为拉索式、转子式、齿条式和滚珠式三种。大众汽车多采用齿条式，由气体发生器、带齿条的活塞、传动齿轮、棘轮机构等组成，其结构如图 3.1-8 所示。

气体发生器由充气剂和点火器（电雷管）组成，结构原理与 SRS 气囊组件的充气剂和点火器相同，但体积很小。

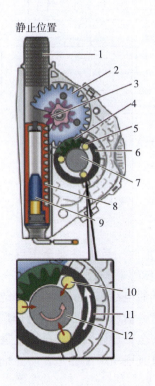
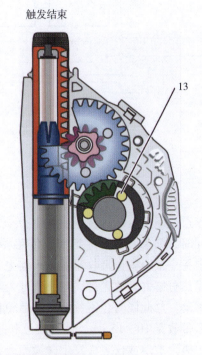

图 3.1-8 安全带收紧器结构原理

1—减震元件；2—齿轮1；3—小齿轮；4—齿轮2；5—滚子；6—棘轮外圆；
7—扭转轴；8—带齿条的活塞；9—气体发生器；10—在基本位置的滚子；
11—扭转轴；12—外圈/扭转轴传动作用力时滚子的位置

带齿条的活塞安装在导管（气缸）内，活塞在气体发生器产生的气体推动下向上运动，齿条驱动小齿轮转动，与小齿轮同轴的齿轮 1 转动，齿轮 1 通过啮合推动齿轮 2 转动，齿轮 2 推动滚珠移动，由于棘轮内部空间变化，滚珠向内挤压扭转轴旋转，从而收紧安全带。

5. 安全带控制系统工作原理

SRS 控制电路如图 3.1-9 所示。前左、右碰撞传感器与设置在 SRS ECU 内部的中心传感器相互并联,驾驶席气囊(点火器)与乘员席(点火器)并联,左、右安全带收紧器(点火器)并联。在 SRS ECU 中设有两只相互并联的防护传感器,其中一只控制收紧器点火器电源,另一只控制气囊点火器电源。

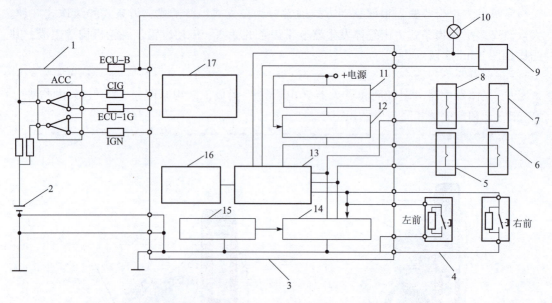

图 3.1-9 SRS 控制电路

1—点火开关;2—蓄电池;3—SRS ECU;4—前碰撞传感器;5—驾驶席气囊;6—乘员席气囊;7—右收紧器;
8—左收紧器;9—诊断插座;10—SRS 指示灯;11、12—防护传感器;13—诊断监测电路;
14—点火引爆电路;15—中心传感器;16—记忆电路;17—备用电源

当汽车遭受碰撞且减速度达到防护传感器设定阈值时,首先将安全带点火器电源接通,与此同时,如果减速度达到中心传感器和前碰撞传感器的设定阈值,那么 SRS ECU 将立即发出指令接通安全带收紧器点火器电路,电热丝通电红热并引爆引药释放大量热量使充气剂受热分解并释放大量无毒氮气冲入收紧器导管。活塞在膨胀的推力作用下带动钢丝绳迅速移动。与此同时,钢丝绳通过棘轮机构带动安全带卷筒转动安全带收紧。在 8 ms 内能将安全带收紧 10~15 cm,使驾驶员和乘员身体向前移动距离缩短,防止面部、胸部和转向盘、风窗玻璃或仪表板发生碰撞而受到伤害。

在 SRS ECU 向安全带收紧器点火器发出点火指令的同时,还向气囊点火器发出指令,引爆气囊点火器。因此,在座椅安全带收紧的同时,驾驶席气囊和乘员席气囊同时膨开,吸收碰撞产生的动能,达到保护驾驶员和乘车人员之目的。

6. Focus 安全带报警灯与安全带报警显示器的激活

Focus 安全带报警灯与安全带报警显示器如图 3.1-10 所示。

开启点火装置时,RCM 通过乘客侧的座椅安全带扣环开关和座椅占位传感器,检查座椅占用情况与前座占用人是否系紧座椅安全带。如达到 25 km/h 的行进速度且未系紧座

图 3.1-10 Focus 安全带报警灯与安全带报警显示器

A—左半组合仪表；1—安全带指示灯；B—安全带报警显示器

椅安全带，则鸣响声音信号，同时安全带报警灯点亮。在同一点火循环中，速度达到 10 km/h 情况下会鸣响后续声音信号。后排座椅的安全带报警功能在发动机起动后的 30 s 期间处于激活状态。为此，在记录状态的安全带卡扣内装有霍尔传感器。通过相应座椅上的绿色标记显示状态。如后座的乘客在驾驶期间解开座椅的安全带，则将在安全带报警显示器内显示此情况，同时还会鸣响声音信号。将通过相应座椅上显示感叹号这一方法在安全带报警显示器内显示未系安全带的前座或后座乘客的位置。如乘客在发动机起动后的前 30 s 内未系紧安全带，则系统不会检测后座的任何乘客。因为未安装座椅占位传感器，所以不会显示感叹号符号。

7. Focus 取消/激活安全带报警灯与安全带报警的声音报警

使用 IDS（综合诊断系统）或通过执行下列步骤，可永久取消声音报警。

1) 驾驶员与乘客座椅（分别取消）

（1）旋转点火开关至位置"Ⅱ"。

（2）关闭安全带卡扣然后再打开卡扣，反复四次。

（3）通过三次闪烁加以确认。

2) 后座座椅设置

（1）旋转点火开关至位置"Ⅱ"。

（2）关闭任一后座的安全带卡扣，然后再打开卡扣，反复四次。

（3）通过显示器的三次闪烁加以确认。

> 注意：任一后座的取消可导致后座的所有安全带报警装置关闭。通过重复相同过程可再次激活系统。

8. 汽车安全气囊系统的功用

汽车安全气囊系统是辅助安全系统，它通常是作为安全带的辅助安全装置出现。安全带与安全气囊是配套使用，没有安全带，安全气囊的安全效果将要大打折扣。据调查，单独使用安全气囊可使事故死亡率降低18%左右，单独使用安全带可使事故死亡率下降42%左右，而当安全气囊与安全带配合使用时可使事故死亡率降低47%左右。由此可见，只有两者相互配合才能最大可能地降低事故的死亡率，安全气囊系统必然作为安全带的辅助系统出现。

当发生碰撞事故时，安全带将乘员"约束"在座椅上，使乘车人员的身体不至于撞到转向盘、仪表板和风窗玻璃上，避免乘员发生二次碰撞，同时避免乘员在车辆发生翻滚等危险情况下被抛离座位。

安全气囊的保护原理是：当汽车遭受一定碰撞力量以后，气囊系统就会引发某种类似小剂量炸药爆炸的化学反应，隐藏在车内的安全气囊就在瞬间充气弹出，在乘员的身体与车内设备碰撞之前起到铺垫作用，减轻身体所受冲击力，从而达到减轻乘员伤害的效果。正面的安全气囊的主要功用是保护驾驶员和乘员的面部和胸部，如图3.1-11所示。

图3.1-11 汽车遭受正面碰撞时SRS的作用情况

侧面气囊的主要功用是保护驾驶员和乘员的头部和腰部。

9. 汽车安全气囊系统的分类

1）按碰撞类型分

根据碰撞类型的不同，安全气囊可分为正面碰撞防护安全气囊系统、侧面碰撞防护安全气囊系统和顶部碰撞防护安全气囊系统。正面碰撞防护安全气囊系统在欧美轿车的驾驶员和副驾驶员处有较高的安全率，实际交通事故统计表明，安全气囊与三点式安全带配合使用，对正面碰撞事故中的乘员具有更好的保护效果。侧面碰撞防护安全气囊系统和顶部碰撞防护安全气囊系统也逐渐普及。

2）按照安全气囊安装数目分

按照安全气囊安装数目可分为单气囊系统（只装在驾驶员侧）和双气囊系统（驾驶员侧和副驾驶员侧各有一个安全气囊）两种。

3）按照安全气囊的触发机构分

按照安全气囊的触发机构可分为电子式和机电式两种。电子式安全气囊只用一个减速仪，一般都安装在朝着车厢的前方。机电式安全气囊要求在车前方有多个传感器。为最大限度地减少偶然触发充气的可能性，可同时共用两种机构，只有当两种机构的传感器都探知到一个冲击时，气囊才触发而充气膨胀。

10. 汽车安全气囊系统的基本组成结构

气囊系统属于辅助约束系统。它的作用是在碰撞过程中弥补佩戴安全带仍不能保护乘员头部、脸部、胸部和膝部的缺陷。现代安全气囊系统由碰撞传感器、控制器（ECU）、气体发生器、缓冲气囊等组成。安全气囊系统的组成如图 3.1-12 所示。

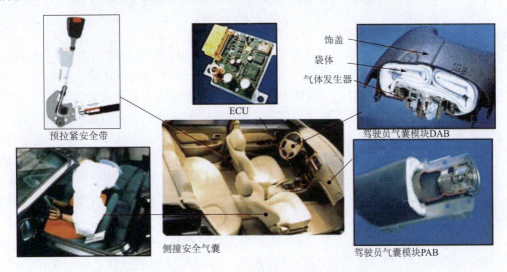

图 3.1-12　安全气囊系统的组成

（1）碰撞传感器。碰撞传感器是安全气囊系统中的重要部件，其功能是检测、判断汽车发生碰撞后的撞击信号，以便决定是否展开缓冲气囊。

碰撞传感器主要有三种类型。机械式传感器在早期的安全气囊中使用较多，主要应用惯性原理，利用传感器中元件的惯性力克服弹簧力来触发气体发生器。机械式在加速度较低时保证不起动气囊，可靠性较高；但只能单点传感，对机械部件的品质、精度和耐磨性要求极高。

电子式传感器是一种应用最早的碰撞传感器，根据电子原理，利用电信号来反映车身减速度，而后根据电信号来判别是否展开缓冲气囊。

机电式传感器采用机电结合的方式，将机械信号转化为电子信号，再利用电子信号点爆安全气囊，既具有机械式的优点，又能克服机械式传感器本身存在的缺陷，安装在车身上任何位置，以便得到较好的减速信号，而且能在同一位置安装多个传感器，如图 3.1-13 所示。

（2）控制器（ECU）。一般集成在微计算机中。当汽车发生碰撞事故时，电控装置接收多个传感器传来的车身不同位置的减速信号，经过反复不断的分析、比较、计算，决定是否发出点火信号。要求控制装置能够在复杂的碰撞情况下作出非常准确的判断，点火时

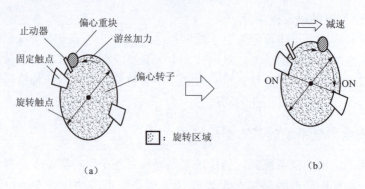

图 3.1-13 偏心转子式碰撞传感器原理图
(a) 旋转触点与固定触点不接触；(b) 旋转触点与固定触点接触

刻也必须精确控制。

(3) 气体发生器。安全气囊系统要求气体发生器能够在较短的时间内（30 ms 左右）产生大量的气体充满气囊，产生的气体必须对人体无害，且不能温度太高，同时要求气体发生器有很高的可靠性和稳定性。气体发生器主要有压缩气体式、烟火式和混合式三种形式。混合式气体发生器是压缩气体式和烟火式相结合的发生器，也是目前广泛应用的一种气体发生器。

(4) 缓冲气囊。气囊一般由防裂性能好的聚酰胺织物制成，它是一种半硬的泡沫塑料，能承受较大的压力；经过硫化处理，可减少气囊充气膨胀时的惯性力；为使气体密封，气囊里面涂有涂层材料。气囊的大小、形状、漏气性能是确定安全气囊保护效果的重要因素，必须根据不同汽车的实际情况来确定。

目前，安全气囊系统开发人员正在根据神经网络原理开发智能型气囊系统。它主要是利用神经末梢（即各种传感器）将各自探索到的周围环境的各种信息传输给中枢神经（即电脑或微机），并能将碰撞事故的碰撞类型，碰撞事故严重程度以及碰撞时的车速等信息一起传递给电脑，由电脑对这些信息进行加工处理分析，做出相应反应，并执行与这些信息相对应的、正确的气囊保护程序，即所谓的智能式控制系统。

智能式控制系统一般由软件和硬件部分两部分组成。硬件部分主要由车载部分的电子控制单元（包括单片机、传感器、点火电路等）和地面部分（包括串行通信电路、计算机系统等）组成；软件部分主要由单片机部分和微机部分组成。

11. 汽车安全气囊系统的工作原理

当汽车遭受前方一定角度范围内的碰撞时，安装在汽车前部和 SRS ECU 内部的碰撞传感器都会检测到汽车突然减速的信号，并将信号输入 SRS ECU，以便判断是否发生碰撞。当汽车遭受碰撞且减速度达到设定值时，SRS ECU 发生控制指令将气囊组件中的点火器（电雷管）电路接通，电雷管引爆使点火剂（引药）受热爆炸（即电热处通电发热引爆炸药）。点火剂引爆时，迅速产生大量热量，使充气剂（叠氮化钠固体药片）受热分解并释放出大量氮气充入气囊，气囊便冲开气囊组件上的装饰盖板鼓向驾驶员和乘员，使驾驶员和乘员面部和胸部压靠在充满气体的气囊上，在人体与车内构件之间铺垫一个气垫，将人体与车内构件之间的碰撞变为弹性碰撞。通过气囊产生变形和排气节流来吸收人体碰撞产生的动能，从而达到保护人体之目的。一般说来，轻微的碰撞不会打开安全气囊，只有在车辆正面一定角度范围内才是打开安全气囊的有效碰撞范围，后碰、侧碰、翻转都不会引发安全气囊打开。需要强调的是，安全气囊只是辅助系统，在不系安全带的状况下，安全气囊不但不能对乘员起到防护作用，还会对乘员有严重的杀伤力。安全气囊的爆发力是惊人的，足以击断驾驶者的颈椎。因此，系好安全带是安全气囊发挥保护作用的一个重要条件。

1）安全气囊的化学原理

汽车的安全气囊内有叠氮化钠（NaN_3）或硝酸铵（NH_4NO_3）等物质。当汽车在高速行驶中受到猛烈撞击时，这些物质会迅速发生分解反应，产生大量气体，充满气囊。叠氮化钠分解产生氮气和固态钠；硝酸铵分解产生大量的一氧化二氮（N_2O）气体和水蒸气。

新型安全气囊加入了可分级充气或释放压力的装置，以防止一次突然点爆产生的巨大压力对人头部产生的伤害，特别在乘客未佩戴安全带的时候，可导致生命危险。具体形式有：

（1）分级点爆装置，即气体发生器分两级点爆，第一级产生约40%的气体容积，远低于最大压力，对人头部移动产生缓冲作用，第二级点爆产生剩余气体，并且达到最大压力。总的来说，两级点爆的最大压力小于单级点爆。这种形式，压力逐步增加。

（2）分级释放压力方式，囊袋上开有泄压孔或可调节压力的孔，分为完全凭借气体压力顶开的方式或电脑控制的拉片 Tether 方式。这种方式，一开始压力达到设定极限，然后瞬时释放压力，以避免过大伤害。

2）安全气囊系统的动作过程

下面是奥迪轿车车速为50km/h时与前面障碍物相撞时气囊的引爆过程，如图3.1-14所示：

动画：安全气囊的动作过程

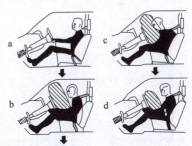

图3.1-14　安全气囊动作时序

（1）撞车10 ms后，达到引爆系统引爆极限，点火器点燃气体发生器产生氮气，驾驶员仍然直坐着。

（2）40 ms后，气囊已完全充胀，驾驶员向前移动，安全带斜系在驾驶员身上并被拉长，部分冲击能量已被吸收。

（3）80 ms后，驾驶员的头及身体上部沉向气囊，气囊后面的排气孔使氮气在一定压力下匀速逸出。

（4）110 ms后，驾驶员向后移动回到座椅上，大部分气体从气囊中逸出，前方恢复清晰视野。

由此可见，在安全气囊系统动作过程中，气囊动作时间较短。从开始充气到完全充满的时间为 30 ms；从汽车受碰撞开始，到安全气囊收缩为止，所用时间极为短暂，仅为 120 ms 左右，而人的眼皮眨一下所用时间为 300 ms 左右。实验和实践证明，汽车装用安全气囊后，汽车发生正面碰撞事故对驾驶员和乘员的伤害程度大大减小。有些汽车不仅装有前端安全气囊，还装有侧向安全气囊，在汽车发生侧向碰撞时，也能使侧向安全气囊充气，以减小侧向碰撞时的伤害。

3) 安全气囊系统的有效范围

汽车安全气囊系统并非在所有碰撞情况下都能起作用。正面安全气囊系统在汽车从正前方或斜前方 ±30°范围内发生碰撞且其纵向减速度达到某一值（通常称为减速度阈值）时，才能引爆点火剂使充气剂受热分解给正面安全气囊充气，如图 3.1 – 15 所示。

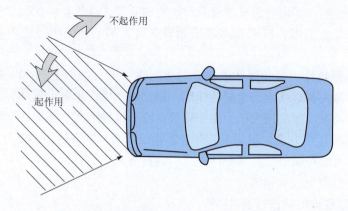

图 3.1 – 15 正面安全气囊系统的有效范围图

在下列条件之一的情况下，正面安全气囊系统不会引爆点火剂，也不会给安全气囊充气：

（1）汽车遭受侧面碰撞超过斜前方 ±30°时。

（2）汽车遭受横向碰撞时。

（3）汽车遭受后方碰撞时。

（4）汽车发生绕纵向轴线侧翻时。

（5）纵向减速度未达到设定阈值时。

（6）汽车正常行驶、正常制动或在路面不平的道路上行驶时。

减速度阈值由设计人员根据安全气囊系统的性能设定，不同车型安全气囊系统的减速度阈值可能有所不同。在美国，因为安全气囊系统是按驾驶员不佩戴座椅安全带来设计的，气囊体积大、充气时间长，所以安全气囊系统应在较低的减速度阈值时引爆点火剂，即汽车在较低的车速（12～22 km/h）范围内行驶而发生碰撞时，安全气囊系统就应引爆点火剂，使充气剂（叠氮化钠）受热分解给气囊充气。在日本和欧洲，由于安全气囊系统是按驾驶员佩戴座椅安全带来设计的，气囊体积小、充气时间短，所以设定的减速度阈值较高，汽车在较高车速范围内行驶而发生碰撞时，安全气囊系统才能引爆点火剂使充气剂受热分解给气囊充气。侧面安全气囊系统只有在汽车遭受侧面碰撞且其横向加速度达到设定的阈值时，才能引爆点火剂使充气剂受热分解，给侧面安全气囊充气，而不会给正面安全气囊充气。

12. 迈腾 B8 安全气囊系统

1）迈腾 B8 安全气囊系统概述

随着横置发动机模块化平台的引入，还引入了众多的创新型安全功能。凭借主动和被动安全的联网，实现了新型的、预防性的保护功能。新迈腾 B8 采用的全面的创新型安全装备为所有乘员提供最佳的保护。包括驾驶员安全气囊和副驾驶员安全气囊、两排座椅的头部安全气囊以及前排座椅的侧面安全气囊均为标配，另外还可以选装驾驶员侧膝部安全气囊，图 3.1-16 为迈腾 B8 安全气囊系统组成。在发生严重前部碰撞时，碰撞传感器需在几毫秒内作出反应，以确保安全气囊控制单元 J234 能够立即启用约束系统。用于探测碰撞情况的经过优化的传感器系统测量车辆的减速情况，然后决定是否启用安全气囊或安全带张紧器。

图 3.1-16 迈腾 B8 安全气囊系统组成

微课：迈腾 B8 安全气囊系统组成

动画：迈腾 B8 安全气囊系统控制电路分析

全新碰撞识别传感器工作过程：

（1）位于车内中央的安全气囊控制单元 J234 通过集成在其中的碰撞传感器分析"感触到"的低频减速信号。

（2）此外，通过专门匹配的高度集成加速度传感器测量"听到"的、频率在 20 kHz 以内的频谱。一旦车辆前部区域的承载结构快速变形，就会产生固体声形式的信号。这些固体声会在车声结构中高速扩散开来，并且能迅速准确地传输关于碰撞严重程度的信息。

微课：迈腾 B8 碰撞识别传感器工作过程

（3）将"触觉"和"听觉"信号智能化地联系在一起进行碰撞计算，即可迅速得出碰撞特性。使用这一高灵敏度碰撞识别传感器，可以更好地结合实际碰撞情况来触发安全气囊和安全带拉紧器，从而在发生碰撞事故时，最大限度地保护乘员安全。

2）迈腾 B8 两级安全气囊

迈腾在驾驶员侧和前排乘客侧装有两级释放安全气囊，安全气囊根据碰撞强度膨胀到不同程度。前排乘员安全气囊位于仪表板上部，发生正面碰撞时处于该安装位置的安全气囊可有效保护乘员，将伤害降至最小程度。

迈腾安全气囊触发系统包括一个安装在车架前部区域的安全气囊控制单元，该系统配有 3 个内部加速度传感器（车辆纵向 2 个传感器，车辆横向 1 个传感器），1 个位于发动机盖锁区域用于测正面碰撞的早期碰撞传感器和 4 个侧面碰撞传感器。2 个传感器设计成压力传感器，位于两个前门里。发生侧面碰撞时，这些传感器测量前门变形引起的空气压力升高程度。

带有安全带锁扣报警功能的安全带锁扣安装在驾驶员和前排乘客侧面。前排乘客座椅装有座椅占用识别系统，该系统通过座椅垫上的一个传感器来工作。安全带锁扣报警功能和座椅占用识别功能起到座椅安全带报警系统作用。前排乘客安全气囊可以通过手套箱里的钥匙开关来关闭。

万一发生直接损坏前门的碰撞，这种传感器检测方式要比传统的车辆横向加速度测量方法更快和更敏感。另外，2 个加速度传感器也安装在 C 柱下部区域来及时检测不使车门变形的侧面碰撞。万一发生影响车辆前部的侧面碰撞，安全气囊测得的车辆横向加速度用来检测碰撞。使用安全气囊里的 2 个车辆纵向加速度传感器来检测后部碰撞。

两个独立的点火电路和炸药安装在两级释放安全气囊里。如果发生事故，两级释放安全气囊总是能展开。但是，气囊展开时间是根据事故的严重性错开的。轻微事故两级气囊展开的时间比发生严重事故时两级气囊展开的时间要长一些。图 3.1-17 所示为迈腾 B8 安全气囊在不同事故时，两级安全气囊膨胀水平。

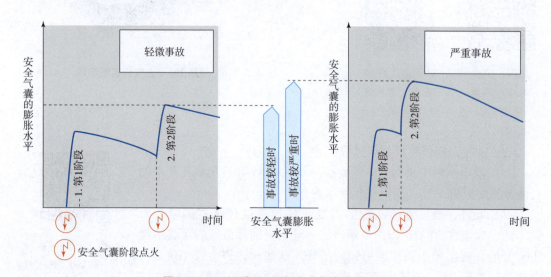

图 3.1-17 迈腾 B8 两级安全气囊膨胀水平

两个阶段展开的时间间隔影响安全气囊膨胀水平：如果第二阶段展开晚一些，第一阶段展开的安全气囊压力就会释放一些，安全气囊膨胀水平就相对较低。如果两个阶段展开的时间间隔短些，第一阶段展开的安全气囊压力还没有来得及释放，安全气囊就会变得硬一些。

项目三 汽车车身安全系统检修

任务实施

步骤 1. 了解确认故障现象，推断故障范围

将点火开关转至 ACC 或 ON 位，检查 SRS 警告灯是否点亮，并且在 6 s 后应熄灭。

> 如果在点火开关转至 ACC 或 ON 位后，SRS 警告灯保持点亮而不熄灭或闪烁，表明安全气囊总成已经探测到一种故障。如果在超过 6 s 后，警告灯有时点亮，甚至在点火开关关闭（转至 LOCK 或 OFF 位）之后 SRS 警告灯又点亮，很可能是 SRS 警告灯电路短路。应检查 SRS 警告灯（位于仪表板上）电路。

步骤 2. 故障诊断与排除

（1）用诊断仪提取故障码的检查

将诊断仪连接到诊断座上，按照诊断仪显示屏上的提示进行操作。故障码及其含义见表 3.1-1。

表 3.1-1 故障码及其含义

故障码	故障原因	故障部位	指示灯状态
正常	SRS 正常		OFF
	SRS 电源电压过低	①蓄电池； ②SRS ECU	ON
11	①安全气囊点火器线路搭铁； ②前碰撞传感器线路搭铁	①安全气囊组件； ②螺旋弹簧； ③前碰撞传感器； ④SRS ECU	ON
12	①SRS 点火器引线与电源线搭铁； ②前碰撞传感器引线与搭铁； ③前碰撞传感器引线断路； ④螺旋弹簧与电源线搭铁	①安全气囊组件； ②螺旋弹簧； ③传感器线路； ④SRS ECU	ON
13	安全气囊点火器线路短路	①安全气囊点火器； ②螺旋弹簧； ③SRS ECU	ON
14	安全气囊点火器线路断路	①安全气囊点火器； ②螺旋弹簧； ③SRS ECU	ON

续表

故障码	故障原因	故障部位	指示灯状态
15	前碰撞传感器线路断路	①SRS 线束； ②前碰撞传感器； ③SRS ECU	ON
22	SRS 指示灯线路断路	①SRS 线束； ②SRS 指示灯； ③SRS ECU	ON
31	①SRS 备用电源失效； ②SRS ECU 故障	SRS ECU	ON
41	SRS ECU 曾记忆过故障码	SRS ECU	ON

(2) 使用维修线清除故障码

先将两根维修线连接到诊断座的 Tc 和 AB 两个端子上，如图 3.1-18 所示。再将点火开关转至 ACC 或 ON 位，并等待约 6 s。然后从 Tc 端子开始，使 Tc 和 AB 两个端子交替搭铁，每次每个端子的搭铁时间为 1 s±0.5 s。当 Tc 端子第 3 次搭铁时，应保持 Tc 端子搭铁不动。

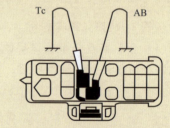

图 3.1-18 用维修线清除故障码

应注意，在 Tc 和 AB 两个端子交替搭铁的过程中，在松脱一个端子时，应立即使另一个端子搭铁，中间间隔不能大于 0.2 s。在执行清除程序几秒后，SRS 警告灯便以 50 ms 的循环（即亮 50 ms，熄灭 50 ms）闪烁，以示故障码已经清除。如果故障码未被清除，应重复上述操作程序。

步骤 3. 总结分析故障

丰田花冠汽车因安全气囊指示灯线路故障导致安全气囊指示灯常亮。

任务评价（请扫码下载表格）

任务 3.2 中央门锁系统检修

任务导入

一辆 2017 款迈腾 B8L 车辆，车主反映，使用中控门锁按钮锁门，车门不能上锁。经维修人员检查维修后发现中央门锁按钮 E308 开关故障导致门锁不能正常工作。

知识目标

1. 能正确描述常见中央门锁系统的组成、各部件功用、工作原理及系统的控制方法和原理。
2. 能讲述中央门锁系统的故障诊断方法。

 能力目标

1. 能正确拆装中央门锁系统各部件。
2. 会检测判断中央门锁系统各部件性能。
3. 会分析诊断和排除中央门锁系统常见故障。

知识内容

如今的一些汽车给车门解锁有4~5种方式（图3.2-1），可以选择使用遥控钥匙、无匙进入功能或者传统的钥匙开锁。汽车如何识别这些不同的方法呢，而车门又到底是如何解锁的呢？

车门解锁的几种常见方法包括：
①使用钥匙。
②通过按车内的解锁按钮。
③通过使用车门外的组合锁。
④通过拔起车门内的按钮。
⑤使用无匙进入遥控器。
⑥通过控制中心发送的信号。

在装有电动车门锁的车中，锁定/解锁开关实际上会向解锁车门的执行器提供电能。

图3.2-1　车门解锁装置

1. 中控门锁的作用

中控门锁可以实现以下功能：

（1）中央控制：当驾驶员锁止主驾驶车门时，其他车门及行李箱门也同时被锁住，驾驶员可通过门锁开关同时打开各个车门，也可以单独打开某个车门；如用钥匙锁门或解锁，也可以同时将其他所有车门同时锁止或解锁。

（2）车速满足条件时自动上锁：当车辆行驶速度到一定车速时，各个车门都会自动上锁，防止乘员误操作车门把手而导致车门被打开。

（3）单独控制：除在驾驶员侧车门以外，还在其他车门设置单独的中控门锁开关，可独立的控制一个车门的打开和锁止。

2. 中央门锁的组成

中央控制电动门锁主要由门锁开关、门锁控制电路和门锁执行机构三部分组成（图3.2-2）。

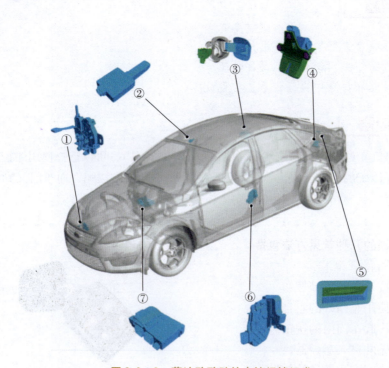

图3.2-2 蒙迪欧致胜的中控门锁组成

①—发动机盖锁块；②—遥控接收器；③—油箱盖锁；④—尾门锁块；
⑤—后厢门释放开关；⑥—门锁锁机；⑦—GEM和门模块

中控门锁按驱动方式不同，可分为电磁式、直流电动机式和双向压力泵式，下面主要介绍电磁式和直流电动机式结构。

3. 中控门锁的结构

1）电磁式门锁执行机构

电磁式门锁执行机构的优点是结构简单、内部摩擦力小、动作敏捷、操作方便；缺点是耗电量大、铁芯质量大且衔铁移动时有冲击声，如图3.2-3所示。

2）电动机式门锁执行机构

该机构由微型可逆直流电动机、齿轮齿条传动机构等组成。当电动机通电正转时，带动齿条连杆左移锁门；当电动机通电反转时，带动齿条连杆右移开锁。

电动机式门锁执行机构的优点是体积小、耗电少、动作迅速；缺点是当门锁已经锁定或开启时，应即时切断电源，避免电动机长时间带电而烧坏，如图3.2-4所示。

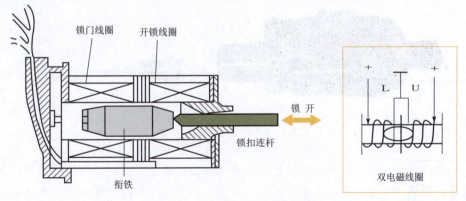

图 3.2-3 电磁式门锁执行机构

如果使用电动车门锁,车身控制器将监控"解锁"或"锁定"信号的所有可能来源。它将监控安装在车门上的触控板,并在输入正确代码时解锁车门。它负责监控无线电频率,当密钥卡中的无线电发射器收到正确的数字代码时,车门将被解锁。不仅如此,它还监控车内的开关。

从上述任一信号源收到信号时,它还将为执行器提供电能,以解锁或锁定车门。

如图 3.2-5 所示,电动车门锁的执行器位于锁销下方。其中一个杆连接执行器和锁销,另一个连接锁销和突出在车门顶部的按钮。

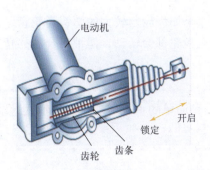

图 3.2-4 电动机式门锁执行机构

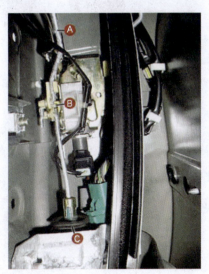

图 3.2-5 车门内部的结构
A—连杆连接到开启旋钮;B—闩锁;C—制动器

执行器向上移动锁销时,外部车门把手将和打开装置连接。锁销下移时,外部车门把手将与打开装置断开连接,从而锁定车门。

为了解锁车门,车身控制器将在一定的时间内为车门锁执行器提供电能。

电动车门锁执行器是个很简单的装置,如图 3.2-6 所示。该执行器可以左右移动此图中所示的金属钩。安装在车中时,执行器是垂直的,因此钩可以上下移动。其运动方式与拔或按按钮的动作相同。

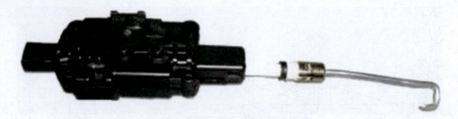

图 3.2 - 6　电动车门锁执行器

电动车门锁执行器的内部结构，是由一个小电动机带动一系列起齿轮减速作用的直齿圆柱齿轮。最后一个齿轮驱动齿条齿轮式齿轮组，该齿轮组与执行杆相连。齿条将电动机的旋转运动转变为移动车门锁所需的直线运动，如图 3.2 - 7 所示。

驱动齿轮上的离心式离合器是一种机械装置，电动机可以带动齿轮并移动锁销，如果移动锁销，它却不会带动电动机。这是因为该装置使用了离心式离合器，离心式离合器与齿轮连接并与电动机啮合，如图 3.2 - 8 所示。

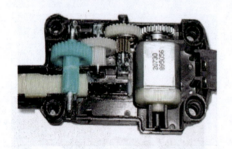 

图 3.2 - 7　电动车门锁执行器的内部结构　　　图 3.2 - 8　驱动齿轮上的离心式离合器

当电动机带动齿轮旋转时，离合器摆出，并使小金属齿轮与较大的塑料齿轮锁紧，从而使电动机驱动车门锁销。如果移动车门锁销，所有齿轮都会转动，但带离合器的塑料齿轮除外。

> 转动车门锁并打开车门所需要的只不过是一种简单的垂直运动，这种垂直运动要么来自车门上的按钮，要么来自电动锁执行器。

4. 中央门锁系统工作原理

中央门锁是通过电动机操纵，使车门锁定或打开的装置。有的汽车电动机控制开关由门锁杆操纵；有的汽车用独立的开关操纵。开关通常安装在驾驶席侧车门和前门排乘员席侧车门上，在装有车门锁杆开关的系统中，推动锁钮超过锁定位置时，会将全部车门锁住；拉出锁钮超过开锁位置时，会打开所有车门。

捷达轿车中央门锁采用的是双向压力泵式中央门锁，主要由机械部分、空气管路和控制电路三部分组成。中央门锁系统的控制电路如图 3.2 - 9 所示。电路部分的核心是中央门锁控制单元，它连同双向压力泵装在一个塑料盒内，安装在后座椅下面，用插头与中央门锁线束连接。插座的端子 1 接电源，端子 2 接搭铁，端子 3 接右前门锁开关，端子 4 接左前门锁开关，端子 6 接点火开关 15 号线（卸荷继电器控制线）。

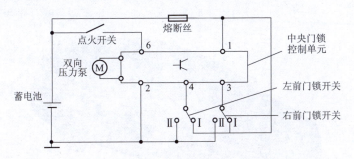

图 3.2 – 9　中央门锁系统的控制电路

前门锁执行元件如图 3.2 – 10 所示，当用钥匙或拉出两前门的任一门锁操纵杆来打开门锁时，由于门锁通过连接杆与前车门锁执行元件相连接，连接杆被向上拉起，车门锁执行元件中门锁开关的开锁触点 Ⅰ 闭合，中央门锁控制单元收到此信号后，立即控制双向压力泵转动，接通压缩空气，使系统管路中的气体呈正压，气体进入 4 个车门及行李厢的执行元件内，膜片推动连接杆向上运动将门锁打开。

当用钥匙或按下两前门的任一门锁操纵杆来锁住车门时，连接杆被压下，车门锁执行元件中的门锁开关的门锁触点 Ⅱ 闭合，中央门锁控制单元收到此信号后，立即控制双向压力泵向另一个方向运转，用以抽吸空气，系统管路中呈负压，各门锁的执行元件进入真空状态，膜片带动连接杆向下运动而将车门锁住。

> 后车门及行李厢的门锁执行元件与前门锁不同的是，它们没有门锁开关及接线，只是一个气动执行元件，如图 3.2 – 11 所示。

图 3.2 – 10　前门锁执行元件

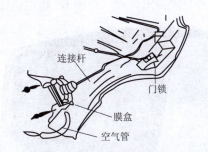

图 3.2 – 11　后门锁执行元件

5. 迈腾 B8 中控门锁工作原理

1）迈腾 B8 中控门锁系统概述

迈腾 B8 常用的中控门锁系统工作分为四种：一是遥控钥匙解锁和闭锁车门，二是无钥匙进入系统解锁和闭锁车门，三是车内使用中控门锁按钮解锁和闭锁车门，四是使用机械钥匙解锁和闭锁车门，有的车型没有无钥匙进入系统。图 3.2-12 是迈腾 B8 中控门锁系统各元件分布图。

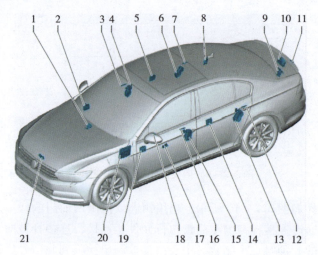

图 3.2-12　迈腾 B8 中控门锁系统各元件分布图

1—报警喇叭-H12；2—副驾驶员侧车门控制单元-J387；3—进入及起动许可系统的天线；4—右前车门锁；5—右后车门控制单元-J389；6—右后车门锁；7—进入及起动许可系统的天线；8—油箱盖执行元件；9—行李箱盖锁；12—进入及起动许可系统的天线；13—左后车门锁；14—左后车门控制单元-J388；15—左前车门锁；16—进入及起动许可系统的天线；17—玻璃升降器中央开关；18—中央锁止装置按钮

2）迈腾 B8 门锁工作过程

门锁的控制方式可分为车内控制和车外控制两种方式。车内控制可通过车门上锁按钮来执行，车外控制可以通过"遥控器"或"车门锁孔中控开关"来执行。

（1）使用遥控钥匙控制车门锁的开、闭。

按压遥控钥匙（图 3.2-13）上的功能按键，已匹配的钥匙发送一个特定的钥匙验证代码和功能请求代码。迈腾 B8 遥控钥匙解锁工作过程如图 3.2-14 所示。

图 3.2-13　迈腾 B8 车钥匙

动画：迈腾 B8 遥控钥匙解锁工作过程电路分析

①控制单元 J519 通过舒适系统 CAN 数据总线向两个前车门控制单元发送一个车门解锁/闭锁命令，前车门锁机构执行相对应的解锁/闭锁。

②两个前车门控制单元通过局域网 LIN 总线向两个后车门控制单元发送一个车门解锁/闭锁命令，后车门锁机构执行相对应的解锁/闭锁。

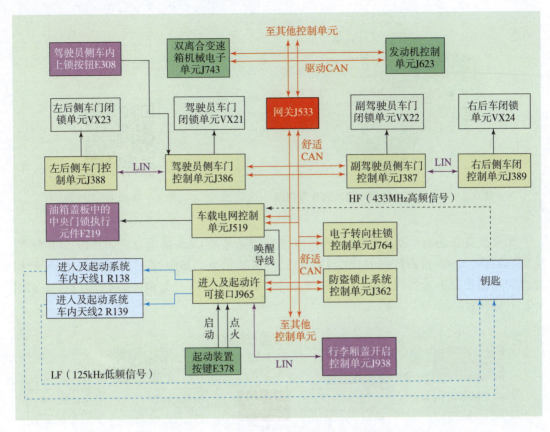

图 3.2－14　迈腾 B8 遥控钥匙解锁工作过程

③进入及起动许可接口 J965 通过局域网 LIN 总线向行李厢盖开启装置控制单元 J938 发送后备箱解锁/闭锁命令，控制单元 J938 执行相对应的解锁/闭锁。

> **注意**：J519 直接向外部所有转向灯输出信号，外部警告灯闪烁。闭锁轿车时所有转向信号灯闪亮一次，确认轿车已闭锁。解锁轿车时所有转向信号灯闪亮两次，确认轿车已解锁。
>
> 如转向信号灯不闪亮，表示至少一扇车门或行李厢盖未关闭或车门、行李厢盖开关状态信号故障。

（2）无钥匙进入系统控制门锁的开、闭。

汽车钥匙位于车辆附近 1.5m 范围之内，如图 3.2－15 所示，如果握住车门把手，相关的车门外把手接触传感器（G415、G416、G417、G418）向进入及起动许可接口 J965 发送这一消息。控制单元 J965 通过一条单独的导线唤醒控制单元 J519。随后位于车门外把手接触传感器相同触摸位置的天线向已匹配的钥匙发送一个特定的查询码（125kHz 低频信号）。这同样适用于操作行李厢盖把手的情况。

已获得授权和匹配的钥匙识别到其信号并以 433MHz 的高频信号向 J519 发送中控锁和钥匙识别的转换代码，控制单元 J519 预检查数据的可靠性。

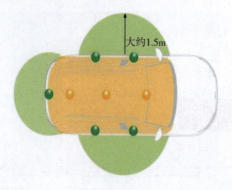

图 3.2-15 无钥匙解锁车门天线有效范围

动画：迈腾 B8 无钥匙解锁车门过程电路分析

如果是可靠的钥匙基本数据，则 J519 唤醒舒适系统 CAN 数据总线。J519 向 J965 发送钥匙数据，J965 检查数据并向 J519 发送"OK"信息，J519 通过舒适系统 CAN 数据总线向车门控制单元发送一个车门解锁命令，以解锁车门。无钥匙解锁车门过程如图 3.2-16 所示。

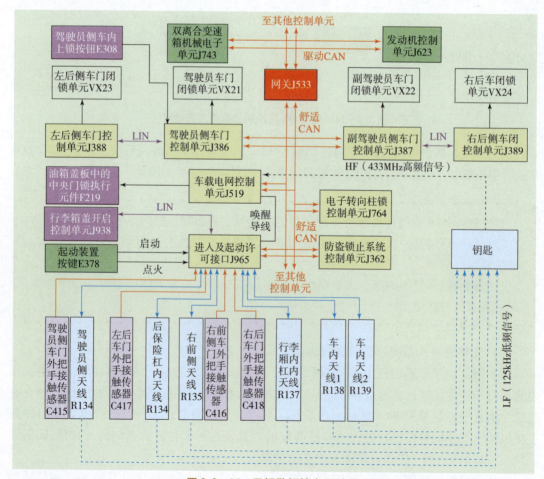

图 3.2-16 无钥匙解锁车门过程

（3）车内驾驶员侧车门上的联锁按钮控制门锁开闭。

车内驾驶员车门上的联锁开关按钮，可以对车门进行上锁和解锁。迈腾 B8 车门上连锁开关按钮如图 3.2-17 所示。

①按压驾驶员侧车门上的上锁按钮 E308 开锁键，驾驶员侧车门控制单元 J386 接收到开关 E308 内部开锁触点返回的分压后的电压，通过舒适 CAN 总线和 LIN 总线向其他三个车门发送解锁信息，如图 3.2-18 所示。

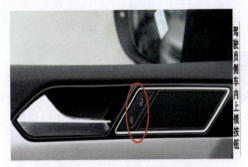

图 3.2-17 连锁开关按钮

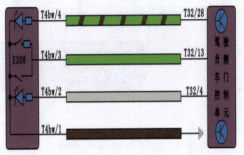

图 3.2-18 迈腾 B8 驾驶员侧车内上锁按钮 E308

②按压驾驶员侧车门上的上锁按钮 E308 闭锁键，驾驶员侧车门控制单元 J386 接收到开关 E308 内部闭锁触点返回的分压后的电压，通过舒适 CAN 总线和 LIN 总线向其他三个车门发送闭锁信息。

任务实施

步骤 1. 确认故障现象，推断故障范围

（1）收集车辆信息，确认故障现象。车外用遥控钥匙和无钥匙进入系统可以正常解锁和上锁各车门，而在车内使用中央门锁控制开关 E308 对车门进行上锁和解锁时，车辆无反应，使用主驾驶车门上车窗开关操纵所有车门车窗，所有车窗均可正常工作。

（2）进一步明确故障现象，缩小故障范围。连接诊断仪，读取故障码，发现无故障码显示。

步骤 2. 分析故障可能原因，引出突破点

通过图 3.2-19 所示电路图结合电路控制逻辑分析，用遥控钥匙功能可以解锁车门，主驾驶车门上车窗开关操纵所有车门车窗，所有车窗均可正常工作，说明各车门控制单元的总线及门锁控制系统无故障；当使用中央门锁控制开关的时候，发现车门不能上锁和解锁，说明问题可能在中央门锁控制开关、其电源电路或其相关信号线路出现问题。

微课：中控门锁电机供电线路断路造成中控门锁失效故障

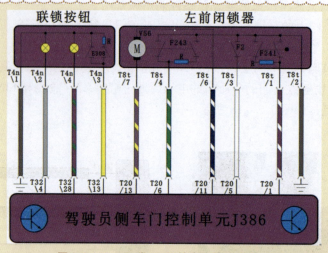

图 3.2-19　迈腾 B8 门锁电机控制电路图

步骤 3. 排除故障点（表 3.2-1）

步骤	测试对象	测试条件	测试设备	测试结果				分析结论及突破口
1	测 J386 的连锁开关信号端子对地波形	在线测量	示波器	J386 的 T32/28 端子对地波形				J386 端连锁开关信号，在连锁开关动作时没有任何的变化，怀疑连锁开关信号输出有问题
				标准	未操作	开锁	闭锁	
					0~12V 的方波参考信号	0V 直线	0~2V 左右的方波信号	
				实测	始终为 0~12V 方波	始终为 0~12V 方波	始终为 0~12V 方波	
				结论	异常			
				实测	2Ω 左右			
				结论	异常			
2	测量 E308 端信号输出波形	在线测量	示波器	E308 端 T4bw/4 端子对地波形				通过测量结果发现 E308 端电压始终为 0，而 J386 端连锁开关信号始终为 +B，说明连锁开关信号断路，下一步测量开关信号线两端导通情况，确认故障
				标准	未操作	开锁	闭锁	
					0V 直线	0V 直线	0V 直线	
				实测	异常			
3	测量连锁开关信号线通断	拔下 J386 端，取下 E308 开关插接器	万用表	标准	<2Ω			说明 J386 的 T32/28 至 E308 的 T4bw/4 之间线路断路
				实测	∞			

步骤 4. 总结分析故障

迈腾 B8 中央门锁开关 E308 因信号线断路导致门锁不工作。

项目三 汽车车身安全系统检修

任务评价（请扫码下载表格）

任务 3.3　驾驶辅助系统检修

任务导入

一辆 2017 款奥迪 A6 车辆，车主反映，倒车雷达不能正常工作，经维修人员检查维修发现是尾部倒车雷达传感器故障导致倒车雷达不能正常工作。

知识目标

1. 通过学习，能正确描述常见驾驶辅助系统的组成、各部件功用、工作原理及系统的控制方法和原理。
2. 通过学习能讲述驾驶辅助系统故障诊断方法。

能力目标

1. 能了解驾驶辅助系统工作原理及结构组成。
2. 能分析驾驶辅助系统工作原理。
3. 能排除驾驶辅助系统的故障。

知识内容

1. 倒车雷达

随着时代的发展，现代汽车上基本全都配备了倒车雷达系统，为驾驶人驾驶汽车提供了极大的方便，避免了倒车时出现的困难。

1）倒车雷达的种类

随着时代的发展，倒车雷达系统已经经过了六代的技术改良，不管从结构外观上，还是从性能价格上，都各有特点，使用较多的是数码显示、荧屏显示和魔幻镜倒车雷达这三种。倒车雷达的种类见表 3.3-1。

表 3.3-1　倒车雷达的种类

倒车雷达的名称	倒车雷达的控制功能	倒车雷达的类型
倒车喇叭	倒车时会提醒"倒车请注意"	
轰鸣器	倒车时会发出轰鸣的提示音，倒车时，如果车后 1.5~1.8 m 处有障碍物，轰鸣器就会开始工作。轰鸣声越急，表示车辆离障碍物越近	

101

续表

倒车雷达的名称	倒车雷达的控制功能	倒车雷达的类型
数码显示	这一代产品有两种显示方式，数码显示产品显示距离数字，而波段显示产品由三种颜色来区别：绿色代表安全距离，表示障碍物离车体距离为 0.8 m 以上；黄色代表警告距离，表示离障碍物的距离只有 0.6~0.8 m；红色代表危险距离，表示离障碍物只有不到 0.6 m 的距离，必须停止倒车	
荧屏显示	这一代产品是荧屏显示开始出现动态显示系统。不用挂倒挡，只要发动汽车，显示器上就会出现汽车图案以及车辆周围障碍物的距离	
魔幻镜倒车雷达	采用了最新仿生超声雷达技术，配以高速电脑控制，可全天候准确地测知 2 m 以内的障碍物，并以不同等级的声音提示和直观的显示提醒驾驶员	
无线倒车雷达	新无线液晶倒车雷达，融无线连接、倒车雷达、彩色液晶显示、BP 警示音于一体	

2) 倒车雷达的组成

倒车雷达系统一般由蜂鸣器、PAM（驻车辅助模块）、传感器（探头）、IC（仪表）组成，如图 3.3－1 所示。

（1）探头的数量。现在市面上的倒车雷达分别有 2 探头、3 探头、4 探头、6 探头及 8 探头式，2~4 探头的倒车雷达一般安装在汽车的后保险杆上面，6~8 探头的倒车雷达一般安装是前 2 后 4，或前 4 后 4。通常来说，探头的数量决定了倒车雷达的探测覆盖能力，能减少探测盲区。6 个以上探头的倒车雷达在倒车时，可探测前左、右角

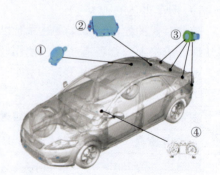

图 3.3－1 倒车雷达系统组成
①—蜂鸣器；②—PAM；③—传感器；④—IC

(2) 功能。从功能方面区分，倒车雷达可分为 LCD 距离显示、声音提示报警、方位指示、语音提示、探头自动检测式等，功能较齐全的倒车雷达应该有距离显示、声音提示报警、方位指示等功能。

(3) 性能。一台性能良好的倒车雷达的主要性能包括：
①灵敏度，在有障碍物的时候反应是否够快。
②是否存在盲区。
③探测距离范围。

3）超声波雷达的工作原理

> 倒车雷达是汽车泊车或者倒车时的安全辅助装置，能以声音或者更为直观的显示告知驾驶员周围障碍物的情况，解除了驾驶员泊车、倒车和起动车辆时前后左右探视所引起的困扰，并帮助驾驶员扫除了视野死角和视线模糊的缺陷，提高驾驶安全性。

PDC 系统的工作原理就是在车的后保险杠或前后保险杠设置雷达侦测器，用以侦测前后方的障碍物，帮助驾驶员"看到"前后方的障碍物，或停车时与其他车的距离，此装置除了方便停车外还可以保护车身不受剐蹭。PDC 是以超声波感应器来侦测出离车最近的障碍物距离，并发出警笛声来警告驾驶者。而警笛声音的控制通常分为两个阶段，当车辆的距离达到某一开始侦测的距离时，警笛声音开始以某一高频的警笛声鸣叫，而当车行至更近的某一距离时，则警笛声改以连续的警笛声，来告知驾驶者。PDC 的优点在于驾驶员可以用听觉获得有关障碍物的信息，或与其他车的距离。PDC 系统主要是协助停车的，所以当达到或超过某一车速时系统功能将会关闭。

数字式无盲区 PDC 倒车雷达的工作原理就是当挂入倒挡后，PDC 系统即自动起动，内嵌在车后保险杠上的 4 个或 6 个超声波传感器开始探测后方的障碍物。当距离障碍物 1.5 m 时，报警系统就会发出"嘀嘀"声，随着障碍物地靠近，"嘀嘀"声的频率增加，当汽车与障碍物间距小于 0.3 m 时，"嘀嘀"声将转变成连续音。图 3.3 – 2 所示为倒车雷达工作原理。

(1) 超声波测距的基本原理。

超声波作为一种特殊的声波，它同样具有声波传输的基本物理特性，即反射、折射、干涉、衍射、散射。超声波测距就是利用其反射特性，即发射波与反射波之间的延续时间测得距离。超声波发射器不断地发射出 40 kHz 超声波，遇到障碍物后反射回反射波，超声波接收器接收到反射波信号，并将其转换为电信号。测出发射与接收到反射波的时间差 t，即可求出距离 S，即

$$S = \frac{1}{2} C \cdot t$$

式中 C——超声波声速。

温度对声波的传递有一定的影响。如果车辆经常在某固定地区使用，因温度变化不大，可以认为声速是基本不变的。如果温度变化很大且测距精度要求很高，可以通过温度补偿的方法加以校正。确定了声速，可测得超声波信号往返的时间，即可求得距离。根据

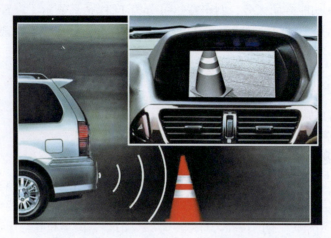

图 3.3-2 倒车雷达工作原理图

以上的测距原理,将距离用 LED 数字显示出来。

(2) 检测条件及接线图。

①检测距离:500 mm ± 50 mm。

②障碍物有效反射面积应大于 25 cm^2。

③检测范围:以传感器中心为基准左右各 60°以上,上下各 45°以上。图 3.3-3 所示为风神蓝鸟轿车倒车雷达系统接线图。

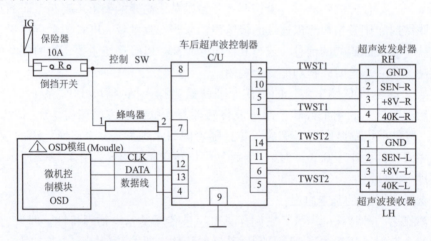

图 3.3-3 风神蓝鸟轿车倒车雷达系统接线图

(3) 系统工作过程。

当挂上倒挡时,超声波倒车防碰撞系统即开始工作,发出"嘟嘟"的声音,表明该系统状态良好,报警区域如图 3.3-4 所示。当车与障碍物相距 1.6 m 时,可听见间歇报警声。离障碍物越近,声音越急促,如距离小于 0.2 m,则连续发出报警声。报警声间隔及音量用故障检测仪设定。

(4) 激光扫描雷达防撞系统。

激光扫描雷达安装在车辆前端的中央位置,将测得的车距和前面车辆方位信号送入防碰撞预测系统。激光扫描雷达的扫描角和视域如图 3.3-5 所示。

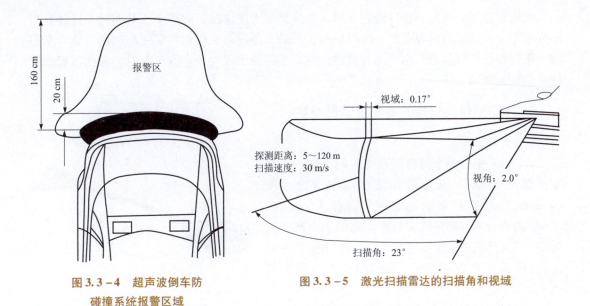

图 3.3-4　超声波倒车防碰撞系统报警区域

图 3.3-5　激光扫描雷达的扫描角和视域

激光束的视域窄并呈肩形,即在水平面上较薄,在垂直面上呈肩形。激光束可在较宽的范围内快速扫描,并通过激光束的能量密度消除因车辆颠簸引起的误差。通常激光扫描雷达监测范围在 5~120 m,以保证在潮湿路面上,后车减速制动后,不致碰撞前面暂停车辆。

汽车扫描激光雷达防撞系统的工作流程如图 3.3-6 所示。其防碰撞的判断是先从激光扫描雷达所获车距与方位的数据组中抽取有用的数据,依据后车的动力学特性进行车辆路径的估算,行车路径估算的半径 R 是根据车速和转角第一次估算的半径 R_1,以及车速和横向摆动速率第二次估算的半径 R_2 来确定的,通常选用估算 R_1 和 R_2 的较小值。

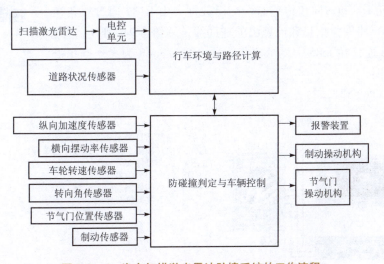

图 3.3-6　汽车扫描激光雷达防撞系统的工作流程

在进行追尾碰撞危险程度的判定时,根据路面干湿情况、后车车速及相对车速计算出临界车距。计算出的临界车距,就可以与实测的车距进行比较,当实测车距接近临界车距时,报警触发信号就会产生。当计算出的临界车距等于或大于实测车距时,雷达防撞系统便起动紧急制动系统。

2. 车尾摄像头支持的驾驶员辅助系统

1)倒车摄像头

迈腾 B8 中的倒车摄像头系统有两个版本:倒车摄像头 compact 以及带有挂车调车辅助系统(Trailer Assist)扩展功能的倒车摄像头 compact plus。两个版本的硬件均安装在车尾的大众汽车徽标中。它们仅在软件和零件号上有区别。Trailer Assist 的软件更丰富一些。图 3.3-7 为倒车摄像头。

图 3.3-7 倒车摄像头

倒车摄像头安装在行李厢盖上翻转徽标的后方。在挂入倒车挡后徽标将打开,摄像头的视频信号显示在信息娱乐系统显示屏上。在摄像头壳体内集成有图像处理控制单元。倒车摄像头的控制单元电子部件是信息娱乐系统 CAN 数据总线的组成部分。它的任务是校正视频图像并显示静态和动态的辅助线。

如果车辆具有挂车调车辅助系统(Trailer Assist)功能,则可以使用其他型号的倒车摄像头。它们仅在软件和零件号上有区别。

控制单元电子部件也位于摄像头壳体中,因此可以为驾驶员显示真实的且不失真的状态图。另外,根据激活的视野功能,还可以在真实图像上叠加各种静态和动态辅助线。摄像头通过 CAN 数据总线与车载网络相连。此时,摄像头控制单元与中央 MIB 控制单元 J794(信息娱乐系统电子装置控制单元1)和转向角传感器,交换数据。由 R189 通过一条视频线(FBAS)将图像信息和计算出的辅助线传输给 J794。J794 再通过高速 LVDS 连接在 J685 上显示这些信息。图 3.3-8 为大众倒车摄像头工作逻辑图。

动画:大众倒车摄像头工作电路分析

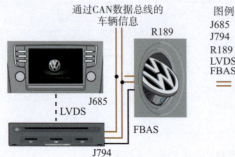

图 3.3-8 大众倒车摄像头工作逻辑图

2) 全景影像系统

全景影像系统 Area View 是一种基于摄像头的环境探测系统，驾驶员通过它可以查看车辆四周的情况。它为驾驶员提供多种视图和设置模式，以便驾驶员根据交通状况和信息需求进行有针对性的选择。全景影像系统 Area View2.0 是升级版，增加了以下功能：

（1）扩大了功能范围。

（2）障碍物识别。

（3）通过更高分辨率的摄像头（Megapixel HDR）更详实地展示车辆环境。

（4）全屏和分屏视图。

（5）优化了 OPS 显示。

（6）新型 3D 鸟瞰视图。

（7）大幅简化了生产和客户服务时的校准过程。

3）全景摄像头系统的结构

通过四个摄像头实现对车辆全景的监控。前部全景摄像头位于牌照下方，后部全景摄像头安装在行李厢盖大众汽车徽标中。右侧和左侧全景摄像头位于车外后视镜的下侧中。通过每个摄像头的 190°开启角度，全景影像系统 Area View 可以探测车辆周围的整个区域，还可以查看"死角"并在 MIB 操作和显示单元的显示屏上显示这些内容。因为摄像头的视野范围是相交的，因此在相邻摄像头的视野范围之间可产生准确且真实的视觉过渡。图 3.3-9 为大众全景摄像头系统组成。

微课：大众全景摄像头系统

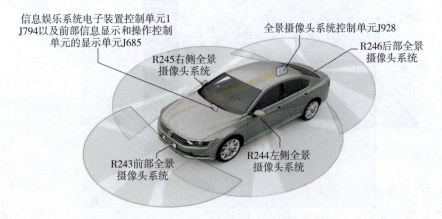

图 3.3-9　大众全景摄像头系统组成

4）全景摄像头系统的结构

当车速为 0 至 15km/h 时，全景影像系统 Area View 开始运行。通过泊车辅助装置按钮 E266 激活或关闭系统。激活时，摄像头探测车辆周围环境。广角摄像头的原始图像失真较大，因此全景摄像头系统控制单元对接收到的图像进行校正。同样通过图像处理根据所需视图对视角进行调整。最后，通过经校正的图像以及所选视图，为距离显示和车道预测加载辅助线，然后在 MIB 的操作和显示单元上显示经过处理的图像。根据所选视图，显示静态和动态辅助线。图 3.3-10 为前部和侧部摄像头系统监测范围，图 3.3-11 为后部和所有摄像头系统监测范围。

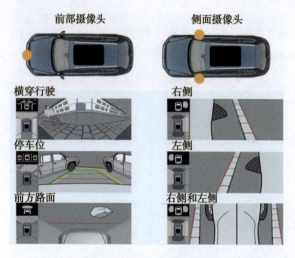

图 3.3-10 前部和侧部摄像头系统监测范围

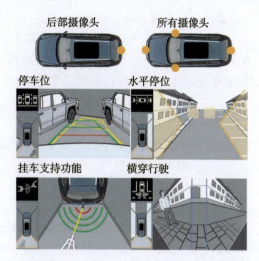

图 3.3-11 后部和所有摄像头系统监测范围

5）3D 鸟瞰视图

新型 3D 鸟瞰视图（图 3.3-12）可将四个摄像头视角投射到一个半球上，因此形成了围绕车辆的 360°全景视图，通过这个视图可以导出众多的细部视图。另外，还可以从多个虚拟的摄像头角度（视点）查看这个半球。

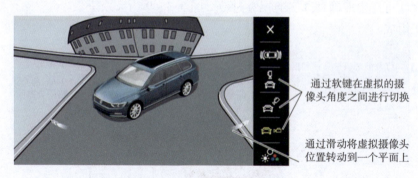

图 3.3-12 新型 3D 鸟瞰视图

新型 3D 鸟瞰视图可显示 17 种不同的视点。在两个同中心的圆周上，每隔 45°各分布着 8 个视点，另外一个视点位于车辆正上方。3D 鸟瞰视图只能与第 2 代模块化信息娱乐系统（MIB）的 Discover Pro 结合使用。图 3.3-13 为新型 3D 鸟瞰视图显示视点。

6）挂车调车辅助系统（Trailer Assist）

Trailer Assist 简化了带挂车时的倒车调车过程。输入方向和弯折角度后，系统将承担转向功能。将精确控制车辆和挂车，而驾驶

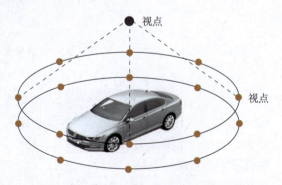

图 3.3-13 新型 3D 鸟瞰视图显示视点

项目三 汽车车身安全系统检修

员只须控制油门和制动。当车速高于 7km/h 时，Trailer Assist 通过自动制动干预做出反应。在对方向盘进行干预或在调车过程中按下泊车辅助按钮时，将关闭系统。挂车调车辅助系统的车辆调节功能以软件算法的方式集成在泊车辅助系统控制单元 3.0 中。图 3.3-14 为挂车调车辅助系统示意图，图 3.3-15 为挂车调车辅助系统结构示意图。

图 3.3-14 挂车调车辅助系统示意图

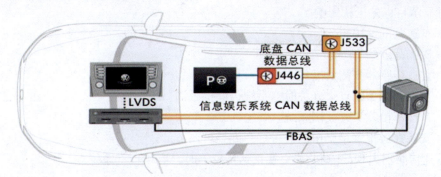

图 3.3-15 挂车调车辅助系统结构示意图

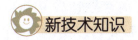

新技术知识

其他的驾驶员辅助系统

微课：驾驶辅助系统

1. 换道辅助系统（Side Assist）

如果其他车辆从后部接近并进入可探测距离内时，换道辅助系统"Side Assist"将向驾驶员发出警告，通过这种方式在超车或更换车道过程中，为驾驶员提供帮助。因此可以避免在高速公路和类似高速公路的道路上换道过程中发生事故，图 3.3-16 为换道辅助系统。

图 3.3-16 换道辅助系统

109

安装在前后保险杠中的两个雷达传感器监控本车旁边的以及后部左右两侧最远 70m 的行驶区域。当车速超过 10km/h 时，系统激活。根据情况分为信息级和警告级警示。当系统识别到一个未显示换道（没有打开转向灯）的潜在危险时，将通过相应后视镜壳体中微微闪光的警告灯通知驾驶员。

当存在一个潜在的危险状况并且驾驶员通过打开相应的转向灯表示换道时，将切换到警告级。如果还安装了车道保持辅助系统，在向危险一侧做出转向动作时也会激活警告级（即使没有打开转向灯）。超出车道时，将自动进行车辆的反向转向。换道辅助系统的技术数据：

（1）车尾的两个雷达传感器首次采用 77GHz 的雷达传感器，因此实现更好的性能，减少了对显示目标的干扰影响。

（2）车速范围 >10km/h。

（3）探测范围约 70 m。

（4）雷达传感器探测角度约 110°。

（5）在打开和关闭点火开关时，系统仍保持激活。

（6）在挂车模式下，关闭系统。

（7）安装在后视镜镜脚中的警告灯亮度是可调节的。

在雷达传感器出现故障和/或更换雷达传感器时，必须校准系统。

2. 疲劳识别系统（MKE）

当驾驶方式出现疲劳迹象时，疲劳识别系统建议驾驶员休息。系统识别到与正常驾驶方式有差异并支持在高速公路和路况良好的道路上有安全意识地行驶。

在 MIB 的操作和显示单元上，通过输入"疲劳识别系统激活"的方式进行激活和关闭。行驶约 15 min 后，系统激活。这段时间用来分析驾驶方式。车速高于 65 km/h 时，系统开始持续分析驾驶方式并得出驾驶员是否疲劳驾驶的结论，图 3.3 – 17 所示为换道辅助系统仪表显示。

图 3.3 – 17　换道辅助系统仪表显示

3. 多重碰撞制动系统

22% 的事故属于多次碰撞，也就是多重碰撞。在这些事故中，除了第一次碰撞以外，还会与路沿或对面来车发生其他碰撞。通过制动干预应防止后续碰撞或减少后续碰撞的碰撞能量。图 3.3 – 18 为多重碰撞。

多重碰撞制动系统在识别到碰撞发生时会激活自动制动干预。通过这种自动制动应防止后续碰撞或至少减少后续碰撞的碰撞能量。多重碰撞制动系统以不高于 $6m/s^2$ 的减速度为车轮减速,同时激活紧急制动灯和报警闪烁灯组合仪表中的 ESP 灯会告知驾驶员已经开始制动干预。原则上,多重碰撞制动系统采取的制动会将车速降低至 10km/h。因此根据不同的事故状况,即使在碰撞后,驾驶员仍能控制车辆。

为了触发多重碰撞制动系统,安全气囊控制单元会向制动器控制单元发送相应的信息。激活多重碰撞制动系统仅需使用安全气囊控制单元的传感器。驾驶员可以随时关闭多重碰撞制动系统。如果驾驶员加速或以较大的减速度进行全力制动,则将关闭系统。

图 3.3-18 多重碰撞

任务实施

步骤1. 了解故障现象

一辆奥迪 A6 因为倒车雷达工作不正常,送维修厂要求检修。据驾驶员介绍,倒车雷达有时正常有时不正常,不正常时挂入倒挡后不管有没有障碍物,蜂鸣器一直叫个不停。

步骤2. 故障诊断与排除

试起动,挂入倒挡,蜂鸣器倒是没有常叫,人为地挡住传感器探头,没有反应,说明倒车雷达没有工作。依据以往检查传感器探头的经验,又分别用手指轻轻触摸每一个超声波传感器探头,因为正常工作的传感器探头会有一种轻微的振动感传递到手指上。发现没有 1 个探头是在工作的。接上诊断仪,进入通道号 76 停车辅助系统。读取故障码,居然有 9 个故障码存在。从 01545~01548 号故障码全部是倒车警报传感器故障;从 01626~01629 号故障码是停车辅助传感器故障。这 8 个故障码含义完全一样:

(1) 对正极短路。
(2) 断路/对地短路。
(3) 部件损坏。
(4) 不可靠信号。

另外有一个 01549 号故障码:倒车警报传感器供电对地短路,间歇性故障。

记录故障码后,能够全部清除,于是又挂入倒挡测试,倒车雷达依然没有工作,又着车,往后倒了一点,依然没有工作,又读取故障码,还是那 9 个故障码。所有传感器都坏掉了这个可能性实在是太小了,应该是 01549 号故障码的提示有更加实际的意义,很可能是短路造成所有传感器不能够正常工作。查阅维修手册,得知可能引起01549号故障的原因有：倒车警报传感器与控制单元间对地短路。于是检查了该车的相关线路。由于该车很新，线路十分完好，也没有找到有可疑的地方。又依据线路图检查了该控制单元的相关电源、接地等线路均完全正常。怀疑是倒车控制单元出现故障了。

又从驾驶员处知道，该车的右前方曾经肇事过。于是拔下了右前方的传感器，进入系统一看，没有任何故障码出现。这一下真的怀疑是控制单元故障，因为明明断开了该传感器，但是系统却没有检测到。又拔掉后面的一个传感器，进入系统。重新读码，依然没有任何显示。关掉点火开关，再重新打开，还是没有检测出任何故障来。着车，挂入倒挡，读取故障码，又是那9个故障码，即所有的传感器损坏。又仔细阅读维修手册：打开点火开关后倒车警报装置自检测开始，不到1 s即结束。这时，控制单元一直处于工作状态，但距离控制功能在挂上倒挡时才起动。如倒车警报系统已准备好，会发出一声短的信号音（对于自动变速器车，由于P、D换挡，要延迟1 s）。如果自检过程中控制单元识别出故障，则发出5 s连续音。依照这个条件在车上一试，确实是控制单元识别出故障的特征，看来控制单元应该是好的，还是需要进一步查找故障的真正原因。

查看数据流，因为没有数据流的说明，所以也没有看出什么名堂来，又把挡位放在R位置，读取故障码，这时却惊奇地发现，被拔掉的右前传感器故障已经被控制单元检查了出来，并且只有右前一个故障码。控制单元为什么之前没有检查出来，而现在又能够检查了呢？把传感器插回去，再读取故障码，已经变成了间歇性故障，清除后什么故障也没有了。起动发动机，倒车再试。倒车雷达依然没有工作，这时故障码又有了，还是那几个故障码一同出现。这才明白，只要不起动着车，控制单元就能够发现被拔掉的传感器，那几个故障码就不会出现，历史故障码也可以被清除掉。只要一着车，挂入倒挡那8个故障码就会一同出现。掩盖了那个被拔掉的故障，这就是刚才没有检查出来的原因。现在又进一步证实控制单元没有损坏，依据该系统的特点，在打开点火开关不着车的情况下，一个一个地分别拔掉探头，又插回去。观察故障码的变化情况，前面的4个传感器轮流测试了，还是没有发现故障，着车试倒车，还是出现9个故障码。把前面的插回，为了加快速度，干脆同时拔掉后面的4个传感器，出现了后面的传感器故障码。起动倒车，发现故障码只有4个了，看来是后面的传感器故障，于是把它们分别插回去，每插一个试一次。终于在插回后面的右中那个传感器时，9个故障码一同出现了，原来就是该传感器损坏导致的故障。更换后，停车辅助系统恢复了正常。

步骤3. 总结分析故障

倒车雷达系统所有传感器（探头）共用电源线（8 V）和地线，因此一个传感器短路将造成整个系统失效。

任务评价（请扫码下载表格）

任务3.4 轮胎压力监测系统检修

任务导入

一辆2014款速腾车辆，车主反映，在起动时仪表上的ESP灯报警，有时还会伴随有胎压灯报警。故障在启动时出现故障，行驶几百米后自动消失，有时开关一次点火开关故障会自动消失。

知识目标

1. 能正确描述常见轮胎压力监测系统的组成、基本原理及系统的工作原理。
2. 能讲述轮胎压力监测系统的故障诊断方法。

能力目标

1. 能正确检测轮胎压力监测系统各部件性能。
2. 会分析诊断和排除轮胎压力监测系统常见故障。

知识内容

轮胎压力监测系统是提高汽车安全性和舒适性方面的一项新的技术。在日常生活中，由于轮胎老化、过度磨损、胎压异常、轮胎外伤等原因造成的爆胎事故屡屡发生。

胎压异常易导致"爆胎"的发生，胎压异常是指轮胎气压不足和胎压过高。胎压异常会引起轮胎局部磨损、操控性和舒适性降低、油耗增加等问题。胎压不足时，轮胎侧壁容易弯曲折断而发生爆裂。而胎压过高，则会使得轮胎的缺陷处（如损伤部位）在高速行驶过程中发生爆裂。

> 据部分统计，轮胎长期处于充气压力不足造成轮胎过早损坏的占85%左右。轮胎压力监测系统可在车辆静止和行驶时监测轮胎的充气压力。正确的轮胎压力对行驶安全性、轮胎耐用性和降低燃油消耗起关键作用。

1. 轮胎压力监测系统的组成及功用

轮胎压力监测系统一般由5个轮胎压力传感器、4个轮胎压力监测天线、轮胎压力监测控制单元、组合仪表、功能选择开关等元件组成，各元件位置如图3.4-1所示。

轮胎对于汽车，特别是行驶中的汽车，在安全性方面起着非常重要的作用。它是车与地面的接触部分，影响着汽车的驱动力和制动力。为确保轮胎安全性，必须满足轮胎安全所要求的性能，正确掌握轮胎的使用方法。

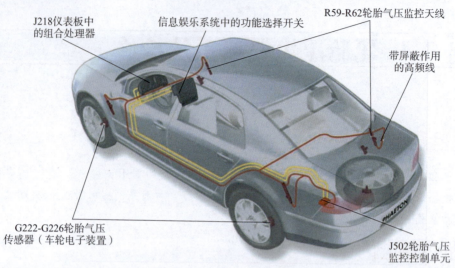

图 3.4-1 系统元件位置图

轮胎的最大负载取决于轮胎气压，必须在规定范围内使用。如果超负载使用会引起轮胎早期破损。轮胎气压对轮胎的负载耐久性有很大的影响，必须确保车辆所规定的轮胎充气压力。如果轮胎气压过低，不仅使最大负载能力降低，而且也使轮胎的其他安全性降低，并且加快轮胎磨损。

汽车轮胎压力监测系统通过连续监测轮胎的气压、温度和车轮转速，能自动地向驾驶员发出警告。在每一车轮上都装有压力、温度等传感器，如图 3.4-2 所示，将压力、温度和车速信号输入 ECU。

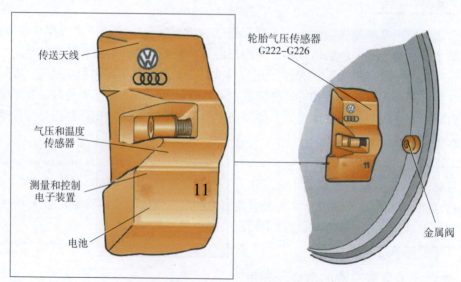

图 3.4-2 具有胎压监测的车轮

2. 轮胎压力监测系统优点

（1）轮胎气压过低时会提前指示，因此安全性得到提高。

（2）不需要定期检查轮胎的压力，因此舒适性得到提高，只有当显示屏上显示相应的信息时才有必要校正轮胎气压。

(3) 提高了轮胎寿命（压力每降低 3 kPa，轮胎寿命会降低 25%）。

(4) 正确的轮胎压力会相应地降低燃油消耗。

3. 轮胎压力监测系统的解决方案

目前，轮胎压力监测系统主要有两种解决方案，间接系统和直接系统。

间接式（Wheel-Speed Based TPMS，WSB）轮胎压力监测系统，是通过汽车 ABS 系统的轮速传感器来比较轮胎之间的转速差别，以达到监测胎压的目的。ABS 通过轮速传感器来确定车轮是否抱死，从而决定是否起动防抱死系统。当轮胎压力降低时，车辆的重量会使轮胎直径变小，这就会导致车速发生变化，这种变化即可用于触发警报系统来向司机发出警告。

直接式（Pressure-Sensor Based TPMS，PSB）轮胎压力监测系统，是利用安装在每一个轮胎里的压力传感器来直接测量轮胎的气压，利用无线发射器将压力信息从轮胎内部发送到中央接收器模块上的系统，然后对各轮胎气压数据进行显示。当轮胎气压太低或漏气时，系统会自动报警。

间接式轮胎压力监测系统是通过汽车 ABS 系统的轮速传感器比较轮胎之间的转速差别，以达到监控胎压的目的，该类型系统的主要缺点是：

(1) 不能显示出各条轮胎准确的瞬时气压值。

(2) 同一车轴或者同一侧车轮或者所有轮胎气压同时下降时不能报警。

(3) 不能同时兼顾车速、检测精度等因素。

因此直接传感系统更有效。目前常用的直接式轮胎压力监测系统又分为主动式（active）和被动式（passive）两种。

主动式系统是采用在硅基上利用 MEMS 工艺制作电容式或者压阻式压力传感器，将压力传感器安装在每个轮圈上，通过无线射频的方式将信号传送出去，安装在驾驶室里的无线接收装置接收到该压力敏感信号，经过一定的信号处理，显示出当前的轮胎压力。主动式技术的优点是，技术比较成熟，开发出来的模块可适用于各厂牌的轮胎，但缺点同样比较突出，其感应模块需要电池供电，因此存在系统使用寿命的问题。

被动式轮胎压力监测系统的传感器是采用声表面波（SAW）来设计的，这种传感器通过射频电场产生一个声表面波，当这个声表面波通过压电衬底材料的表面时，就会产生变化，通过检测声表面波的这种变化，就可以知道轮胎压力的情况。虽然此技术不用电池供电，但是它需要将转发器整合到轮胎中，需各轮胎制造商建立共通的标准才有可能实施。

> 轮胎气压实时监测与报警系统目前还没有统一的标准，各公司都在努力开发具有竞争力的产品，以期在未来的竞争中立于不败之地。具有分辨率高、无源、体积小三个特征的胎压监控系统将是未来的发展趋势。

轮胎气压监测系统要检测出轮胎气压的异常状况，只有具有高分辨率才能有高的精度。电池寿命是有限的，且容量也受温度影响。为提高系统的可靠性，传感器最好能进行无源检测。轮胎能否正常工作不仅与气压有关，还与温度、车轮转速及载质量等有关，未来的压力传感器在测量轮胎气压的同时，还应能测量轮胎内温度和载质量。许多研究表明，利用轮胎气压传感器收集到的信息，可对车辆悬挂系统进行故障监测并校正导航系统。因此，未来的传感器应该是集各种功能于一身的无源智能型传感器。

4. 轮胎压力监测系统的工作原理

轮胎压力监测报警系统，对高速行驶汽车的胎压进行连续监测及预报，并记录最后100 s的胎压信息，为安全行车及行车管理提供依据。系统工作原理如图3.4-3所示。

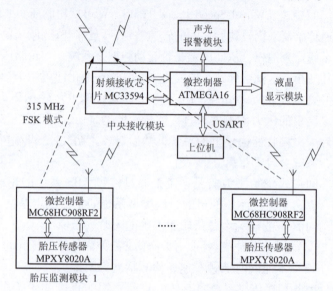

动画：迈腾B8轮胎压力监测系统工作电路分析

图3.4-3 轮胎压力监测系统的工作原理

由图3.4-3可知，该监测系统由胎压监测模块和中央接收模块两个主要部分组成。其中胎压监测模块安装在汽车轮胎内，该模块带有传感器和无线发射装置，主要用来监测轮胎内的气压和温度并把监测到的数据通过发射装置发送给接收模块；中央接收模块安装在驾驶室操作盘附近，带有无线接收装置、声光报警模块和液晶显示模块，无线接收装置接收到胎压监测模块发送来的数据，将各轮胎的气压和温度由液晶显示模块显示，驾驶者通过显示模块即可掌握各个轮胎的气压和温度状况，当轮胎气压、温度发生异常将要出现危险征兆时，就会通过声光报警模块自动报警，以提醒驾驶者减速慢行或做相应的检查和维修，从而保证行车的安全以及轮胎保持在正常运行状态。此外，为了系统功能的更新和维护方便，该模块还保留了与上位机的USART通信接口。

5. 轮胎气压监测过程

在轮胎压力子菜单里通过功能选择开关可以关闭或开启轮胎压力监控系统，还可以存储轮胎的实时压力。如果没有遵守说明且使用了不同的充气仪器来检查和校正轮胎气压，那么根据充气仪器的公差范围情况，系统信号可能提前或延迟。在轮胎温度不同（热/冷）或外界温度不同（夏天/冬天），校正完轮胎压力但没有每次存储压力值时，也会出现系统信号提前或延迟现象。

轮胎压力监测系统可由驾驶员在菜单里关闭。每次接通点火开关后短时出现"系统已关闭"的信息以提醒驾驶员,如图3.4-4所示。选择"存储压力"时,轮胎压力监测系统自动接通。为了避免错误信号,建议每次检查及校正完轮胎充气压力后,在FIS菜单里执行一次"存储压力"功能。输入"存储压力"后,轮胎充气压力就被标准化为20 ℃时的值。为了避免调整不当,应特别注意必须在"冬季轮胎"时检查、校正及存储轮胎的充气压力。

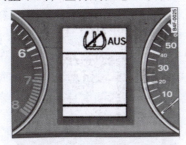

图3.4-4 系统关闭提示示意图

视频:迈腾B8 胎压监测数据流读取

根据对车辆行驶性能的影响,将系统信号分成两个优先等级:优先等级1和优先等级2。优先等级1为最重要信号,表示已不能保证行驶安全性,优先等级1的信号由FIS显示屏上的红色警报符号以及声音信号来指示,这时要求驾驶员立即检查轮胎状态。优先等级2为次重要信号,表示还没有直接影响行驶安全性,FIS显示屏出现黄色符号来提醒驾驶员现在系统的状态。

优先等级1的信号和优先等级2的信号又都可分成"无位置"和"有位置"两种形式。所谓"无位置"是指系统不能准确说明故障原因的位置,或者有多个故障位置。所谓"有位置"是指系统可以准确说明故障位置且只有该位置是引起故障的原因。

当实际的轮胎充气压力值降至警报线2以下,如图3.4-5所示损失梯度大于2 kPa/min时,被认为属于优先等级1。超过警报线3以后就总是显示优先等级1的信号。至少满足优先等级1的一个条件且不能明确指出是哪个车轮时,就会显示这个信息(优先等级1,无位置),如图3.4-6所示。

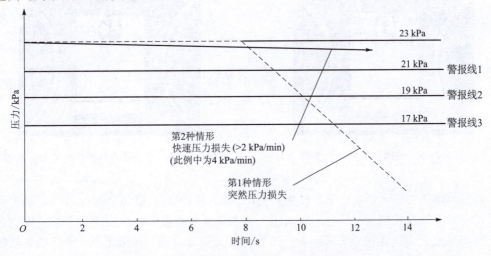

图3.4-5 轮胎压力变化曲线与警报线对比图

警报线1—比用菜单存储的轮胎压力规定值低2 kPa;警报线2—比用菜单存储的轮胎压力规定值低4 kPa;警报线3—是最低压力极限值,它是用部分负荷的编码压力计算出来的在出现优先等级1的信号时,若按下 CHECK 按钮,就会出现如图3.4-7所示的提示。如果所有的压力传感器接收到的轮胎充气压力都高于警报线1(比存储的轮胎充气压力规定值低2 kPa),重新存储了轮胎的压力(通过菜单),优先等级1的信号会自动撤销。当某个车轮的实际压力比通过菜单存储的轮胎压力规定值低2 kPa 时,就会显示这些信息(警报线1),如图3.4-8所示,这时轮胎压力监测控制单元应识别出轮胎压力传感器的位置(优先等级1,有位置)。另外,其他三个轮胎的实际压力与存储的压力规定值相差不能大于1 kPa。如果某个轮胎压力达到警报线1,而其他轮胎中有一个或多个轮胎的压力比存储的压力规定值低1 kPa,就会显示无位置信息。这时就要求驾驶员检查并校正所有轮胎的压力。这样就可避免警报过于频繁,因为下次车轮故障在短时间内是不会发出警报的。

图3.4-6 优先等级1且无位置时的示意图　　　图3.4-7 按下 CHECK 按钮

在点火开关接通的情况下,传感器传递的温度不应该比环境温度高15 ℃以上,如果超过了这个界限,就不会发出警报。驾驶员可以通过菜单将压力监测系统关闭。当装有轮胎压力传感器的轮胎(如冬季轮胎)放在行李厢内运输或装用的轮胎无传感器时,关闭压力监测系统就变得非常有意义。每次接通点火开关后,会出现如图3.4-9所示的显示,用以提示驾驶员压力监测系统已关闭。

图3.4-8 轮胎识别显示示意图　　　图3.4-9 轮胎压力监测系统关闭示意图

如果故障压力监测系统已无法使用,会出现显示以提醒驾驶员。例如因电磁场变化而导致传感器无法接收信号,就会出现如图3.4-10所示的显示。可能产生干扰的因素包括火花塞间隙过大(火花塞插头未插好)或使用了无线耳机等。如果无线电干扰消失且传感器接收到信号,那么这个提醒信息就会消失。只有当车速高于5 km/h 时才会出现这个提醒信息。

当出现其他系统干扰时,会出现信息提示,表示轮胎压力监测系统已无法使用,如

图 3.4 – 11 所示。如系统故障（导线断路、轮胎压力监测控制单元损坏等），轮胎压力传感器没有接收到无线电信号（装上了防滑链或无传感器的轮胎后），车辆行驶 30 min 内还未完成车轮识别和位置识别，在车辆行驶中接收到 5 个以上传感器发出的信号（在行李厢内运输有传感器的车轮），即轮胎压力监测控制单元编码错误或根本就未编码等。

图 3.4 – 10 轮胎压力监测系统受干扰示意图

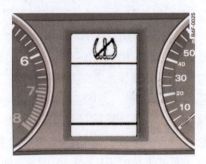
图 3.4 – 11 系统关闭示意图

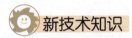 迈腾 B8 轮胎压力监测系统

1) 迈腾 B8 轮胎压力监测系统概述

轮胎监控显示系统（RKA Plus）是一种间接测量的轮胎压力监控系统，是 RKA 的升级版（见图 3.4 – 12）。以前的系统是通过一个车轮上轮胎的滚动周长来识别压力损失。轮胎监控显示系统（RKA Plus）和 RKA 一样，是 ABS 控制单元 J104 中的一个软件模块。现在

微课：迈腾 B8 轮胎压力监测系统

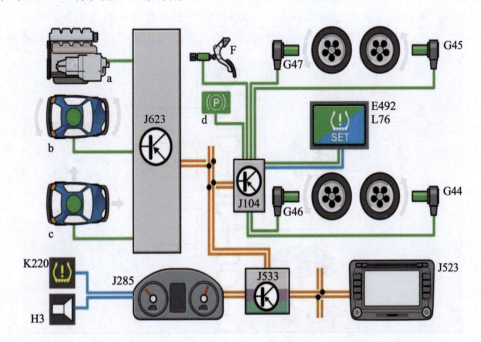
图 3.4 – 12 迈腾 B8 胎压力监测系统结构组成

除了剧烈的以及突然的压力损失以外，还可以识别到缓慢的甚至蠕变型的胎压损失。在一个或多个车轮上出现胎压变化时，通过组合仪表以及组合仪表多功能显示屏上的胎压显示系统指示灯 K220 发出光学警告并发出声音警报。系统结构的基本方案与 RKA 相同。RKA + 同样无须额外的部件。然而 RKA 系统无法升级到 RKA +，因为除了存储在 ABS 控制单元内的 RKA Plus 软件之外，还要求有灵敏的车轮转速传感器和更高处理能力的控制单元。

RKA Plus 的基本功能是分析 ABS 车轮传感器（转速传感器）的转速信号，并与参考数据进行比较。RKA Plus 可以根据转速信息并借助辅助信号，如：发动机扭矩、纵向加速度和偏转率，推导出轮胎的振动特性。每个轮胎在滚动时都以由固有频率和振幅（这两个都会影响转速信号）决定的特有振动模式振动。胎压变化时，振动模式也会发生变化。根据对各个轮胎振动模式的比较（光谱分析），RKA Plus 可以得出轮胎存在微小胎压损失的结论。因此，可以确定存在蠕变型的轮胎充气压力损失，这种压力损失可能在所有轮胎上出现，通过传统的 RKA 无法识别这种类型的胎压损失。

2) 迈腾 B8 轮胎压力监测系统工作原理

RKA + 的工作原理，我们按照检测输入值、信息处理直到以消息形式的信息输出这一流程加以说明。

（1）轮胎压力监测系统输入值

在行驶过程中，轮胎上的转速传感器检测每个车轮的旋转次数，并将这一信息传输给 ABS 控制单元 J104. 借助其他的信号，例如通过 CAN 数据总线传输的发动机扭矩、纵向加速度和偏转率，RKA + 可从转速信息中推导出轮胎的振动特性。

（2）轮胎压力监测系统输入值信息处理

每个轮胎在滚动时都以由固有频率和振动强度（振幅）决定的特有振动模式振动，固有频率和振动强度会影响转速信号。胎压变化时，频率和振幅也会发生变化。根据对各个轮胎振动模式的比较（光谱分析），RKA + 可以得出轮胎存在微小胎压损失的结论。通过 RKA + 可以发现全部四个轮胎同时出现微弱的、均匀的胎压损失，轮胎压力监控系统工作原理如图 3.4 – 13 所示。

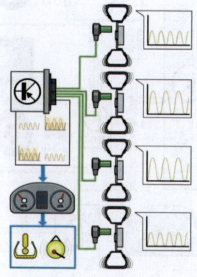

图 3.4 – 13　轮胎压力监控系统工作原理

光谱分析过程：光谱分析的前提是，通过转速传感器识别到轮胎的滚动。如果某个轮胎漏气，则其固有振荡的幅度会增加，同时频率降低。RKA+在匹配过程中确定并保存每个车轮的振动模式。如果当前检测到的振动模式与之前匹配时保存的、用于确定阈值的振动模式存在偏差，说明存在微弱的压力损失并随后发出警告消息。

（3）轮胎压力监测系统信息输出

RKA+向ABS控制单元发送警告消息或通过组合仪表/信息娱乐系统向驾驶员发出信息。在此有四种消息类型：

－额定轮胎压力保存成功或失败的消息

－在压力损失时出现一个车轮警告，带有位置显示

－在压力损失时出现多个车轮警告，没有位置显示

－功能故障警告（系统故障或系统失灵）

表3.4-1，给出了原因及RKA+针对不同消息的反应。

表3.4-1 消息产生原因及RKA+针对不同消息

消息类型	消息产生原因	反应/消息
轮胎压力保存成功/失败	驾驶员触发新的匹配过程	在指示灯亮起2s后发出声音信号（警报音），并在组合仪表显示屏中出现文本信息*（针对按钮操作方式）；在通过信息娱乐系统匹配新的轮胎压力时，只在信息娱乐系统显示屏上显示信息
一个车轮警告带有位置显示	一个轮胎上出现压力损失	声音信号（警报音）和指示灯及文本信息*，例如"压力损失：左前轮胎"，在组合仪表显示屏内或在信息娱乐系统内以图形方式突出相关轮胎
多个车轮警告，没有位置显示	多个轮胎上出现压力损失	声音信号（警报音）和指示灯及文本信息*，例如"识别压力损失"，在组合仪表显示屏内或信息娱乐系统显示屏内以图形方式显示
功能故障	由于缺少数据、数据不可靠或无法使用，或部件损坏造成的系统故障	声音信号和指示灯（闪烁65s，随后持续亮起）以及组合仪表显示屏内的文本信息*，例如"故障：轮胎监控显示系统"

因为动态行驶性能会部分造成各轮胎的车轮转速同时出现显著的不同，因此RKA+通过延迟功能给出压力损失警告。延迟功能起动情况：

－在出现驱动轮侧滑或制动打滑时

－在弯道行驶时

－在车辆带有极不均匀的负载时

－在上坡和下坡行驶时

－车辆在不良路况上打滑时（例如砂砾或冰）

任务实施

步骤1. 确认故障现象，推断故障范围

（1）收集车辆信息，确认故障现象

在起动速腾车辆后，发现仪表上的ESP灯报警，有时还会伴随有胎压灯报警。故障在起动时出现故障，行驶几百米后自动消失，有时开关一次点火开关故障会自动消失。

（2）进一步明确故障现象，缩小故障范围

连接诊断仪，读取故障码，发现显示如图3.4-14所示故障码。

00778 转向角传感器 无信号/通信 偶发	004

01325 轮胎压力监控控制单元 无信号/通信 偶发	004

图3.4-14 地址码03中存有故障码

步骤2. 分析故障可能原因，引出突破点

故障在起动时出现故障，行驶几百米后自动消失，有时开关一次点火开关故障会自动消失。说明与胎压有关的故障码未偶发码，在特定的条件下出现故障码。而该车采用的是间接式的胎压监测系统，ABS系统根据轮速传感器信号和转向角传感器信号来计算胎压的情况。从故障出现和消失情况看，大概率是ABS系统内部程序问题。

步骤3. 排除故障点

对ABS控制单元软件进行升级。

（1）车辆连接诊断仪，起动诊断，诊断仪自动进行车辆控制单元扫描后，保存诊断报告，以便获得车辆控制单元编码（提示：进行下一步操作前必须保证诊断报告已正确保存）。

（2）选择"特殊功能">"匹配软件">"进行检测">"2.通过测量代码更新软件"，输入措施代码"3B70"，按照诊断仪提示操作，直至测试结束，如图3.4-15所示。

注意事项：

①针对0166版本软件在线编码功能还在调试中，因此升级后不要进行在线编码，以免损坏控制单元；必须手动编码。

②在整个刷新过程中，车辆须连接充电器，保证蓄电池电压充足。

③诊断头与诊断仪之间使用数据线连接，不允许使用蓝牙连接进行升级。

步骤4. 总结分析故障

速腾ABS内部胎压监测程序偶发丢失，造成SP灯报警，伴随有胎压灯报警。故障在起动时出现故障，行驶几百米后自动消失，有时开关一次点火开关故障会自动消失的故障现象。

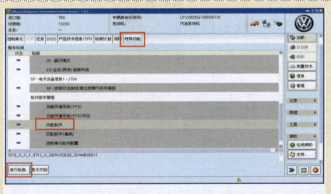

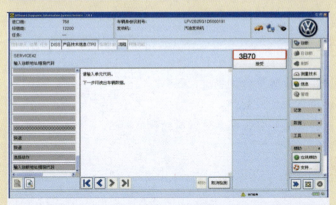
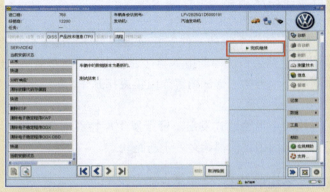

图 3.4-15 ABS 控制单元软件升级操作界面图

任务评价（请扫码下载表格）

任务 3.5　防盗报警系统检修

任务导入

一辆 2017 款迈腾 B8L 车辆，车主反映，无钥匙进入系统失效，经维修人员检查维修后发现进入及起动许可控制单元电源线路故障导致无钥匙进入系统工作异常。

知识目标

1. 能正确描述常见防盗报警系统的组成、各部件功用、工作原理及系统的控制方法和原理。
2. 能讲述防盗报警系统的故障诊断方法。

能力目标

1. 能够进行防盗报警装置的设置。
2. 会检测防盗报警系统的故障。
3. 会分析诊断和排除防盗报警系统常见故障。

知识内容

1. 汽车防盗报警系统的组成

图 3.5-1 所示为汽车防盗系统各元件安装位置。当用钥匙锁好所有车门后，该系统处于 30 s 检测报警状态，然后系统中的指示器（通常为发光二极管——LED）开始持续闪亮，表明系统于报警状态。当第三方试图解除门锁或打开车门时（所有输入开关均设定为关闭状态），系统发出警报。

警报一般以闪烁或发声报警形式发出。警报发生后持续时间约为 1 min，但起动电路至车主用车钥匙打开汽车门锁之前都始终处于断路状态。

2. 汽车防盗报警系统的分类

目前防盗装置按其结构可分 3 大类：机械式、电子式、网络式。

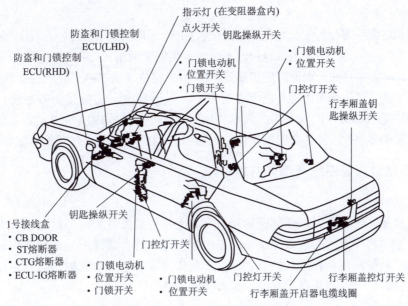

图 3.5 – 1　汽车防盗系统各元件安装位置

1）机械式防盗器

这个系统是采用机械的方式来达到防盗的目的。机械式防盗器其功能是靠坚固的金属结构锁住汽车的操纵部位。但使用起来不隐蔽，占用驾驶室空间，每次开、停车都要用钥匙开启；由于优质的机械防盗锁用材非常坚硬不易被锯断，而汽车的转向盘及挂挡杆则是用普通钢材制成，因此盗贼多数在转向盘上锯开一个缺口，把转向盘扭曲后，便将锁在转向盘上的锁完好取下来。常见的结构形式有转向盘锁和变速手柄锁。

（1）转向盘锁。使用时，主要是转向盘与制动踏板连接一起，使转向盘不能做大角度转向及制动汽车，而另一款式转向盘锁，在转向盘上加一枝长铁棒，也是使转向盘不能正常使用。

（2）变速手柄锁。在换挡杆附近安装转速锁，可使变速器不能换挡。通常在停车后，把换挡杆推回 0 位或 1 挡位置，加上变速器锁可使汽车不能换挡。

转向盘锁和变速挡锁、钩锁等这些机械式防盗器，它主要是靠锁定离合、制动、油门或转向盘、变速杆来达到防盗的目的，但只防盗不报警。

2）电子式防盗器

电子防盗报警器（也称微电脑汽车防盗器），是目前使用最广泛的类型，包括有插片式、按键式和遥控式等电子式防盗器。它主要是靠锁定点火或起动来达到防盗的目的，同时具有防盗和声音报警功能。

电子防盗锁共有 4 种功能：一是服务功能，包括遥控车门、遥控起动、寻车和阻吓等；二是警惕提示功能，触发报警记录（提示车辆曾被人打开过车门）；三是报警提示功能，即当有人动车时发出警报；四是防盗功能，即当防盗器处于警戒状态时，切断汽车上的起动电路。该类防盗器安装隐蔽、功能齐全、无线遥控、操作简便，但需要靠良好的安装技术和完善的售后服务来保证。由于这类电子防盗报警器的使用频率普遍被限定在 300～350 MHz 的业余频段上，而这个频段的电子波干扰源又多，电波、雷电、工业电焊等都会干扰它而产生误报警。

3）网络式防盗系统

该类汽车防盗系统分为卫星定位跟踪系统（GPS）和利用车载台（对讲机）通过中央控制中心定位的监控系统。GPS 卫星定位汽车防盗系统属于网络式防盗器，它主要靠锁定点火或起动来达到防盗的目的，而同时还可通过 GPS 卫星定位系统（或其他网络系统），将报警信息和报警车辆所在位置无声地传送到报警中心。电子跟踪定位监控防盗系统，该类产品从技术上来讲是可靠的，但效果不尽人意。原因是这些系统要构成网络，消除盲区（少数接收不到信号的地区），要靠政府的支持、社会各方面的配合，要有完善的配套设施等。

3. 汽车防盗报警系统各部件的功用

1）传感器的功用

当防盗报警系统工作时，传感器检测汽车有无异常情况发生。当汽车被移动或车门被打开时，传感器将检测到的信号传送给防盗电控单元。防盗电控单元根据其内部储存的数据进行比较，判断汽车是否正在被盗。如汽车被盗，防盗电控单元输出信号，控制报警装置发出声光报警信号，阻止汽车起动，切断燃油供给。

2）防盗电控单元

防盗电控单元的基本组成如图 3.5-2 所示，主要由输入回路、微型计算机、输出回路、A/D 转换器等组成。

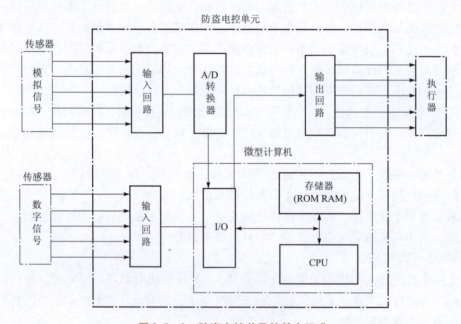

图 3.5-2 防盗电控单元的基本组成

防盗电控单元的功能如图 3.5-3 所示。防盗电控单元接收各种传感器（防盗传感器、车速传感器、各种门的开关以及电动机的位置等）发送的信号，根据电控单元中预先存储的数据和编制的程序，通过数学计算和逻辑判断，确定车门是否锁定，车辆是否非法移动、被盗，以便控制各个执行器（门锁电动机、发动机电控单元、起动继电器、喇叭、灯光等），从而使汽车处于报警状态。防盗电控单元除了具有控制功能外，有的还具有故障自诊断功能。

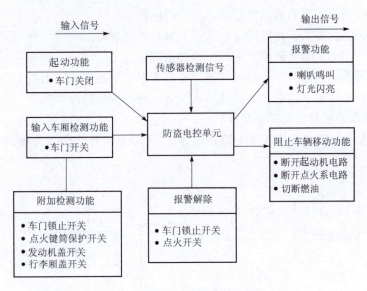

图 3.5－3　防盗电控单元的功能

（1）输入回路。从传感器传来的信号，首先进入输入回路。在输入回路里，对传感器信号进行预处理，包括检波或滤波、限幅、波形变换等。如车速传感器输入计算机的信号，其幅值是随车速变化的；车速升高时，输出的电压幅值增大；车速降低时，输出的电压幅值减小，电压信号较弱。为了使信号能够输入计算机并被采用，必须在输入回路中将其信号放大、整形。

（2）A/D 转换器（模拟/数字转换器）。在汽车电控系统中，传感器采集的信号有两种：一种是模拟信号，如车速信号；另一种是数字信号，如车门开关的输入信号。信号形态不同，输入计算机的处理方法也不同。

对于数字信号可直接输入计算机，而对于连续变化的模拟信号，则必须经 A/D 转换器转换成计算机能够识别的数字信号后才能输入计算机。A/D 转换器的功能就是将模拟信号转换成数字信号。

（3）微型计算机。微型计算机是防盗控制系统的神经中枢。它能根据需要把各种传感器送来的信号用内存的程序和数据进行运算处理，并把运算结果（如报警信号）送往输出回路。

微型计算机主要由中央处理器、存储器、输入/输出口等部分组成。

中央处理器主要由进行算术、逻辑运算的运算器，暂时存储数据和计算结果的寄存器，按照程序执行信号传送和控制任务的控制器等组成。

存储器包括只读存储器（ROM）和随机存储器（RAM）。

（4）输出回路。输出回路是计算机与执行器之间的中继站，其功用是根据计算机发出的指令，控制执行器动作。由于计算机输出的控制信号是数字量，电压一般为 5 V，不能直接驱动执行器，因此需要输出回路进行放大。如果执行器需要模拟量驱动，那么还需要经过 D/A 转换器转换之后，才能控制执行器动作。

3）报警装置

当有人非法侵入车厢时，可采用以下方式报警：

（1）喇叭鸣叫，使喇叭或扬声器断续发出鸣叫声。
（2）灯光闪亮的方式，使转向灯、大灯、尾灯忽亮忽暗。
（3）采用专用喇叭与普通喇叭进行组合的报警。
（4）指名呼叫，电波向车主发送警报，与汽车电话线连接，发出盗车信号。
（5）利用电波在电子地图上显示被盗车位置，便于警方追踪查找。

4）防止汽车非法起动和移动装置

防止汽车非法起动和移动装置电路如图3.5-4所示。作为阻止车辆起动的防盗措施主要有两种：

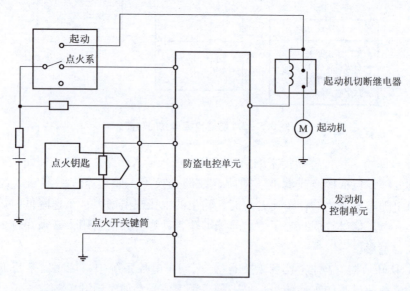

图3.5-4　防止汽车非法起动和移动装置电路

（1）通过切断发动机的起动电路。
（2）通过发动机电控单元间接切断燃油供应和点火系电路。

另外也有防盗电控单元直接切断起动电路、燃油供应和点火系电路的方式，以防止被盗车辆非法移动。

4. 防盗报警系统的工作原理

图3.5-5所示为防盗报警系统门锁开关及指示灯电路。电子模块的G端子连接到自动门锁的"锁定"电路，M端子连接到自动门锁的"开锁"电路。左、右门锁开关接于模块的H端子，当车门关闭时，此开关打开。报警指示灯连接在电源和模块D端子间，只要D端子（模块动作时）搭铁，灯就点亮，它的作用是用来提醒驾驶员防盗系统各部分的工作状态。图3.5-6所示是防盗报警系统、门锁侧柱开关与触发继电器的连接。图3.5-7所示是防盗报警系统处于防盗准备状态左车门打开时的电流方向。电流从电源经左门框侧柱开关及二极管再经过触发继电器线圈后搭铁，触发继电器吸合，使模块的J端子搭铁，报警指示灯系统工作。

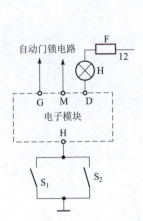

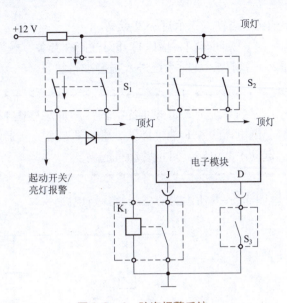

图 3.5-5　防盗报警系统门锁开关及指示灯电路

图 3.5-6　防盗报警系统、门锁侧柱开关与触发继电器的连接

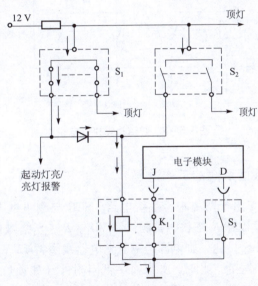

图 3.5-7　防盗报警系统处于防盗准备状态左车门打开时的电流方向

当右车门打开时，右门框侧柱开关闭合，触发继电器吸合，也使模块的 J 端子搭铁。由于二极管的单向导电性能作用，电流不能通过二极管和亮灯报警系统，所以亮灯报警只有在打开左车门时才起作用。

驾驶员要想报警系统进入准备状态，其操作应按以下 4 个步骤进行：

(1) 关掉点火开关，使电子模块 K 端子失去电压。

(2) 打开车门，借以闭合门框侧柱开关，使蓄电池电压加到触发继电器线圈，使其动作，把模块 J 端子搭铁，J 端子搭铁后引进模块 D 端子搭铁，使与其相连接的指示灯闪烁，以提醒驾驶员注意，系统没有进入准备状态。

(3) 将自动门锁开关置于锁定位置，这时蓄电池电压加到模块的 G 端子，使模块 D

端子稳定搭铁,指示灯一直点亮。

(4) 关闭车门,借以打开门框侧柱开关,触发继电器失压释放,J 端子不再搭铁,使灯 2 s 后熄灭,此时系统进入报警准备状态。

> 当系统进入防盗准备状态后,如有人擅自开门,报警继电器将触发模块,使报警继电器线圈 F 端子搭铁,继电器吸合,接通喇叭、前照灯及尾灯电路报警,同时起动中断电路,阻止发动机起动。

图 3.5-8 所示为防盗报警执行电路。

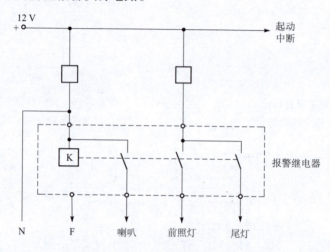

图 3.5-8 防盗报警执行电路

5. 汽车电子防盗报警系统的工作过程

图 3.5-9 所示为汽车电子防盗报警系统电路。SCR 与喇叭继电器线圈串联,而与喇叭开关并联。晶闸管触发极经 R_1 搭铁,其阴极经 VD_1、R_2、S_1 搭铁构成回路,使它的电位高于触发极 0.6 V。如果 S_1 接通,则电源经喇叭继电器线圈将 12 V 电压加在可控阳极上。但由于触发极搭铁,故不导通。此时,如果有一低阻附件(如顶灯),其低电阻将产生一瞬间负的瞬变过程经过蓄电池,这个负的峰值信号通过喇叭继电器线圈,并与晶闸管并联的电容 C_2 耦合,使晶闸管的阴极瞬间低于地电位,致使其触发极出现正电位,晶闸管被触发导通,12 V 的电压便通过 VD_1、R_2 构成回路。但由于 R_2 有足够高的电阻,从而使喇叭继电器通过的电流不足以使其触点闭合。另外,导通的可控硅可使 12 V 的电压通过 K_2 的常闭触点加到一延时驱动复合晶体管 VT 上,通过 R_3 向 C_3、C_4 充电,并通过高增益晶体管的集电极—发射极泄漏电阻构成回路。大的时间常数 RC 使基极—发射极电压缓慢上升,R_4 限制基极电流。当基极—发射极电压超过门限值时,VT 就导通,使 K_2 继电器线圈通过该电路构成回路。当 K_2 继电器触点一闭合 C_3、C_4 被 R_5 和 VT 的导通状态分路,使储存的电荷按控制的速率释放。同时 K_2 的第二触点使 VD_1 的阴极通过 VD_2 搭铁,使得晶闸管和 VD_2 有足够的电流流过,从而使喇叭继电器触点闭合。另外,点火断电器的触点被 VD_4 和 K_2 闭合的触点分路。因此,在 K_2 闭合的瞬间,喇叭就发出声响报警。由于断电器触点被

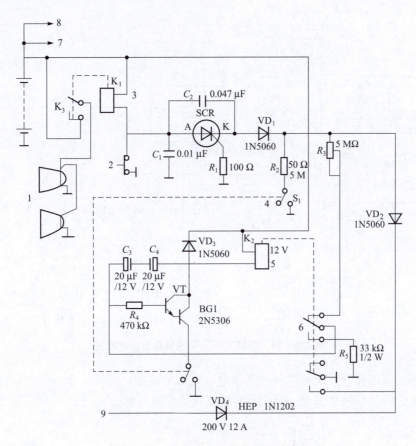

图 3.5-9 汽车电子防盗报警系统电路

短路，使得发动机不能工作，这就起到了防止汽车被盗作用。

当 C_3、C_4 放电至低于 VT 的门限电压时就截止，K_2 继电器触点断开，喇叭停止工作，点火断电器触点也不被短路。这时，C_3、C_4 进行另一次充电循环，使在另一延时周期之后，继电器 K_2 触点再次闭合。这样重复循环，直到车主回来把隐藏的 S_1 开关断开为止。由于延时的时间较长，而喇叭报警的时间和断电器触点被短路的时间较短，蓄电池不会造成过度的放电。另外，盗车者即使将喇叭线拆除，断电器触点短路部分也仍然工作，仍可防止汽车发动机起动。

下面以福特汽车公司的防盗系统为例，介绍一下防盗系统工作过程：

图 3.5-10 所示为福特汽车公司的防盗系统电路图。如果此防盗系统被触发，则鸣喇叭，前照灯近光灯、尾灯和驻车灯等均不停地闪烁，并且使点火系统不能工作。

只要关闭断点火开关，防盗系统的戒备过程便开始，原先提供给控制模块 K 端子的电压被撤销，如图 3.5-11 所示。只要后车门未关严，蓄电池电压便经过闭合的后车门锁紧开关加至门灯电路 24，此电压激励变换器继电器而使控制模块的 J 端子搭铁。控制模块利用 J 端搭铁形成的信号，在其 D 端子形成交替的搭铁，从而使警告灯一亮一灭地闪烁。闪烁的警告灯提醒驾驶员注意防盗系统没有处于戒备状态。只有当门锁开关拨到 Lock（锁住）位置时，蓄电池电压才加至控制模块的 G 端子。控制模块利用给 G 端子加电压形成的信号，给 D 端子施加稳定的搭铁，从而使警告灯停止闪烁而稳定地点亮。当车门关严

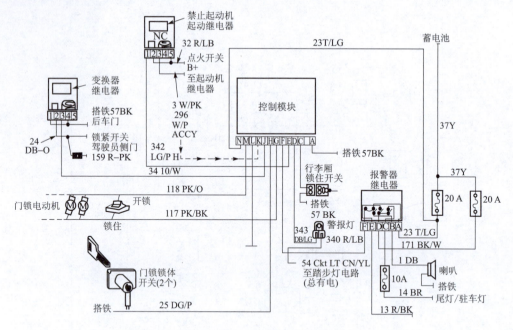

图 3.5-10 福特汽车公司的防盗系统电路图

时,断开的后车门锁紧开关解除变换器继电器线圈的激励,2~3 s 之后,控制模块的 J 端子不再搭铁,警告灯随之熄灭。至此,防盗系统处于戒备状态。

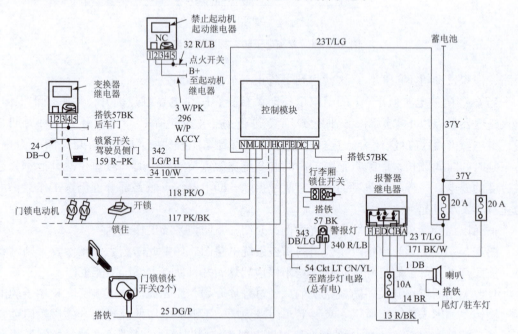

图 3.5-11 电路运行情况——在戒备过程期间(电路表示在此工况起作用的线路)

要解除此防盗系统的戒备状态,必须用钥匙或者通过密码锁键盘键入正确的密码将某扇前车门开启。车门开了锁,门锁锁体开关闭合,控制组件的 H 端子搭铁,如图 3.5-12 所示。由 H 端子搭铁形成的信号解除防盗系统的戒备状态。

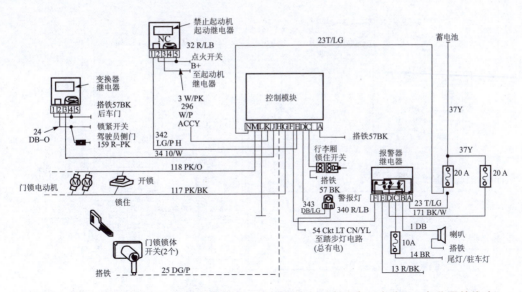

图 3.5-12 电路运行情况——解除防盗系统的戒备状态（电路表示在此工况起作用的线路）

一旦防盗系统处于戒备状态，如果控制模块的 J 端子和 C 端子收到一搭铁信号，控制模块便触发报警器。如果行李厢锁柱开关的触点闭合，控制模块的 C 端子便搭铁，从而触发报警器。当变换器继电器的触点闭合时，控制模块的 J 端子被搭铁。变换器继电器受车门锁紧开关控制，如果某扇车门被打开，车门锁紧开关触点闭合，变换器继电器的线圈被激励，此继电器的触点闭合，控制模块的 J 端子搭铁，从而触发报警器，如图 3.5-13 所示。

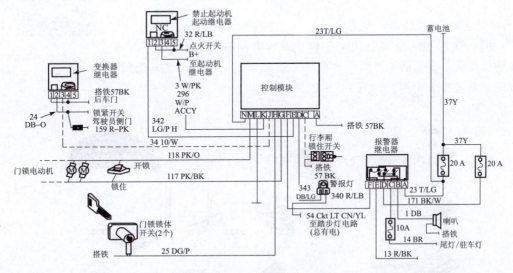

图 3.5-13 电路运行情况——防盗系统处于戒备状态，当一扇门被打开时，信号送至控制模块
（电路表示在此工况起作用的线路）

当报警器被开动时，控制模块的 F 端子形成脉动的搭铁，如图 3.5-14 所示。此脉动的搭铁使报警器继电器触点副不停地张开、闭合，从而形成脉动电压来驱动喇叭和外部照明灯。

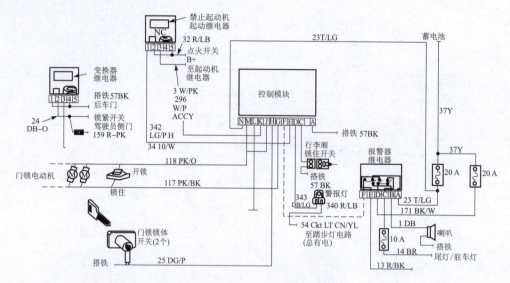

图 3.5-14 电路运行情况——控制模块送脉动电压至报警器继电器，使外部照明灯闪烁、喇叭鸣叫（电路表示在此工况起作用的线路）

与此同时，起动中断电路被起动。当点火开关在 Start（起动）位置时，禁止起动机起动继电器收到从点火开关来的蓄电池电压。当报警器开动时，禁止起动机起动继电器通过控制模块的 E 端子提供的搭铁而被激励。被激励的禁止起动机起动继电器切断起动机继电器电路，禁止起动机起动。

6. 迈腾 B8 防盗系统

1）迈腾 B8 防盗系统概述

迈腾 B8 采用的是第五代防盗锁止系统和组件保护装置，迈腾 B8 防盗系统主要包括车外的中控门锁系统和车内的一键启动。迈腾 B8 防盗系统参与元件，如图 3.5-15 所示。

微课：迈腾 B8 防盗系统工作原理

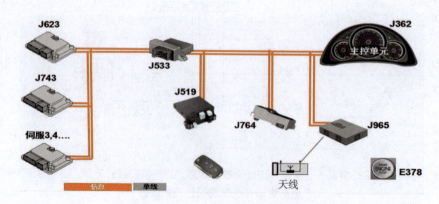

图 3.5-15 迈腾 B8 防盗系统参与元件

J623—发动机控制单元；J743—变速箱控制单元；J764—防盗锁止控制单元；J285—仪表控制单元；J362—防盗控制单元；J965—进入及许可控制单元；J533—网关；E378—一键启动开关

2）迈腾 B8 防盗系统工作原理

（1）中控门锁无钥匙进入系统工作原理。在开启或锁闭车门时，中控门锁系统只能使用遥控钥匙或机械钥匙解锁或闭锁，在开启或锁闭车门时，车辆无钥匙进入系统可以靠感应，在不操作钥匙的情况下锁闭和解锁车辆，当然也可以使用遥控钥匙或机械钥匙解锁和闭锁车辆。无钥匙系统控制逻辑如图 3.5-16 所示。

动画：迈腾 B8 钥匙灯不闪烁，车辆无反应诊断流程

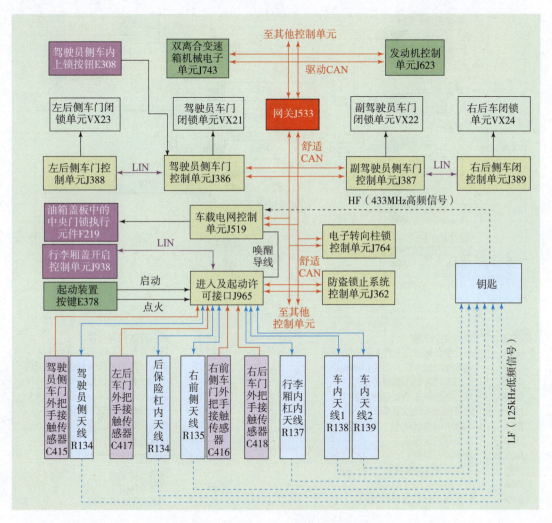

图 3.5-16　无钥匙系统控制逻辑图

无钥匙系统解锁车门过程：

汽车钥匙位于车辆附近。如果握住车门把手，相关的车门外把手接触传感器（G415…G418）向进入及起动许可接口 J965 发送这一消息。控制单元 J965 通过一条单独的导线唤醒控制单元 J519。随后位于车门外把手接触传感器相同触摸位置的天线向已匹配的钥匙发送一个特定的查询码（125 kHz 低频信号）。这同样适用于操作行李厢盖把手的情况。已

获得授权和匹配的钥匙识别到其信号并以 433 MHz 的高频信号向 J519 发送中控锁和钥匙识别的转换代码。控制单元 J519 预检查数据的可靠性。

如果是可靠的钥匙基本数据，则 J519 唤醒舒适系统 CAN 数据总线。J519 向 J965 发送钥匙数据。J965 检查数据并向 J519 发送 "OK" 信息。J519 通过舒适系统 CAN 数据总线向车门控制单元发送一个车门解锁命令，以解锁车门。迈腾 B8 无钥匙系统解锁过程如图 3.5-17 所示。

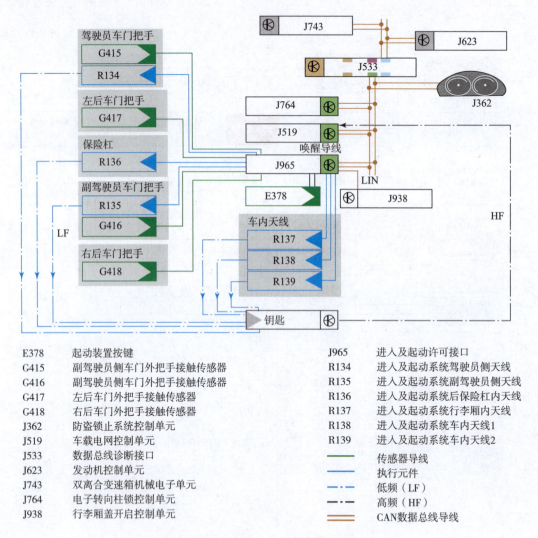

E378	起动装置按键	J965	进入及起动许可接口
G415	副驾驶员侧车门外把手接触传感器	R134	进入及起动系统驾驶员侧天线
G416	副驾驶员侧车门外把手接触传感器	R135	进入及起动系统副驾驶员侧天线
G417	左后车门外把手接触传感器	R136	进入及起动系统后保险杠内天线
G418	右后车门外把手接触传感器	R137	进入及起动系统行李厢内天线
J362	防盗锁止系统控制单元	R138	进入及起动系统车内天线1
J519	车载电网控制单元	R139	进入及起动系统车内天线2
J533	数据总线诊断接口	──	传感器导线
J623	发动机控制单元	──	执行元件
J743	双离合变速箱机械电子单元	─·─	低频（LF）
J764	电子转向柱锁控制单元	─··─	高频（HF）
J938	行李厢盖开启控制单元	──	CAN数据总线导线

图 3.5-17　迈腾 B8 无钥匙系统解锁过程

（2）一键启动工作原理。迈腾 B8 采用了无钥匙起动系统，取消了传统的点火开关，舒适系统具有两个车内天线。通过天线确定车内是否存在授权的车钥匙。通过起动装置按键 E378 完成车辆点火和发动机起动。前提是车辆必须事先通过遥控器（433 MHz 的高频信号）解锁。

按下起动装置按键 E378。进入及起动许可控制单元 J965 负责处理信号、唤醒舒适系统 CAN 数据总线并查询防盗锁止系统控制单元 J362，是否允许接通接线端 15。为确定车内是否有授权钥匙，J965 针对已匹配的钥匙通过车内天线发送一个查询码（125 kHz 低频信号）。授权钥匙识别到其信号编码并向 J519 发送一个 433 MHz 的应答器数据。J519 将应答器数据转发给 J362。J362 检查应答器数据。如果为授权钥匙，则 J362 通过舒适系统 CAN 数据总线向电子转向柱锁控制单元 J764 发送一个电子转向柱解锁命令。无钥匙进入系统一键启动运行过程如图 3.5 – 18 所示。

动画：迈腾 B8 无钥匙进入系统一键启动电路分析

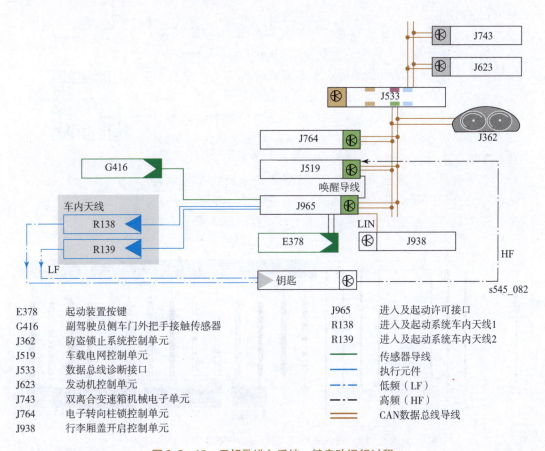

E378	起动装置按键	J965	进入及起动许可接口
G416	副驾驶员侧车门外把手接触传感器	R138	进入及起动系统车内天线1
J362	防盗锁止系统控制单元	R139	进入及起动系统车内天线2
J519	车载电网控制单元		传感器导线
J533	数据总线诊断接口		执行元件
J623	发动机控制单元		低频（LF）
J743	双离合变速箱机械电子单元		高频（HF）
J764	电子转向柱锁控制单元		CAN数据总线导线
J938	行李厢盖开启控制单元		

图 3.5 – 18　无钥匙进入系统一键启动运行过程

　　J965 向 J519 发送 CAN 消息，同时通过一条独立的导线接通接线端 15。其他的 CAN 数据总线将通过数据总线诊断接口 J533 唤醒。

　　在唤醒所有数据总线后，可进行跨总线的防盗锁止系统通信。在成功完成发动机控制单元的数据比较后，防盗锁止系统控制单元 J362 将颁发起动许可。如果安装有双离合变速箱机械电子单元 J743，它会随后发送查询并提出释放防盗锁止系统控制单元 J362 的请求。当发动机控制单元 J623 与变速箱机械电子单元 J743 都通过 J362 的防盗验证之后，发动机和变速箱控制单元就解除防盗了。

任务实施

步骤 1. 确认故障现象，推断故障范围

（1）收集车辆信息，确认故障现象。使用无钥匙功能不能解锁车门，使用钥匙遥控功能可以解锁各车门，按下 E378 点火开关，仪表不亮，车辆无反应，钥匙不闪烁。

（2）进一步明确故障现象，缩小故障范围。连接诊断仪，读取故障码，发现显示故障码：J965 无法进入。

微课：迈腾 B8 无钥匙进入系统失效故障诊断

步骤 2. 分析故障可能原因，引出突破点

通过图 3.5-19 所示电路图结合电路控制逻辑分析，用遥控钥匙功能可以解锁车门，说明 J519 到各车门控制单元的总线及门锁控制系统无故障；而使用无钥匙系统不能解锁车门，接触车门把手时，车辆无任何反应，遥控钥匙也不闪烁，说明 J965 相关线路或自身出现故障，也可能四个车门把手接触传感器同时出现问题。因此可能故障原因是：J965 电源线路故障、四个车门外把手接触传感器同时出现故障、J965 自身局部故障。

动画：迈腾 B8 进入及许可电路分析

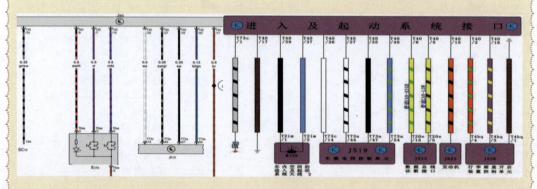

图 3.5-19 进入及许可控制单元 J965 电源电路原理图

由于四个车门外把手接触传感器同时出现故障、J965 自身局部故障出现的概率非常小，所以确定突破点为 J965 电源电路。

步骤 3. 排除故障点（表 3.5 - 1）

表 3.5 - 1 排除故障点

步骤	测试对象	测试条件	测试设备	测试结果			分析结论及突破口
1	测 J965 的 SC19	在线测量	万用表		输出端	输入端	SC19 输入端电压正常，而输出端电压异常，保险两端存在 12 V 电压差，保险损坏，一般保险为短路烧毁，所以下一步检测有无存在短路故障
				标准	12 V	12 V 直流	
				实测	0 V	12 V 直流	
				结论	异常	正常	
2	测 SC19 至 J965 的 T40/30 线路短路情况	拔下 SC19 保险，断开 J965 的 T40 插接器	万用表	SC19 输出端对地电阻			确认故障点：SC19 至 J965 的 T40/30 线路短路
				标准	∞		
				实测	2Ω 左右		
				结论	异常		

步骤 4. 总结分析故障

迈腾 B8 的 J965 电源线路故障导致无钥匙进入系统失效对出现的故障现象，如果有条件最好是让故障再现，以便于检修。对于疑难故障，还是要了解该故障所涉及的系统具体的工作逻辑，从逻辑分析入手，从基础的检查做起，以便获取更多的信息。

任务评价（请扫码下载表格）

项目四

汽车车身通信系统检修

国之重器：北斗卫星定位系统

任务4.1 汽车导航系统检修

 任务导入

一辆2013款宝马E70车辆，车主反映，车辆倒车影像和导航系统不能正常工作，经维修人员检查维修后发现导航系统视频线和摄像头故障导致右前车辆导航系统和倒车影像均工作异常。

 知识目标

1. 能正确描述常见汽车GPS系统组成、各部件功用、工作原理及系统的控制方法和原理。
2. 能完成汽车GPS系统故障诊断。

能力目标

1. 能正确更换汽车GPS系统。
2. 能够正确排除汽车GPS系统常见故障。

 知识内容

随着全球定位系统（GPS）这项现代高科技技术从军事领域向其他领域的扩展，GPS系统在交通运输行业的应用也受到了越来越高度的重视。

1. 全球定位系统（GPS）简介

GPS是Global Positioning System的字头缩写，为全球定位系统。它是美国军方耗时20年、花费1 000亿美元于1993年建成的。该系统由距地面21 000 km、在六个轨道面上均匀布置的24颗地球同步卫星组成。

1）GPS系统主要用途

> （1）卫星通信：用于电话、广播、电视、通信等领域。
> （2）卫星遥感：用于气象、军事、农业、地质地貌、地震监测、国土资源开发等领域。
> （3）卫星定位：用于地面上一切活动目标的定位，如人、汽车、火车、轮船及飞机等。目前可提供三种定位服务：一是采用粗码为民间一般用户服务，定位精度为100 m左右；二是采用精码，供民间特许用户使用，定位精度为10 m；三是采用超精码，专为美国军方服务，定位精度在3 m以内。

项目四 汽车车身通信系统检修

2）GPS 的组成及工作原理

> GPS 主要由空间部分（导航卫星）、地面站（监控部分）、用户设备（GPS 接收装置）组成。在全球任何地方、任何时刻都至少能看到 4 颗 GPS 导航卫星。

导航卫星采用无源工作方式，凡是有 GPS 接收设备的用户都可以使用 GPS 系统。确定物体位置可通过测量电波从卫星至接收装置的传播时间来进行计算。理论上当接收装置接收到 3 颗卫星的信号时，就可以测出接收装置在地球上的位置坐标（经度、纬度和高度）。但考虑到实际空间中存在许多误差因素，所以通过第四颗卫星来作"双重检验"，以清除这些因素的影响。

有一种提高粗码的定位精度的方法，叫"差分卫星定位系统"，简称 DGPS，即 Differential GPS 系统，其原理是将地面上已被精确测量位置的某一点（可在一个城市设一个）作为差分基准点（图 4.1-1），叫做 DGPS 基准台，用户将所测得的定位目标的位置与 DGPS 基准台的位置作比较，随时修正自己的测量误差，可实现准确定位。此系统可降低用户的使用成本（用户的 GPS 接收机的精度不需要很高）。

动画：大众车系 ACC 系统电路分析

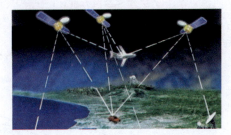

图 4.1-1 差分卫星定位系统

2. GPS 汽车导航系统

GPS 汽车导航系统是一种能接收卫星信号，经过微处理器计算出车辆所在准确位置，并在显示器上显示出来的装置。如果参照电子地图，驾驶员就知道自己在地图上的确切位置，指挥中心能随时掌握每辆汽车的动态并进行调度。

1）GPS 汽车导航系统的组成

> GPS 汽车导航系统由全球定位接收天线、计算机、液晶显示器、位置检测装置（绝对位置检测和相对位置检测）组成，如图 4.1-2 所示。

根据不同的位置进行检测分类，绝对位置检测采用 GPS，相对位置采用方向传感器（如地磁传感器、光纤陀螺仪），并利用车轮转速传感器测量车辆行驶距离，实际中这些传感器采用独立或结合的方式进行工作。图 4.1-3 所示为 GPS 汽车导航系统在车上的布局示意图。

微课：大众 ACC 导航系统

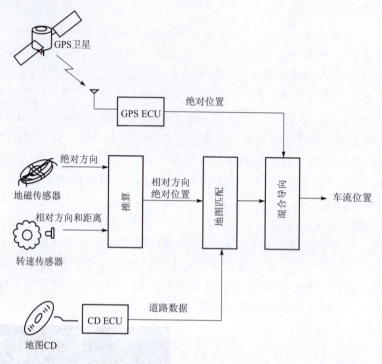

图 4.1-2 GPS 汽车导航系统的组成

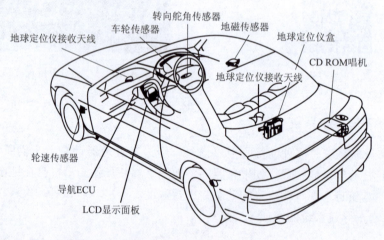

图 4.1-3 GPS 汽车导航系统在车上的布局示意图

2) 自律导航

当汽车行驶到诸如隧道、涵洞、高楼群中间、密林等处时，就会暂时失去与 GPS 卫星的联系，此时 GPS 接收机即自动进入自律导航状态。陀螺传感器检测出汽车的前进方向的变化，车速传感器检测出汽车的行驶速度，GPS 接收机根据以上两个参数及汽车进入自律导航状态的时间，就可确定出汽车的实际位置。

3）地图匹配器

由 GPS 导航系统和自律导航系统所测到的汽车位置坐标数据，前进的方向与实际行驶的路线轨道在电子地图上都存在着一定的差距（尤其是在起伏路面和蛇形路面上行驶时），为此，需采用地图匹配技术，再加一个地图匹配电路，对测到的位置坐标或轨迹进行实时相关匹配，作出自动修正，以得到汽车在电子地图上的正确位置路线。图 4.1-4 为地图匹配器修正路线示意图。

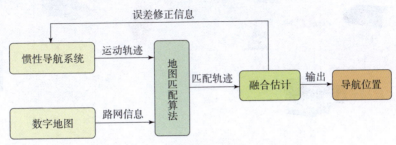

图 4.1-4　地图匹配器修正路线示意图

4）LCD 显示器

一般采用薄膜晶体管有源矩阵液晶显示器，具有以下特点：

（1）屏幕宽阔（副驾驶及后排座位均能看清）。

（2）能自动随外界光线强弱调节显示亮度。

（3）能自动伸缩，不用时缩回，不占空间。

（4）有 TV/CD 开关，停车时可欣赏电视节目。

3. GPS 车辆运营管理系统

> GPS 车辆运营管理系统是交通、公安等部门为了提高运输效率、确保运输安全、及时掌握车辆运行信息，利用全球卫星定位系统对运营车辆进行统一指挥及调度，并为驾驶员提供道路状况、交通信息及其他各方面综合服务的现代化管理系统。

1）系统组成

GPS 车辆运营管理系统如图 4.1-5 所示，它是一种将无线电通信网络、多媒体及遥测遥控等多种先进技术，集于一体的新型车辆运营管理系统，它主要由驾驶员信息系统、车辆信息通信网络和车辆运营监控中心三大部分组成。

车辆监控中心具有一个工作站、多台计算机及大屏幕显示器等设备。计算机内存有城市道路信息库、车辆运行状态监测、车辆运行路线优化设计、车辆运营调度管理系统及车辆报警紧急处理系统等多种软件，对车辆进行有效的监测、管理和信息服务。同时在每个运营车上都装有与监控中心联系的、具有双向语音和数字通信功能的蜂窝电台以及显示器，以便与监控中心随时沟通。

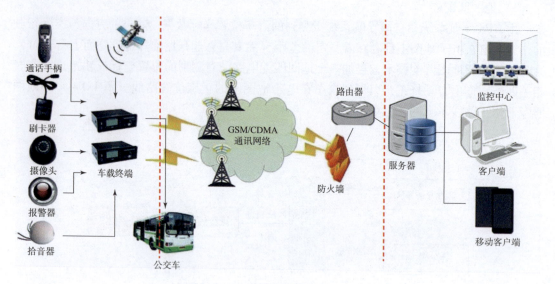

图 4.1-5 GPS 车辆运营管理系统

2）系统功能

（1）定位。根据 GPS 导航系统、自律导航系统及地图匹配器的修正，将汽车的准确位置显示于电子地图上，使驾驶员随时了解身在何处。

（2）检索。只要输入目的地地名、经纬度参数或电话号码进行路线检索，即可快捷地给出一条到达目的地的最佳路线，并可实时获得本车所处位置、到达目的地的最佳路线及距目的地的距离等。若因交通堵塞、道路施工或走错路线等意外情况，导致推荐的路线行不通时，该系统还可快速再检索，提供新的可行路线。

（3）提示。当车辆行驶到较复杂或较陌生的路段时，根据驾驶员的需要，该系统可对前方路口去向、交通禁令标志、交通指示标志等进行语音提示，使驾驶员有所准备。

（4）跟踪。控制中心可利用监测控制台对系统内任何目标所在位置进行跟踪监控，其经度、纬度、行驶速度及方向、到达目的地的距离等各种信息将以数字形式显示于大屏幕上。

（5）指挥。监控中心在监视车辆运行的情况下，可根据运行情况利用最佳路径设计软件或人工设计路径对车辆进行合理指挥调度，监控中心可以随时与被跟踪车辆通话交流，提供指挥或服务。

（6）报警。当系统内的车辆遇有险情或发生事故时，可向监控中心发出求救信号，监控台接到报警信号后，可及时组织人员进行处理。

项目四 汽车车身通信系统检修

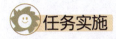

步骤 1. 了解确认故障现象

客户反映车辆行驶中听见车内类似电流的声音,然后倒车影像、导航等视频全部不工作。

步骤 2. 故障诊断与排除

电脑诊断有"RFKFBAS 视频导线有故障"故障代码存储此车的倒车摄像头为带模块的那种,查看电路图,如图 4.1-6 所示。

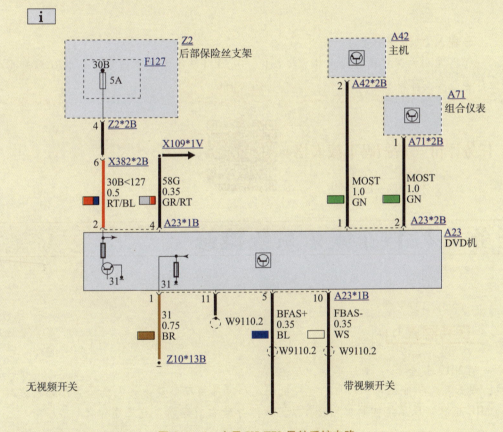

图 4.1-6　宝马 X5 E70 导航系统电路

检查这个插头发现严重氧化(图 4.1-7)。为进一步确认故障点,将所有氧化的导线两端短接起来,故障现象依然存在,但是没有故障代码了。

将视频模块那端的插头断掉,测量摄像头这端的导线,发现 FBAS_GND 搭铁:由于摄像头的搭铁线在另一个插头上,将另一个插头拔掉,再次测量没有搭铁现象,确认摄像头内部搭铁。

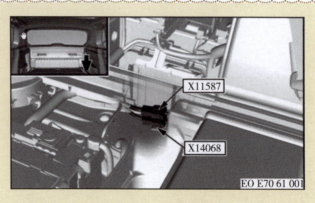

图4.1-7 检查故障

步骤3. 总结分析故障

因摄像头内部搭铁导致视频导线氧化,从而引发线路故障使得宝马E70到车影像,导航等均不能工作。

任务评价(请扫码下载表格)

任务4.2 汽车娱乐系统检修

一辆2019款全新途观L车辆,车主反映,娱乐系统不能工作,经常出现死机情况和黑屏情况,经维修人员检查维修后发现是车辆MIB信息娱乐系统控制单元软件缺陷故障导致右前娱乐系统工作异常。

1. 通过学习,能正确描述汽车娱乐系统的组成、各部件功用、工作原理及系统的控制方法和原理。

2. 通过学习能讲述汽车娱乐系统的故障诊断方法。

能力目标

1. 能正确拆装汽车娱乐系统各部件。

项目四　汽车车身通信系统检修

2. 会检测判断汽车娱乐系统各部件性能。
3. 能够排除汽车娱乐系统常见故障。

 知识内容

最初的汽车结构非常简单，根本没有娱乐功能，驾车在外只能靠哼哼小曲自娱自乐。最早的车载娱乐系统是车载收音机。1930年摩托罗拉发明了集成化车载收音机，它不仅不会占用乘坐空间，而且小巧强大，这使得收音机迅速普及开

微课：迈腾B8汽车娱乐系统

创了车载娱乐的新时代。20世纪80年代开始出现的CD光碟，拉开了光存储媒介革命的序幕，它的体积更小，容量却更大，存储的音乐音质也更好，迅速抢占了卡带机的市场，自此以后，以CD、VCD等为代表的娱乐设备相继面世，车载娱乐系统迎来了新一轮大发展时期。

随后，iPod的出现拉开了数字娱乐革命的序幕，汽车上只需要一根小小的数据线，就能把iPod存储的音乐传输到汽车上。从显示屏出现在汽车上开始，车载娱乐系统已经完全脱离音频的束缚，向着视频与导航相结合的模式迈进。

现在出现了更多智能化的娱乐方式，苹果CarPlay、谷歌Android Auto，以及百度CarLife，进一步满足消费者多层次的娱乐需求，有些车企还开发了自己的智能系统，如沃尔沃的SENSUS、奥迪的MM、奔驰COMAND，它们集互联、娱乐、导航及车辆控制于一身，还包括视听、资讯、车载卡拉OK、语音聊天，甚至是游戏等功能，可谓应有尽有。

1. 汽车音响的特点

随着世界电子工业的迅速发展，日新月异地迎合着人们不同时期对音响的需求，汽车音响已从最早的单AM（调幅）收音机发展到现在具有AM/FM（调幅/调频）和SW（短波）收音、磁带放音、CD放音、MD放音、DTA数码音响、DSP（数码信号处理器）、电子分音器、电视接收系统、VCD/DVD影视系统，形成了多功能、数字化、逻辑化、高指标、大功率输出的立体声系统。与家用音响相比，汽车音响系统具有以下特点。

1）外形体积受到限制

汽车音响的体积按有关标准规定为183 mm×50 mm×153 mm，汽车音响一般使用高密度贴装元件，采用多层立体装配方式。

2）使用环境恶劣

汽车在不同等级的路面上行驶，致使汽车音响受到冲击不同；同时，汽车音响的安装位置距发动机较近，故经常在高温条件下（温度有时可达60 ℃）工作，这就要求汽车音响中的元件焊接装配绝对牢固，很多元件还要用强力胶加以固定。

3）采用低压（12 V或24 V）供电

除了大型载货车外，一般汽车音响均采用负极搭铁，且用12 V或24 V直流供电。若要求输出功率大，一般采取降低扬声器阻抗的方法提高输出功率，扬声器多为4 Ω，也有2 Ω或1.6 Ω的特制规格，以获得更大的功率。因此，要求汽车音响的功放大、电流线性良好、饱和压降小、效率高，并且具有过热短路保护等措施。

4）抗干扰能力强

在整个汽车电器中，发动机的点火装置以及各种电器对汽车音响的信号输入部分均会带来很大干扰。因此，汽车音响中都装有抗干扰装置，如抗干扰集成块、高频扼流圈等。

5）调幅/调频接收灵敏度高且动态范围大

汽车音响对调幅段的接收灵敏度一般要求小于 50 μV，调频段的接收灵敏度要求小于 3 μV。调幅段自动增益的范围要求大于 40 dB，能承受 1 000 mV 的大信号而不产生阻塞失真。否则，当汽车在高速公路上飞速行驶时，就无法保证正常收听；对调频段不仅要求信号捕捉稳定可靠，更要求调频的灵敏度、信噪比等有较高的性能。

6）具有夜间灯光照明

为了方便夜间操作，汽车音响都设有透光照明按键，以内部光源照明各个按键的操作字符和旋钮的位置等。

7）配用功率大、阻抗小、体积小的扬声器

与汽车音响配用的扬声器的阻抗多为 4 Ω，口径一般为 102～152 mm。扬声器的结构方式分为全频带、同轴二或三分频，功率为 30～100 W。扬声器的接线较粗，接线柱采用镀银或镀镍铜排，以降低接触电阻，减小线损。

8）其他特殊要求

高档汽车音响还具有多功能液晶显示屏、线路输出（LINE OUT，可接大功率汽车音响功放）端口，还有激光唱机输入（CD IN）端口、遥控电源等。

9）汽车音响的防盗

汽车音响有防盗功能，其防盗系统有两种：一种是利用电磁铁及其他机械锁定装置；在汽车被盗后，汽车音响的主要部件变为不可拆卸，或强行拆下即损坏；第二种是密码式，当驾驶员设定密码并进入防盗状态后，音响系统必须输入密码才能工作。此时音响系统较容易拆下，如密码不正确，则音响系统不工作，无法拆卸。

2. 汽车音响的基本组成

汽车音响系统主要包括天线、接收调谐器、磁带放音机、激光唱机、均衡器、功率放大器和扬声器等。汽车音响系统的布置如图 4.2 – 1 所示。

动画：汽车音响系统电路分析

1）天线

接收广播电台的发射电波，通过高频电缆向无线电调频装置传送。

2）接收装置

由无线电调谐装置将电台发射的高频电磁波有选择地接收，并解调为音频电信号。

3）磁带放音机

用于放送磁带录制的音乐信号。

4）激光唱机

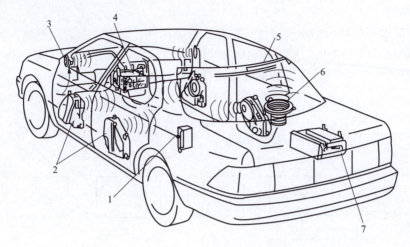

图 4.2-1 汽车音响系统的布置

1—低音扬声器放大器；2—全频段扬声器；3—高频扬声器；4—收音机调谐器及盒式磁带走带机构；
5—天线；6—低音扬声器；7—CD 唱机

播放光盘记录的音乐信号。

5）均衡器

用于调节声音（音乐）信号的特性，以适应汽车音效环境。

6）功率放大器（扬声器放大器）

将微弱的音频信号放大到可推动扬声器的足够功率。

7）扬声器

扬声器是最终决定车厢内音响性能的重要部件。扬声器的口径大小和在车上安装的方法、位置是决定音响性能的重要因素，为欣赏立体声音响，车上至少要装两个扬声器。

3. 汽车音响主要部件的工作原理

1）天线

天线可分为在车身外体上伸出的金属柱式天线和装在车身上的玻璃天线两种。

（1）柱式天线的设置位置通常在前挡泥板、车顶等处。天线长约 1 m，从 AM（调幅）发射波长来看，这是不够的，对于 FM（调频）发射的波长则是适宜的。

柱式天线分为内装式和非内装式两种。

①内装式天线又可分为手动式和电动式两种：一种与无线电的电源开关（ON/OFF）联动，使天线柱可上下运动，当不需要时可以收藏在车身内；另一种是与 FM 发射波的波长相配合，选择最适宜的天线长度，并按照频率分为两段可自动调节柱长度的天线。

②非内装式天线价格低，在车身清洗时会带来麻烦。

（2）玻璃天线与后风窗玻璃安装在一起，是在玻璃的中间层埋入 0.3 mm 以下的细导线。AM 天线通过使用防干扰器发热导线，提高了接收灵敏度。图 4.2-2 是后窗玻璃天线。

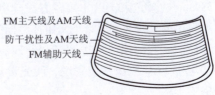

图 4.2-2 后窗玻璃天线

2）调谐器

调谐器把天线所获得的电波进行增幅并从中选择符合频率要求的发射波，再从发射波（运载波的高频部分）中把信号波（可听频率）分离取出。如图 4.2-3 是说明 FM 调谐器工作的原理框图。点划线所包围的前端是进行运载波处理的部分。

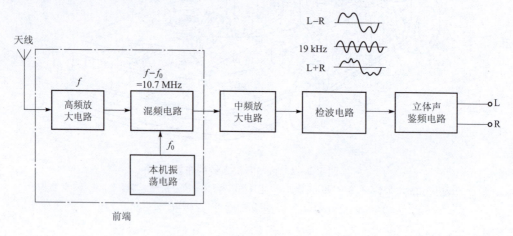

图 4.2-3　调谐器工作原理框图

（1）高频放大与混频电路。这部分电路对天线收到的弱电波进行处理，予以放大，与此同时，去除干扰波。混频电路将载波频率，与本机振荡频率混合，以形成中频频率 10.7 MHz（调幅为 465 kHz）。

（2）中频放大电路。这部分电路将 10.7 MHz（调幅为 465 kHz）信号进行放大至检波、鉴频所需电平。

（3）检波、鉴频电路。中频放大后的信号在检波、鉴频电路中去除载波，以解析出立体声导向信号（19 kHz）和立体声左、右声道信号（L，R）的合成信号（L－R，L＋R）。在没有立体声信号的情况下，从检波电路送出单通道音频信号。

3）激光唱机

光盘是将声音信号或者图像信号进行记录的介质，所记录的信号可利用激光的光拾音作用进行非接触式读出。信号读出时，对信号记录部分的凹凸处不断照射聚焦的激光，利用光接收器检测反射光的强弱并转换成数字电信号。在数字信号处理电路中进行数/模转换并放大，从而恢复原来的声音信号。

激光唱机通常由机械转盘系统、激光拾音器、伺服系统、信号处理系统及控制显示系统等部分组成。其基本原理框图如图 4.2-4 所示。

机械转盘系统驱动转盘旋转并带动光盘旋转。与此同时，激光拾音器利用直径不到 0.78 mm 的激光束，以非接触方式读出记录在光盘上的 PCM（脉冲编码调制）数字信号。在数字信号处理系统中，读出的信号经放大、解调和纠错后，再送到 D/A（数/模）转换器转换成音频模拟信号送到音频处理、放大电路中。

对于 VCD 放像系统来说，激光读取和走盘控制电路是相同的，区别只是在解码电路和格式上。

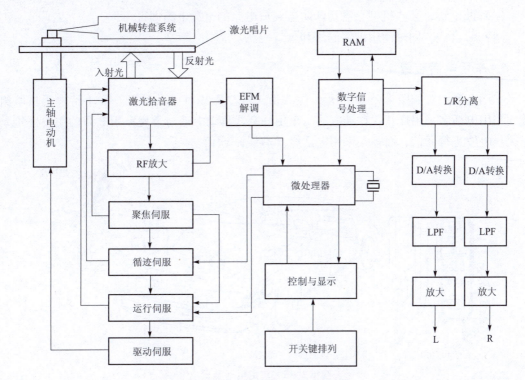

图 4.2-4　激光唱机的基本原理框图

4. 音响的防盗功能

1）音响防盗系统锁死条件

高级汽车音响均有防盗功能，一旦出现以下情况之一，防盗系统就工作，自动锁死音响。

（1）音响被盗。

（2）更换汽车蓄电池。

（3）音响保险丝断路。

（4）拔掉音响插头，致使音响电源中断。

2）音响防盗密码

音响防盗密码主要采用两种方式。

（1）固定密码，如欧宝、奔驰、宝马等车系。

（2）可变密码，如凌志 LS400、丰田大霸王等车系。

固定密码和可变密码均是通过防盗集成块来控制的，也有防盗系统集成于音响的 CPU 中。防盗集成块具有读、写、字擦除、片擦除及数据时钟功能，它与主机共同控制音响防盗功能。

3）音响防盗解码

音响防盗解码方案有以下 4 种。

（1）硬解码法，更换防盗集成块管脚某些线路。适合于固定密码的解码。

（2）软解码法，即输入通用码来解除防盗。此方法不需要更改线路，主要适合于可变密码的解码。

(3) 断电法，某些机型只需切断防盗集成电路的电源电路即可。
(4) 综合法，同时使用硬解码法和软解码法。

5. 车用电话装置

车用电话装置如图 4.2 - 5 所示，主要由天线、无线机（移动机）和手持电话机等组成。车用电话多采用蜂窝式移动电话。车用蜂窝式移动电话与常规家用电话的主要区别是靠无线电波进行通信，而不是采用电话线（有线）通信。

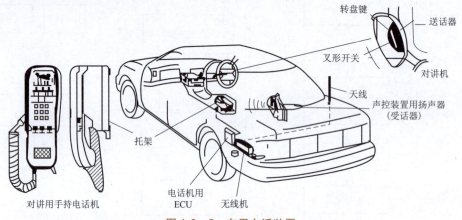

图 4.2 - 5 车用电话装置

1) 车用蜂窝电话概述

为了有效地利用无线电波频率资源，增加电话用户的数量，必须使用相同频率的无线电波。为此，整个国家被划分为许多个小的服务区域，在每个服务区域建立一个能覆盖本区的基地站，这样可以减小发射功率，同时所需无线电波的范围减小，同一频率可以用在其他的地区。图 4.2 - 6 所示为蜂窝式移动电话基地站布置图，其设置形状很像蜂窝状，所以称这种通信方式为蜂窝式。

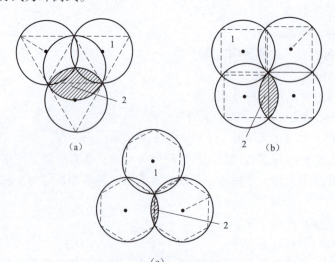

图 4.2 - 6 蜂窝式移动电话基地站布置图
(a) 三角区域；(b) 方形区域；(c) 六角形区域
1—基地站；2—搭接区

> 车用蜂窝电话与常规电话不同,它采用无线电波通信。在通信开始时,应选择一个合适的无线电频道,因此需要通过基地电台来控制连接,此外还需要获得汽车所在位置信息,以便能接通电话。

2) 车用蜂窝电话的控制

(1) 通电控制。在蜂窝的无线电频道中,除电话的通信信道之外,还提供了控制信道。控制信道分为接收控制信道和发射控制信道。

> 通电控制:在接通电源后,蜂窝式电话则检查控制信道,并选择最高接收值的信道。选定接收信道后,通过该信道接收发自当地基地站的识别码。若所收到的码与所储存的码不同,基地站则记录下车辆的位置。

(2) 位置控制。由于蜂窝电话的呼叫区域有限,因此基地站呼叫移动中的蜂窝电话时,必须事先知道该蜂窝电话目前的位置。

> 位置控制:相应在蜂窝移动电话中设置了每个基地站的区域识别码。如图 4.2 - 7 所示,当从控制区域 X 移动到控制区域 Y 时,由于基地站发送的区域识别码发生改变,蜂窝电话则利用控制频道作出一个转换区域的判断,基地站记录下该汽车的位置。所记录下的位置信息也被送到控制电话的标示存储站内,这样移动电话在控制区域 Y 内便可得到控制。

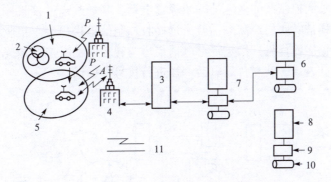

图 4.2 - 7 蜂窝电话记录位置的控制示意图

1—控制区域 X;2—无线电区;3—无线电话方位控制台;4—基地电台;5—控制区域 Y;6—蜂窝电话交换台(主存储台);7—蜂窝电话交换台;8—电话线路单元;9—中央处理单元;10—用户存储器;11—控制频道;A—发送控制频道;P—接收控制频道

(3) 呼叫控制。当蜂窝移动电话准备通话时,电话机获得一条电话信道,该信道与电话线相连。

呼叫控制：如图4.2-8所示，首先，移动电话通过一条发射控制信道接通基地站，获得所使用信道。一旦这个信道建立，不论是电话机还是基地站都切换到设定的电话信道，进行电话信道的测试。在检验无问题后，进行切换连接。然后，与普通电话一样，通过输出拨号信号，在程控电话交换机中自动与所需要拨叫的电话用户接通，这样便可进行通话。

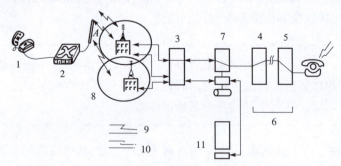

图4.2-8 蜂窝电话移动呼叫控制示意图

1—蜂窝电话；2—移动装置本体；3—无线电话方位控制台；4—中继线交换台；
5—用户线交换台；6—固定网络；7—蜂窝电话交换台；8—基地无线电台；
9—控制频道；10—电话频道；11—主存储台

（4）接收控制。当向蜂窝电话发出呼叫信号时，必须判断汽车当前所在的控制区，并且移动电话必须处于使用状态。

接收控制：如图4.2-9所示，首先，根据存储的位置信息，蜂窝电话程控交换台请求使用呼叫控制区的基地站呼叫蜂窝电话，基地站通过接收控制信道呼叫相应的电话，这样被呼叫的蜂窝电话就通过接收控制信道送出一个接收应答信号。接着，基地站根据应答信号，指定一个电话信道与程控电话交换台相连接。在对该信道进行检测无问题后，就和普通电话一样进行拨号、通话。

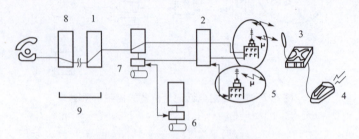

图4.2-9 电话接收控制示意图

1—中继线交换台；2—无线电话方位控制台；3—移动装置本体；4—蜂窝电话；
5—基地无线电台；6—主存储台；7—蜂窝电话交换台；
8—用户线交换台；9—固固定网络

（5）电话通话期间控制通道的切换。由于在通话期间，蜂窝电话处于移动状态，有可能从一个基地控制区移动到另一个基地控制区，所以基地站必须在其使用期间，一直检测电话信道的接收信号电平值。

通道切换控制：如图 4.2-10 所示，如果基地站接收信号的电平值发生下降，即可判断出汽车已驶离 X 区，并通知无线电方位控制台。方位控制台则请求邻近的基地站去监视有关的电话信道的信号，通过对电话信道信号的检测就可确定汽车驶向哪个控制区。接着进行的是电话信道的测试，并切换到新的信道继续通话。

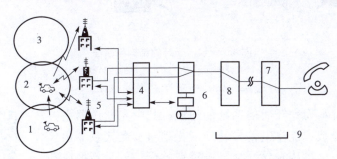

图 4.2-10 电话通话时通道切换控制示意图
1—无线电话 X 区；2—无线电话 Y 区；3—无线电话 Z 区；4—无线电话方位控制台；5—基地电台；
6—蜂窝电话交换台；7—用户线交换台；8—中继线交换台；9—固定网络

（6）通话结束时的控制。由于蜂窝电话总是在各个基地站的交换机之间移动，为了对电话进行计费，必须监视它的移动情况。

通话结束控制：如图 4.2-11 所示，当蜂窝移动电话通话结束时，与电话相连接的蜂窝电话交换台将通话信息送往控制蜂窝移动电话的主存储站。这样便可对电话的通话费用进行管理。接着电话线相继断开，基地站请求蜂窝电话开放这条电话信道，蜂窝电话迅速开放这条通话信道后，重新回到等候下一次通话的控制状态。

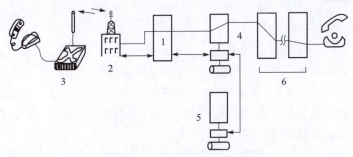

图 4.2-11 通话结束时控制示意图
1—无线电话方位控制台；2—基地电台；3—移动装置本体；
4—蜂窝电话交换台；5—主存储站电话网；6—固定网络

6. 汽车多路信息传输系统

1）光导纤维与光通信

光导纤维简称光纤，有玻璃纤维与塑料纤维两种。在汽车多路通信系统中，常用塑料光导纤维。如图 4.2-12 所示,光纤的纤芯为石英玻璃等材料制成的导光纤维细丝,包层材料折射率略低于纤芯材料。光纤借助于纤芯与包层之间的不同光折射指数来传导光信号。

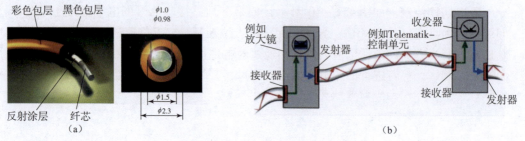

图 4.2-12 光纤的结构与原理
(a) 光纤断面结构;(b) 光线的传导原理
1—纤芯(塑料);2—涂层;3—第一层;4—加强层;5—第二层

图 4.2-13 所示为光纤通信系统的组成,其中光发送器由 LED 发光二极管制成,能将电信号转换成光信号;光接收器由光电二极管制成,它将从光导纤维传送过来的光信号重新换成电信号。

动画:光纤通信系统的组成电路分析

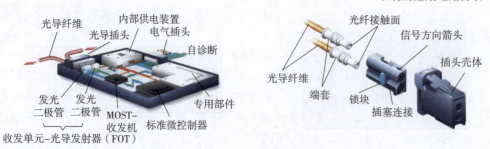

图 4.2-13 光纤通信系统的组成
1、3—光纤通信控制模块;2—连接器;4—光导纤维(光纤)

2)多路传输通信系统

在汽车中采用信号线多路传送网络,可使各种不同的信号通过一条信号电缆进行传送,可使同一传感器用在多个不同的控制系统中。如图 4.2-14 所示,传统的用多条不同信号电缆的控制方式,以及用一条信号电缆的多路运输的通信方式。多路运输系统利用多路调制器将信号传送至负载。在接收信号侧,这些各自独立的信号通过多路解调器被分开,送到各自相关的负载进行控制。

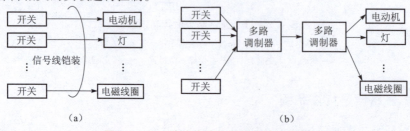

图 4.2-14 分路传输与多路传输示意图
(a) 分路传输;(b) 多路传输

任务实施

步骤1：了解确认故障现象

（1）收集车辆信息，确认故障现象。一辆2019款途观L，车主反应娱乐系统不能工作，MIB信息娱乐系统使用中偶发"蓝屏"，经常出现死机情况和黑屏情况。

（2）进一步明确故障现象，缩小故障范围。连接诊断仪，读取故障码，发现没有相关故障码。

步骤2：分析故障可能原因，引出突破点

MIB信息娱乐系统使用中偶发"蓝屏"，经常出现死机情况和死机情况。怀疑MIB娱乐系统软件缺陷引起该故障现象。

步骤3：排除故障点

（1）登录镜像服务器下载并制作含有0757版本软件的SD卡。

打开副驾驶座手套箱，将SD卡插入左侧SD1卡槽中。

（2）升级MIB软件至0757版本，如表4.2-1所示。

表4.2-1 升级MIB软件步骤一览表

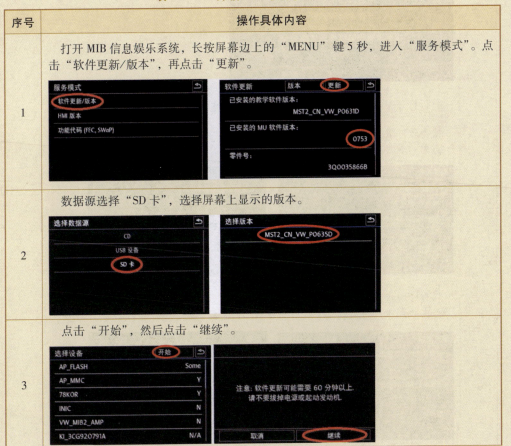

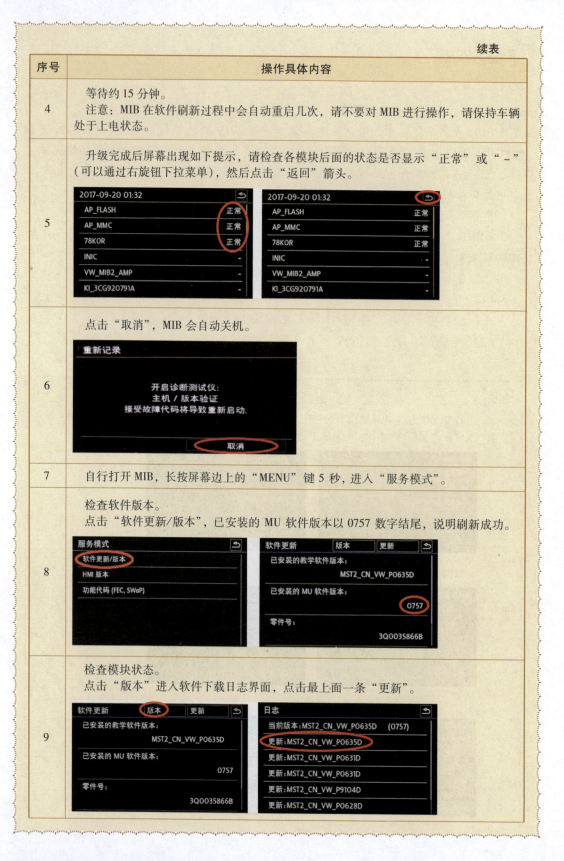

续表

序号	操作具体内容
10	检查所有模块后面状态。 模块后面的状态是否显示"正常"或"–"（可以通过右旋钮下拉菜单）。 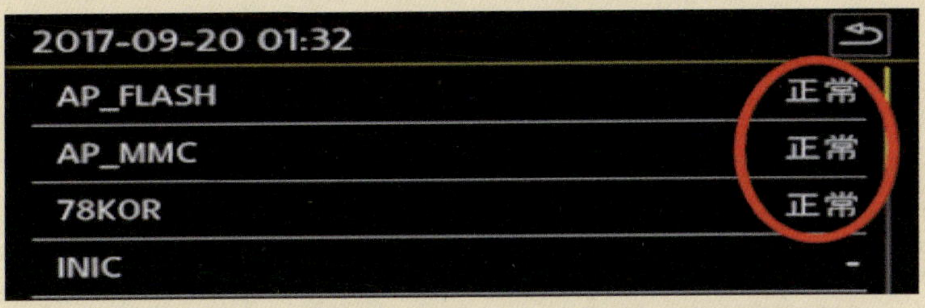 2017-09-20 01:32 AP_FLASH　　　　正常 AP_MMC　　　　　正常 78KOR　　　　　　正常 INIC　　　　　　　–
11	基本功能检查：按"RADIO"键退出服务模式，检查 MIB 基本功能是否正常，如界面切换，声音输出等。

注意：如果步骤6或步骤10中有模块状态显示"异常"或"错误"，说明软件升级失败。请重新检查 SD 卡中的数据完整性，然后重复上述步骤进行升级操作。

（3）清除事件存储器

升级完成后，诊断地址"5F–信息电子设备1"将存储"B201A00 检查软件版本管理"事件存储器条目。清除事件存储器方法如表 4.2–2 所示。

表 4.2–2　升级清除事件存储器方法步骤一览表

步骤	内容
1	登陆 ODIS，启动诊断。
2	在控制单元列表或网络布局图中，右击诊断地址"5F–信息电子设备1"，执行"控制单元自诊断>匹配"。
3	点击"确认安装改变"，读取"当前值"并记录（本例中为FBB0）。 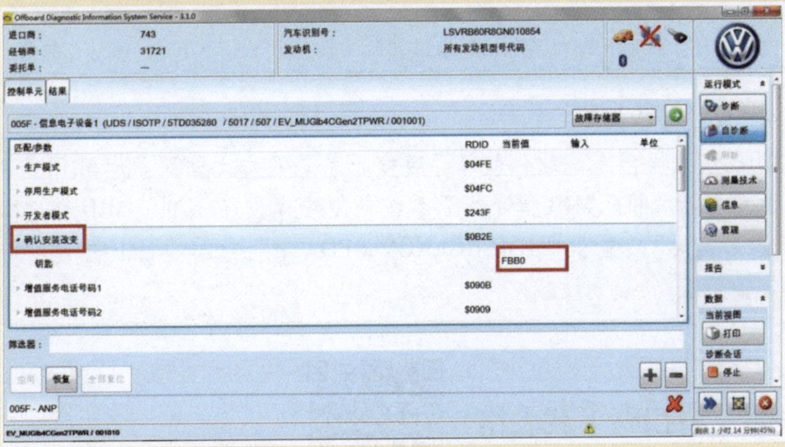

161

续表

步骤	内容
4	在 Windows 开始菜单的搜索栏中输入"计算器"(英文版操作系统下搜索"Calculator"),打开计算器软件。
5	点击"查看",选择"程序员"模式。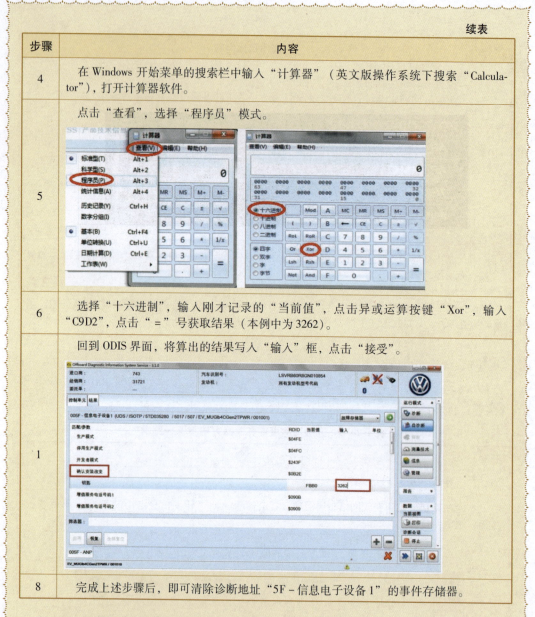
6	选择"十六进制",输入刚才记录的"当前值",点击异或运算按键"Xor",输入"C9D2",点击"="号获取结果(本例中为3262)。
7	回到 ODIS 界面,将算出的结果写入"输入"框,点击"接受"。
8	完成上述步骤后,即可清除诊断地址"5F-信息电子设备1"的事件存储器。

步骤4:总结分析故障

途观 MIB 信息娱乐系统软件故障导致娱乐系统偶发无法关机、MIB 信息娱乐系统使用中偶发自动关机、MIB 信息娱乐系统使用中偶发"死机、MIB 信息娱乐系统使用中偶发"蓝屏",显示"EMERGENCY UPDATE"字样、MIB 信息娱乐系统偶发不显示倒车影像。

任务评价(请扫码下载表格)

项目四 汽车车身通信系统检修

任务 4.3 汽车电子仪表系统检修

任务导入

一辆 2015 款速腾车辆，车主反映，关闭点火开关后，仪表指示灯还在亮，只有拔下钥匙后仪表指示才能熄灭。经维修人员检查后发现改装线路导致仪表 S 正电短路造成仪表常亮。

知识目标

1. 能正确描述常见汽车电子仪表系统组成、各部件功用、工作原理及系统的控制方法和原理。
2. 能讲述汽车电子仪表系统的故障诊断方法。

能力目标

1. 能正确拆装汽车电子仪表系统各部件。
2. 会检测判断汽车电子仪表系统各部件性能。
3. 能够排除汽车电子仪表系统常见故障。

知识内容

为适应汽车安全、节能、舒适和低污染等性能的要求，汽车电子控制装置必须能准确、迅速地处理各种复杂的信息，并以数字、文字或图形的形式显示出来，向驾驶员发出汽车各种工作状态的信号和故障报警信号，而且信息还要精确、可靠。现代汽车广泛采用电子仪表，即采用计算机控制数字显示的电子仪表。

电子仪表板以数字或光条图形式，配以国际标准（ISO）符号，用来监测汽车或发动机各系统的工作情况。图 4.3－1 所示为奥迪车型采用的全液晶仪表。

图 4.3－1　奥迪车型采用的全液晶仪表

1. 电子仪表的计算机控制系统组成

电子仪表的计算机控制系统原理如图4.3-2所示。电子仪表的计算机控制系统由A/D转换器、多路传输、中央处理器（CPU）、只读存储器（ROM）和随机存取存储器（RAM），以及输出接口等组成。它与各种信号传感器相连，利用来自不同传感器的模拟信号或数字信号通过接口电路、中央处理器、输出驱动电路，最后控制电子仪表的显示器。

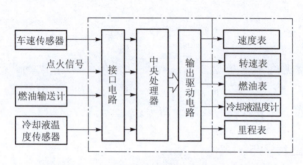

图4.3-2 电子仪表的计算机控制系统原理

对于控制电子仪表的计算机，有的车型采用车身计算机来控制电子仪表，而有些车型采用单独的计算机来控制电子仪表。

1）多路传输

对于控制电子仪表的中央处理器来说，每一时刻，同时接收来自传感器的大量信号，而同时又要向电子仪表的显示器传送各种显示信号。如果整个计算机控制系统对每一个信号在同一时刻同时处理并且同时传送给显示器，并且显示器同时显示所有的信息，那么计算机控制系统的电路将是非常复杂的。例如，车速显示需要三位数，每位数由七笔画显示，一般情况下，每位数七笔画的线路连接需要一个正极接线和七根输出线，如图4.3-3所示。

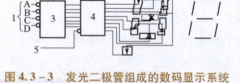

图4.3-3 发光二极管组成的数码显示系统
1—二进制编码输入；2—逻辑电路；3—译码器；4—驱动器；
5—小数点；6—发光二极管电源；7—"8"字形

这样用于显示三位数的车速显示器的接线就需要三个正极接线和21根输出线，那么整个电子仪表的计算机控制系统的电路复杂程度可想而知。为降低成本，节省空间，电子仪表板采用多路传输技术，如车速显示器的三位数字共用七根输出线，如图4.3-4所示。当显示器工作时，电流在三个数字之间快速扫描，每一瞬间只有一个数字发亮，但每个笔画每秒都要

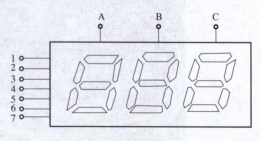

图4.3-4 车速显示器

开关数千次,因此驾驶员看到的还是连续发亮的数字或图像。

2) 多路信号转换开关

为了简化电路、降低成本、节省空间,电子仪表的计算机控制系统中,采用了多路传输技术。但是当汽车发动机起动后,发动机转速、冷却液温度、燃油液位等多种信号同时传输给计算机处理。这样中央处理器就要按一定的次序处理不同项目的信号,同时,中央处理器还要将处理后的大量信号,按一定的次序传送给相应的显示器。也就是说,在电子仪表的计算机控制系统中,同一时刻,在所有输入的大量信号中,计算机系统只能处理一个信号;在所有需要输出的大量信号中,计算机系统只能输出一个信号到相应的显示器中。

(1) 多路开关选择器 MUX 把输送给计算机系统的大量信号分开,有序地选择信号源,输送给计算机系统。

(2) 多路开关分配器 DEMUX 把计算机系统处理后的所有信号分开,有序地把信号输送给相应的显示器,如图 4.3-5 所示。

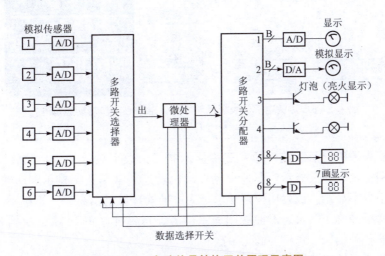

图 4.3-5 多路信号转换开关原理示意图

> **多路信号转换开关的基本原理为**:根据各项信息的快慢,如冷却液温度信号变化慢,而发动机转速信号变化快,计算出不同信号源开关接通时刻,即确定对某一信号源在一段时间内选送信息的次数,再根据项目数据的多少,编出相应的控制电路,以实现上述控制功能。

2. 电子仪表板的组成

一般情况下,电子仪表板有三组由计算机控制的独立液晶显示器,分别用来显示车速、油耗及发动机转速等信息,仪表板中央有一个驾驶员信息中心,用来显示燃油存量、机油压力、冷却液温度、累计行驶里程及平均油耗等信息,同时驾驶员信息中心还有一套报警灯系统,用来指示机油压力、冷却液温度、冷却液液面高度、蓄电池充电电压、制动蹄片磨损、灯泡故障及车门未关等异常情况,如图 4.3-6 所示。

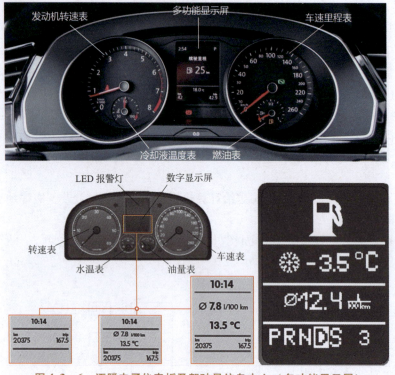

图 4.3-6 迈腾电子仪表板及驾驶员信息中心（多功能显示屏）

> 电子仪表板的显示系统一般有三种显示方式：数字显示（包括曲线图显示）、模拟显示和指示灯亮灭显示。车速表和发动机转速表常用数字显示和曲线图显示，燃油表可用数字显示，也可用模拟显示。为更准确地显示信息，计算机系统对数字显示信号每秒钟修正两次，对曲线图显示信号，每秒钟修正 16 次，对驾驶员信息中心显示的各种信号，每秒钟修正一次。
>
> 电子仪表板的亮度调整通常有两种方式：一种是由电子仪表中的光电池进行自动调整；另一种是像普通仪表照明一样，用灯光开关电路中的变阻器进行调整。

大多数电子仪表板都有自诊功能，进行自诊时，按下仪表板上的选择钮。当点火开关转到 ACC 挡或 RUN 挡时，仪表板便开始一次自检，检验时通常是整个仪表板发亮。与此同时，各显示器的每段字符段都发亮。在自检过程中，电子仪表板上用来监测各系统的 ISO 符号，一般都闪烁，检验完成时，所有仪表都显示当时的读数。若发现故障，便显示一个提醒驾驶员的代码。

3. 电子仪表的语音报警系统

有些电子仪表，装有语音合成器，就其监控的情况向驾驶员报警。语音报警系统是对电子仪表上的报警灯系统的补充，用来引起驾驶员的注意。语音合成器是通过计算机技术和声响装置的扬声器实现的，事先将所需的单词或词组的语音转换成电信号存储在计算机的芯片中，当监测系统发出警告时，计算机产生所需要的语言电信号，再由声响装置的扬声器把电信号转换成声音。语音报警系统，根据监控系统的多少，其复杂程度各异。

图 4.3-7 所示为美国克莱斯勒汽车公司生产的一种带有语音报警系统的电子仪表，其语音报警系统有 24 种监控功能。

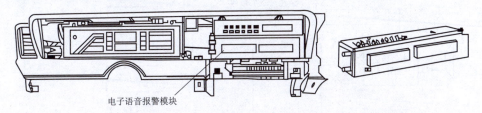

图 4.3-7 美国克莱斯勒汽车公司生产的一种带有语音报警系统的电子仪表

1）字母数字读出板

提供要显示的报警信息，如图 4.3-8 所示，读出板上显示一条警告驾驶员的文字信息，信息一直显示到报警情况纠正了才消失。

2）汽车图形表示的情况/位置指示器

当点火开关在 RUN 挡时显示的汽车轮廓图案，如图 4.3-8 所示。当出现需要驾驶员注意的警报时，某个彩色指示器便发亮，并且一直亮到报警情况纠正了才熄灭。如果在这个时候又查出一个新的报警情况，便以电子语音向驾驶员发出一句语言消息。图 4.3-9 所示为语音报警系统 24 种监控功能的分布情况。

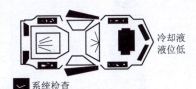

图 4.3-8 读出板上显示一条警告驾驶员的文字信息

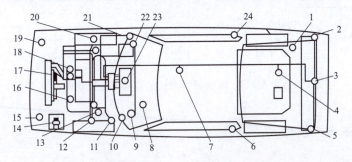

图 4.3-9 语音报警系统 24 种监控功能的分布情况

1—后风窗洗涤液；2—右尾灯/右制动灯；3—行李厢锁；4—燃油箱油位；5—左尾灯/左制动灯；6—左车门锁；7—安全带；8—钥匙在点火锁内；9—前照灯；10—手制动器；11—制动液；12、20—制动踏板；13—洗涤液；14—冷却液；15—左前照灯；16—变速器油；17—发动机温度；18—发动机机油；19—右前照灯；21—电压低；22—电子语音报警；23—监控器；24—右车门锁

语音报警系统的监控系统电路图如图 4.3-10 所示。

> 在语音报警系统的监控系统中，所有的传感器可分为四类：
> （1）监控前照灯、尾灯和小灯等是否正常的模块。
> （2）监控发动机机油油位的热敏电阻。
> （3）测定充电系统输出的电压传感器。
> （4）当有故障或危险情况时向中央处理器提供搭铁信号的常开式开关。

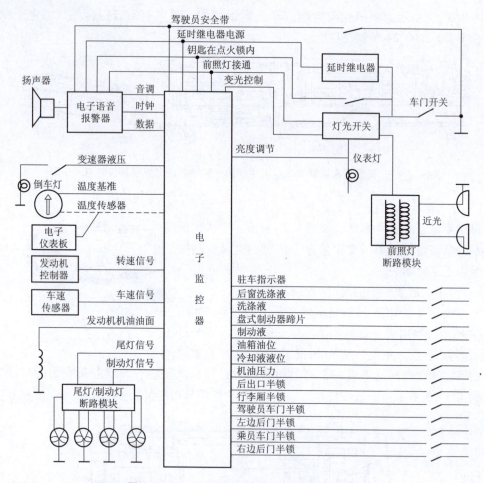

图 4.3-10 语音报警系统的监控系统电路图

4. 常见汽车电子仪表

1) 车速表

图 4.3-11 所示为美国通用汽车公司采用的电子仪表。车速传感器为磁脉冲式车速传感器，当转子旋转时，信号线圈便产生微弱的交变电压。交变电压信号送至发动机控制模块（ECM）与车身计算机控制模块（BCM）。交变电压信号经发动机控制模块先被放大，然后被整形为数字信号。再经车身计算机模块的中央处理器进行计算，由输出接口的驱动电路将信号提供给电子仪表的车速显示器，数字仪表板（IPC）的车速显示器开始显示车速。

每次将点火开关置于 ACC 挡或 RUN 挡，计算机控制系统便对数字仪表板自检一次，每次自检大约 3 s，自检顺序是：

(1) 所有显示字符段都发亮，如图 4.3-12 (a) 所示。

(2) 所有显示字符段都熄灭。

(3) 显示 0 km/h，如图 4.3-12 (b) 所示。

电子式车速表所采用的车速传感器有三种：磁脉冲式、霍尔式和光电式。美国通用和日本丰田汽车公司采用光电式车速传感器，奥迪轿车大都采用霍尔式车速传感器。通用汽

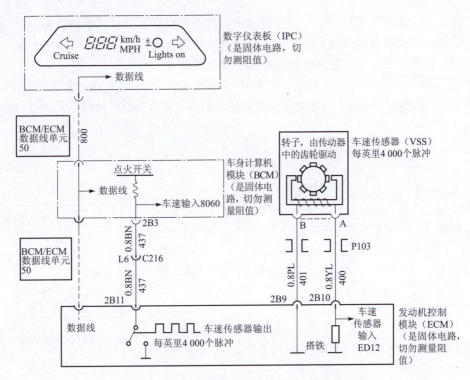

图 4.3-11　美国通用汽车公司采用的电子仪表

车采用的光电式车速传感器的结构如图 4.3-13 所示。带有方孔的信号转子在发光二极管和光电管之间旋转，发光二极管发射的光束被信号转子轮番遮断，这样光电管便产生电脉冲信号，此信号送至计算机控制系统。

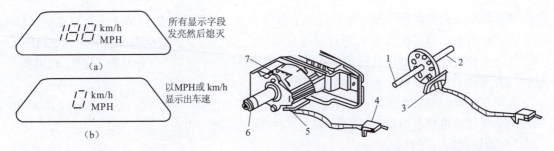

图 4.3-12　数字式车速表自检过程

(a) 自检第一阶段；(b) 自检结束

图 4.3-13　通用汽车采用的光电式车速传感器的结构

1—车速表驱动轴；2—接里程表；3、5—光电式传感器；
4—接至仪表的插头；6—车速表软轴连接器；7—信号转子

2）里程表

和数字式车速表配合使用的里程表有两种：**步进电动机式和 IC（集成电路）芯片式**。

（1）步进电动机式。机电式里程表所使用的步进电动机如图 4.3-14 所示。**步进电动机的电枢内部有一个永久磁铁，定子部分是由两个或四个磁场绕组组成**。计算机输出的电压脉冲信号加至步进电动机的磁场绕组，电枢便步进到规定的度数。当计算机将同样的电压脉冲信号以相反的方向加至步进电动机的磁场绕组，电动机便以相反的方向步进相同的度数。

来自车速表的数字信号脉冲，经二分频电路处理，步进电动机接收的信号脉冲频率是车速传感器信号脉冲频率的一半。当步进电动机的磁场绕组接到计算机的控制信号后,定子产生磁场,步进电动机的转子便旋转,里程表的计数器便开始工作。

通用汽车的步进电动机与车速表共用同一个信号脉冲,脉冲信号送至"里程表驱动集成电路",如图4.3-15所示。里程表驱动IC由多个晶体管组成的"H门","H门"轮流激励步进电动机的一对线圈,并不断地变换系统的极性,使永久磁铁电枢以同一方向旋转。

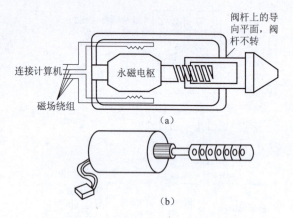

图4.3-14 机电式里程表所使用的步进电动机
（a）典型的步进电动机结构；
（b）步进电动机控制的里程表计数器

图4.3-15 里程表驱动集成电路

(2) IC芯片式。IC芯片式里程表,采用一片非易失RAM芯片。非易失RAM芯片接收来自车速表或计算机控制系统的行驶里程信息。计算机控制系统每0.5 s刷新一次里程表显示值。

许多数字仪表板能同时显示短程行驶里程数和累计里程数。驾驶员必须作出选择,如图4.3-16所示。当驾驶员按下"行程里程复零"按钮时,送给计算机系统一个搭铁信号,计算机便清除存储器里的行程里程表读数而恢复显示为零,开始计数短程行驶里程。这时行程里程表仍继续储存累计行程里程数。

如果里程表电路发生故障,显示器将会以特殊的信息提示驾驶员。图4.3-17所示为福特汽车里程表电路故障信息提示。

3) 双制式短程里程表

双制式短程里程表的工作原理如图4.3-18所示。它由微电脑计算车速传感器发出的速度信号并计算出行驶距离,然后将计算结果由真空荧光显示器显示在短程里程表上。可以通过复位开关进行里程数的复位归零,还可以通过模式转换开关转换模式。

4) 转速表

在计算机控制的电子仪表中,转速表有两种显示方式：一种是数字仪表板上有单独的转速显示器；另一种是由一个可顺序显示多项内容的多用仪表来显示发动机的转速。

(1) 单独的转速显示器。图4.3-19为通用汽车转速表的工作原理图。转速信号取自"直接点火系统"模块传至发动机控制模块的点火信号。此信号沿串行数据口,从发动机控制模块传输到车身计算机模块。数字仪表板用此基准信号计算出发动机转速并显示计算结果。

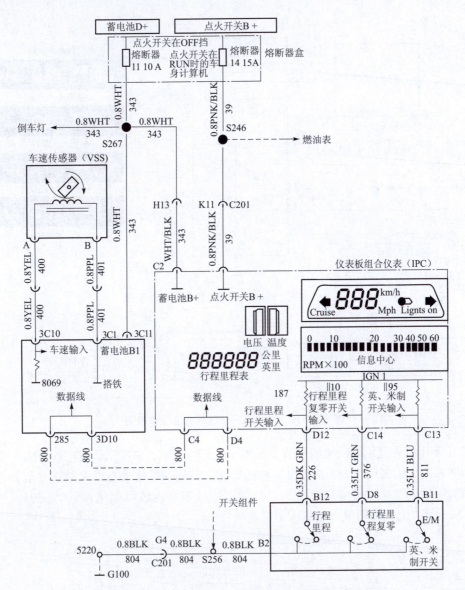

图 4.3-16 "行程里程"与"行程里程复零"按钮

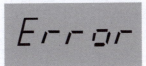

图 4.3-17 福特汽车里程表电路故障信息提示

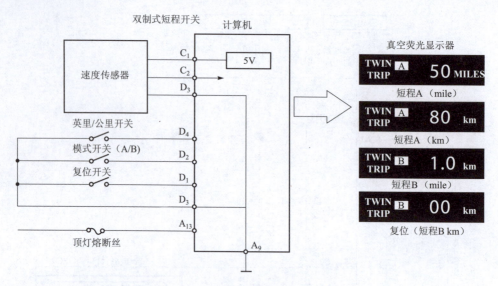

图 4.3-18 双制式短程里程表的工作原理

图 4.3-19 通用汽车转速表的工作原理图

（2）多用仪表显示发动机的转速。如图 4.3-20 所示，福特汽车采用的是由一个可顺序显示四项内容的多用仪表来显示发动机的转速。转速表接收来自点火系统的信号，并以光条图显示计算结果。美国福特汽车公司的多用仪表有内装蓄电池，它为仪表系统提供 5V 基准信号。此种多用仪表还加入了监视电路。

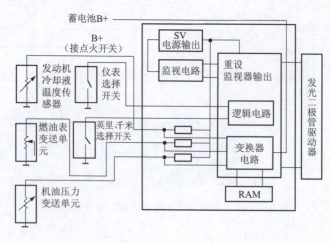

图 4.3-20 福特汽车采用的多用仪表原理图

5）电子燃油表

> **电子燃油表电路图原理**：图 4.3-21 为电子燃油表电路，主要由燃油传感器 R_p、集成电路 LM324（两块）、发光二极管数字显示器等组成。燃油传感器采用传统的浮筒式可变电阻式燃油传感器。电阻 R_{15} 和发光二极管 VD_8 组成稳压电路，将标准电压通过 $R_8 \sim R_{13}$，接到 IC_1 和 IC_2 所组成的电压比较器反向输入端。电容器 C 和电阻 R_{16} 组成延时电路，使燃油显示器的光标不随油箱中燃油波动而发生变化。

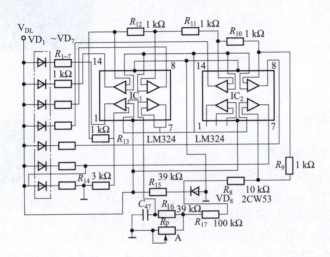

图 4.3-21 电子燃油表电路

R_p—燃油传感器；V_{DL}—电源正极；$VD_1 \sim VD_7$—发光二极管，顺序自下而上

燃油发光二极管显示器的工作情况如下。

（1）当油箱的燃油满箱时，R_p 的阻值最小，则 A 点电位最低，即 IC_1 和 IC_2 电压比较器的输出电压为低平电压，此时，6 只绿色 LED 发光二极管 $VD_2 \sim VD_7$ 全部点亮，而红色发光二极管 VD_1 处于熄灭的状态，表示油箱为满油状态。

（2）随着油箱燃油量的逐渐减少，显示器中的发光二极管 VD_7、VD_6、…依次熄灭。油量越少，绿色发光二极管点亮的个数越少。

（3）当油箱无油时，R_p 的阻值最大，则 A 点电位最高，集成块 IC_2 第五脚电位高于第六脚的基准电位，6 只绿色发光二极管全部熄灭，红色发光二极管 VD_1 自动点亮，提醒驾驶员，必须加油。

6）水温表

水温表的原理如图 4.3-22 所示。当发动机冷却水的温度发生变化时，水温传感器（热敏电阻）的电阻随之变化，使端子 A_6 的电压发生变化，计算机检测到该电压后，将其与参考电压比较，然后接通真空荧光显示器，将比较的结果以条形图方式显示出来。真空荧光显示器用 10 块板片组成一个条形图（每两行真空荧光显示器组成 1 块板片）来显示冷却液温度，当第 10 块板片（即最高温度）闪烁时，则表明发动机过热。

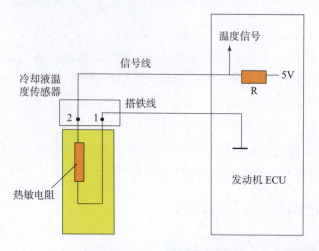
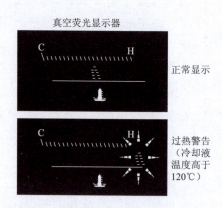

图 4.3-22 水温表的原理

5. 汽车仪表的典型电路

1) 桑塔纳轿车仪表电路

桑塔纳轿车仪表板上具有冷却液温度表、燃油表、车速里程表、发动机转速表、数字钟以及指示灯和报警灯。全部仪表、指示灯和报警灯都装在一个硬塑料盒（仪表板座框）内。塑料盒表面有一块向内凹的透明有机玻璃。塑料盒背面有一张能覆盖全部背面的聚乙烯塑料薄膜，薄膜层之间嵌有一张印制电路板。桑塔纳 2000 轿车组合仪表板的组成如图 4.3-23 所示，组合仪表电路如图 4.3-24 所示。

动画：迈腾 B8 仪表电路分析

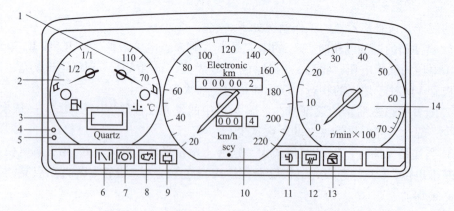

图 4.3-23 桑塔纳 2000 轿车组合仪表板的组成

1—冷却液温度表；2—燃油表；3—电子液晶钟；4—电子钟分钟调整旋钮；
5—电子钟时钟调整旋钮；6—阻风门拉起指示灯；7—手制动拉起和制动液面警告灯；
8—机油压力警告灯；9—充电指示灯；10—电子车速里程表；11—远光指示灯；
12—后窗除霜加热指示灯；13—冷却液液面警告灯；14—电子发动机转速表

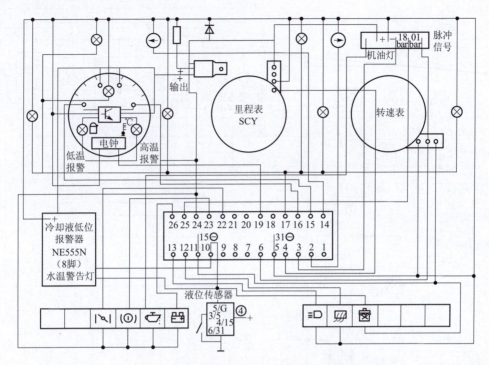

图 4.3 – 24　桑塔纳 2000 轿车组合仪表电路

2) 奥迪轿车仪表电路

为了适应奥迪轿车多品牌的需要，在组合仪表的整体电路设计上考虑了电路板的通用性，如奥迪五缸发动机轿车，把原组合仪表中的石英电子钟换装成一个发动机转速表，并在其表盘上带个数字显示的电子表；而奥迪 200 型轿车组合仪表中还装有车载计算机及中央检测系统等。但它们都用同一块电路板及仪表壳。奥迪轿车的组合仪表及警报系统电路，如图 4.3 – 25 所示。

奥迪四缸发动机轿车的仪表及警报系统由下列电路组成：

(1) 车速里程表及传感器电路。

(2) 指针式石英电子钟工作电路。

(3) 水温表及传感器工作电路。

(4) 燃油表及传感器工作电路。

(5) 仪表照明及分用电装置位置灯变光系统工作电路。

(6) 前照灯远光指示灯电路。

(7) 危险报警信号指示灯电路。

(8) 左、右转向信号指示灯电路。

(9) 驻车制动指示灯电路。

(10) 进气阻风门指示灯电路。

(11) 机油压力警报电路。

(12) 水温报警电路。

(13) 制动液位及制动蹄片磨损警报电路。

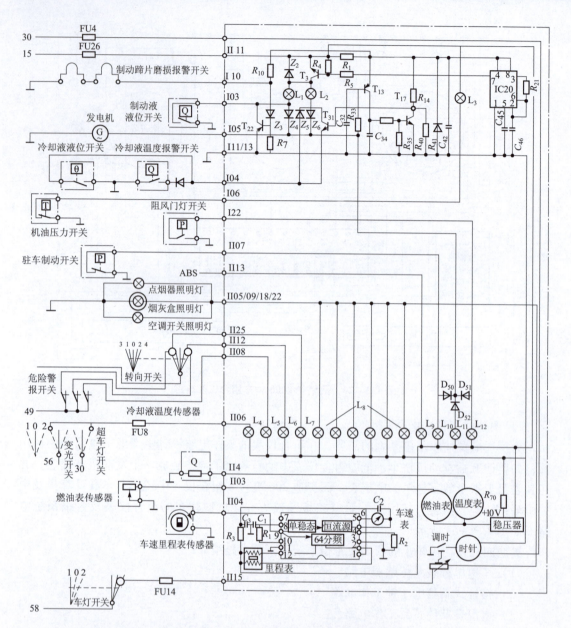

图 4.3-25 奥迪轿车的组合仪表及警报系统电路

新技术知识

平视显示系统

1. 平视显示系统概述

平视显示系统（HUD）又称抬头显示系统。它利用光学反射原理，将汽车驾驶辅助信息、导航信息、检查控制信息以及 ADAS 信息等，以投射方式显示在风窗玻璃上或约 2m 远的前

微课：汽车平视显示系统

方、发动机罩尖端的上方,驾驶员阅读起来非常舒适。同时平视显示系统还可以显示来自各个驾驶辅助系统的警告信息,例如车道偏离警告、来自带行人识别功能的夜视辅助系统的行人避让警告等,避免驾驶员在行车过程中频繁低头看仪表或车载屏幕,对于行车安全起着很好的辅助作用。如图 4.3-26 所示,图中显示了车速、发动机转速、水温和油耗等信息。

图 4.3-26 汽车平视显示系统

传统的组合仪表具有 0.8s 的观测间隔。为了在组合仪表范围阅读信息,驾驶员必须在很短的时间内将眼睛由注视道路转向注视仪表。这一转移视线的过程持续 0.3~0.5s。

自 1950 年以来,在军用飞机上就使用了 HUD。用于汽车的这种显示器采用了简单的形式,大多作为数字车速显示器,很多年以来,在日本及美国作为选装件提供。在此期间一些欧洲汽车制造商也在他们的汽车中装有这一装置。

HUD 的图像通过风窗玻璃投射到驾驶员的主要视野中。HUD 的视觉系统可以在较大的观测间隔中产生可视图像,不会影响驾驶员一直观测道路情况。HUD 不需要驾驶员目光偏离路面,因此可以保证行驶安全。如果将车速或其他重要信息同样通过 HUD 显示的话,就可以不必观察车速表。

2. 平视显示系统组成

平视显示系统主要由图像源、光学系统和图像合成器等组成,如图 4.3-27 所示。

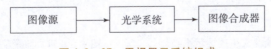

图 4.3-27 平视显示系统组成

(1) 图像源。图像源一般采用液晶显示屏,实现 HUD 系统的各种功能,并输出视频信号。

(2) 光学系统。光学系统将视频信号投射出去,并可以调节大小、位置参数。

(3) 图像合成器。一般将风窗玻璃作为图像合成器,把外部景物信息和内部投影信息合成到一起。投射的图像在风窗玻璃上发生反射,以达到和前方路况信息叠加、融合的效果。

典型的平视显示系统，如图 4.3-28 所示。通常是投射到风窗玻璃，可能的话带有一个提高反射率的涂层，图像通过涂层反射到驾驶员的眼睛中，为了避免双重图像——由于在倾斜的前风窗玻璃的内外接触面上反射造成的——应将玻璃（准确地说是安全玻璃上的塑料薄膜）做成略微楔形的形式。驾驶员的目光与两侧接触面上产生的图像重合。

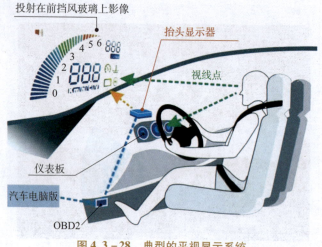

图 4.3-28 典型的平视显示系统

3. 平视显示系统的工作原理

根据光学系统结构不同，汽车平视显示系统可以分为风窗玻璃映像式平视显示系统、前置反射屏式平视显示系统、自由曲面平视显示系统、菲涅尔透镜平视显示系统、与仪表盘相结合的平视显示系统等。

（1）风窗玻璃映像式平视显示系统。风窗玻璃映像式平视显示系统是最基本也是使用最为广泛的结构，如图 4.3-29 所示。

（2）前置反射屏式平视显示系统。前置反射屏式平视显示系统也是较为普遍的结构形式，如图 4.3-30 所示。

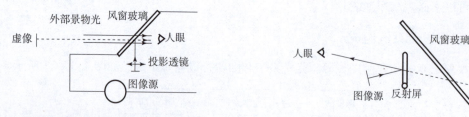

图 4.3-29　风窗玻璃映像式平视显示系统　　　　图 4.3-30　前置反射屏式平视显示系统

（3）自由曲面平视显示系统。汽车的风窗玻璃不是一个平面，而是带有一定弧度的曲面，因此可以用自由曲面来代替传统结构中风窗玻璃所在的面。自由曲面平视显示系统如图 4.3-31 所示。

（4）菲涅尔透镜平视显示系统。在平视显示系统中，为了获得较大的观察图像范围，通常需要较大口径的光学透镜。光学透镜的口径越大，透镜的体积越大，质量越重，透镜不易加工，且成本较高，因而难以大批量生产。为了保证透镜口径的前提下减小透镜厚度，可以使用菲涅尔透镜。菲涅尔透镜平视显示系统如图 4.3-32 所示。

项目四 汽车车身通信系统检修

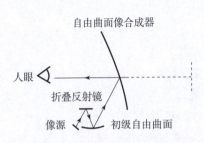

图 4.3-31 自由曲面平视显示系统

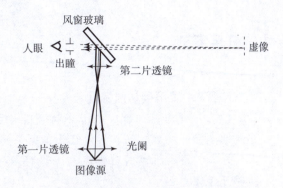

图 4.3-32 菲涅尔透镜平视显示系统

(5) 与仪表相结合的平视显示系统。在上述的平视显示系统中,汽车前方仪表盘的存在限制了平视显示系统的可用空间范围。与仪表相结合的平视显示系统如图 4.3-33 所示。

4. 平视显示系统的应用

宝马 7 系平视显示系统可提供多种有

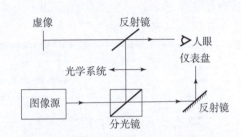

图 4.3-33 与仪表相结合的平视显示系统

助于提高交通安全性和驾驶舒适性的功能。平视显示系统可显示定速巡航控制系统、导航系统、检查控制信息以及车速等方面的信息。

宝马 7 系平视显示系统工作原理如图 4.3-34 所示。该系统需要一个光源来投射 HUD 信息,使用红色和绿色 2 个 LED 灯组作为光源,通过 TFT(薄膜晶体管)投影显示屏产生图像内容。TFT 投影显示屏相当于一个滤波器,运行或阻止光线通过。由一个图像光学元件确定 HUD 显示图像的形状、距离和尺寸,图像看起来就好像自由漂浮在道路上方,风窗玻璃的作用相当于偏光镜。HUD 投射图像内容距离观察者的眼睛大约 2.7m。

宝马 7 系平视显示系统的显示效果如图 4.3-35 所示。

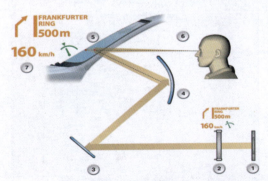

图 4.3-34 宝马 7 系平视显示系统工作原理

图 4.3-35 宝马 7 系平视显示系统的显示效果

随着技术的进步,平视显示系统的应用将会越来越多。

任务实施

步骤1：了解确认故障现象

（1）收集车辆信息，确认故障现象。一辆2015款速腾，此车在保养中发现，当关闭点火开关后，仪表指示灯还在亮，只有拔下钥匙后仪表指示才能熄灭。检查其它功能，发动机可以正常熄火，受15号正电控制的用电设备在关闭点火开关后也都正常停用。

（2）进一步明确故障现象，缩小故障范围。连接诊断仪，读取故障码，读到仪表存在着信息功能受到损坏记录相关故障码，同时在电子中央电器系统存在着点火开关不可靠信号。

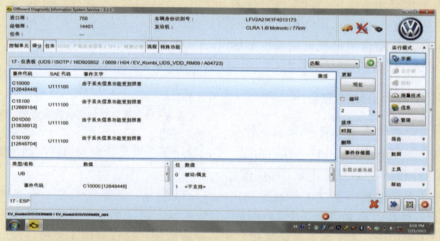

图4.3-36　在仪表存在着信息功能受到损坏记录

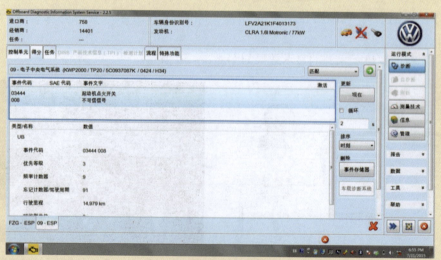

图4.3-37　在电子中央电器系统存在着点火开关不可靠信号

项目四 汽车车身通信系统检修

步骤2：分析故障可能原因，引出突破点

因此车电器装置为低版本，没有转向柱控制单元，另外通过ODIS诊断程序在BCM中也没有关于点火开关状态的数据块，所以只能依据电路图并结合故障现象进行判断了。首先我们先从仪表指示灯在关闭点火后依然点亮来分析，仪表工作条件与外界联系主要有以下几方面构成，有一条30号正电，一条15号正电，一条搭地线，两条数据CAN，几组与传感器相连的信号线，在这里，15号正电是控制仪表正常工作的和显示的条件，通常情况下，如果断15号正电接通仪表灯亮，15号正电切断则仪表熄灭，仪表15号供电如下：

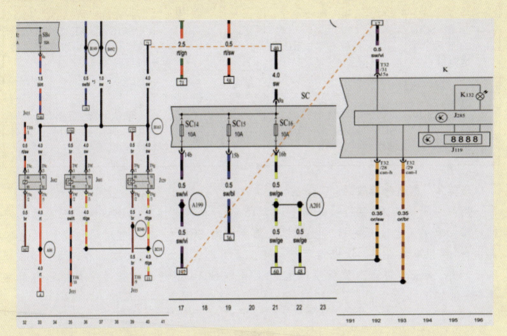

步骤3：排除故障点

步骤	测试对象	测试条件	测试设备	测试结果		分析结论及突破口
1	测SC14的上下游对地电压	OFF档位	万用表	SC14		说明OFF档时，SC14保险丝被加载了12V电压，将上游15号供电继电器拔下再次测量。
				标准	12 V	
				实测	12 V	
				结论	异常	
2	测SC14的上下游对地电压	OFF档位，拔掉J681和J329两个15号供电继电器	万用表	SC14		说明SC14保险丝对12V电压短路，查询被短路线路位置。
				标准	12 V	
				实测	12 V	
				结论	异常	

续表

步骤	测试对象	测试条件	测试设备	测试结果			分析结论及突破口
3	测 SC14 的上下游对地电压	OFF 档位，拔下 SC16 保险丝	万用表	SC14			说明因为 SC16 被 12 V 短路造成并联线路 SC14 也被 12 V 短路。
				标准	0 V		
				实测	0 V		
				结论	正常		
4	测 SC16 的上下游对地电压	OFF 档位	示波器	SC16			SC16 在 OFF 档时电压异常，说明 SC16 相关线路被 12 V 短路。
				标准	0V		
				实测	12 V		
				结论	异常		
5	测 SC16 的上下游对地电压	OFF 档，断开 SC16 上加装的线	万用表	测得 SC16 电压为 0 V，正常			确认故障点：SC16 上加装的线导致 SC14 一直有 12 V 电压

步骤 4：总结分析故障

用户自行从 SC16 保险丝处引出一条 15 号正电连接加装的收放机，因收放机内部故障，当关闭点火开关后，收放机内部反向给 SC16 一个正电，通过保险丝盒内部由 SC14 供电给仪表，仪表指示灯点亮，当钥匙从点火开关上拔出后，点火开关 S 端子断开，S 正电停止向收放机供电，SC14 与 SC16 则电压消失，仪表指示则正常熄灭。

任务评价（请扫码下载表格）

任务 4.4　CAN 总线系统检修

任务导入

一辆 2018 款全新迈腾 B8L 车辆，车主反映，车辆不能起动，仪表可以点亮，仪表提示多个控制系统故障，经维修人员检查后发现车辆 CAN 总线出现故障导致车辆不能起动。

项目四　汽车车身通信系统检修

　知识目标

1. 能正确描述常见 CAN 总线系统的组成构造、工作原理及系统的控制方法和原理。
2. 能完成 CAN 总线系统故障诊断。

　能力目标

1. 能够正确更换汽车 CAN 总线系统。
2. 会分析诊断和排除 CAN 总线系统常见故障。

　知识内容

> 控制器局域网（Controller Area Network，CAN）广泛应用于汽车工业、航天工业等领域，是目前最有发展前途的现场总线之一。

1. 控制器局域网在汽车中应用的必要性

> 随着汽车行业的不断发展，尤其是汽车电子技术的快速发展，使得车用电气设备越来越多，从发动机控制到传动系统的控制，从行驶、制动、转向系统到安全保证系统及仪表报警，从电源管理到为提高舒适性而做的各种努力，使汽车电气系统形成一个庞大的系统。传统的布线形式已经不能满足现代汽车高速智能化的发展，这使得车载网络系统在汽车上得到越来越多的应用。

据统计，在一辆采用传统布线方式（即电线一端与开关相连，一端与电器设备相连）的高档汽车中，其导线长度可达 2 000m，电气节点达 1 500 个。而且，根据目前汽车电子技术发展的速度推算，该数字大约每十年增长 1 倍。无论从材料成本还是从工作效率看，传统的布线方式都将无法适应现代汽车的发展。现代汽车的典型控制系统包括电控燃油喷射系统、电控传动系统、防抱死制动系统（ABS）、防滑控制系统、废气再循环控制系统、巡航控制系统和音响、防盗系统等。各系统在工作过程中，很多信号需要同时采集，如发动机转速信号、节气门位置信号、冷却液温度信号等。如果汽车各控制模块之间，有几个信号就需要用几条信号线，汽车的线路将非常庞大和复杂，最终造成的后果将是成本增加、故障率加大、维修困难。如果使用车载网络系统（图 4.4-1、图 4.4-2），加之相应网关服务器管理技术，就能实现全车数据共享（图 4.4-3）。将会为整车带来极大的可靠性、经济性、实用性。

2. CAN 的含义

它是车用控制单元传输信息的一种传送形式。车上的布线空间有限，CAN 总线系统的控制单元连接方式采用铜缆串行方式。由于控制器采用串行合用方式，因此，不同控制器

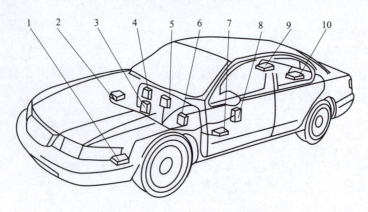

图 4.4-1 典型的车载网络系统

1—ABS 模块；2—动力系统控制模块；3—电子自动温度控制；4—集成控制板；
5—虚像组合仪表；6—照明控制模块；7—驾驶员座椅模块；
8—驾驶员车门模块；9—移动电话模块；10—汽车动态模块

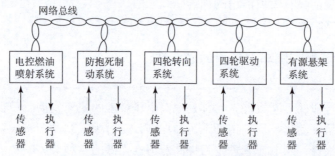

图 4.4-2 车载网络系统示意图

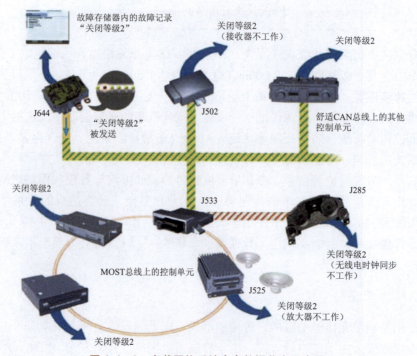

图 4.4-3 车载网络系统全车数据共享示意图

之间的信息传送方式是广播式传输。也就是说每个控制单元不指定接收者，把所有的信息都往外发送，由接收控制器自主选择是否需要接收这些信息。CAN是一种世界标准的串行通信协议，为高速公路数据确定统一的"交通"规则。

3. Bus 的概念

Bus 即总线，和导线的信息传输相比，Bus 组成的网络系统能够快速、准确、大量地传输信息。

4. CAN 的构成

CAN 的构成如图 4.4-4 所示，车身系统 CAN 为低速 CAN（125 kbit/s），动力传动系统 CAN 为高速 CAN（500 kbit/s），各种模块之间进行 CAN 通信，完成数据交换。

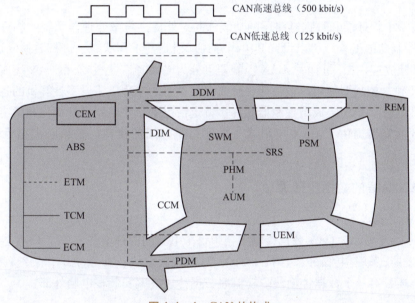

图 4.4-4　CAN 的构成

ABS—防抱死制动系统电脑；AUM—无线电电脑；CCM—环境控制电脑；CEM—中央电气电脑；DDM—驾驶门控制电脑；DIM—驾驶信息电脑；ETM—电子节流阀电脑；ECM—发动机电脑；PHM—电话电脑；PDM—乘客门控制电脑；PSM—电动座椅电脑；REM—后部电子电脑；SWM—转向器电脑；SRS—安全气囊电脑；TCM—变速器电脑；UEM—前部电子电脑

CAN 接线如图 4.4-5 所示，中央电气电脑（CEM）的 CAN 控制器具有双通道（CRX0、CTX0/CRX1、CTX1）的 CAN 接口，接到两个不同的网络总线（CANH、CANL）。各电脑通过收发器与 CAN 总线相连，相互交换数据。CAN 总线由两根线（CANH、CANL）构成。

CAN 控制器根据两根线的电位差判断其总线的电平。总线的电平分显性电平与隐性电平两种，二者必居其一。发信节点通过改变该总线的电平，即可将报文发送到接收节点。与总线相连的所有节点都可以发送报文，在两个以上的节点同时开始发信的情况下，具有优先级报文的节点获得发信权，其他所有节点转为收信状态。

CAN 主要由控制器和收发器组成，CAN 控制器由一块可编程芯片上的逻辑电路组成，

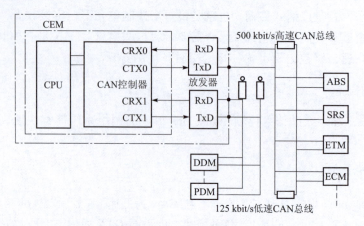

图 4.4-5　CAN 接线

实现通信模型中物理层和数据链路层的功能,并对外提供与微处理器系统的物理接口。通过对 CAN 控制器的编程,可以设置其工作方式,控制其工作状态,进行数据发送和接收,以它为基础建立应用层。目前,CAN 控制器可分为 CAN 独立控制器和 CAN 集成微控制器两种。CAN 独立控制器使用比较灵活,可与多种类型的单片机、微型计算机的各类标准总线进行接口组合。CAN 集成微控制器在许多特定情况下,使电路设计简化和紧凑,可靠性提高。CAN 收发器提供了 CAN 控制器与物理总线之间的接口,是影响网络性能的关键因素。

5. CAN 总线的数据传递原理

1) 系统组成

如图 4.4-6 所示,CAN 数据传输系统中每个电脑的内部增加了一个 CAN 控制器、一个 CAN 收发器;每个电脑外部连接了两条 CAN 数据总线;在系统中作为终端的两个电脑,其内部还装有一个数据传输终端(有时数据传递终端安装在电脑外部)。

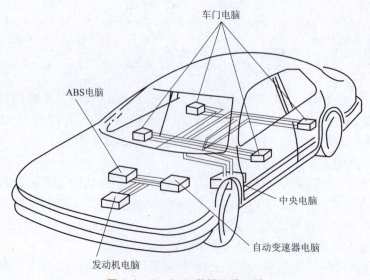

图 4.4-6　CAN 数据总线系统

（1）CAN 控制器。CAN 控制器的作用是接收电控单元中微处理器发出的数据，处理数据并传给 CAN 收发器。同时，CAN 控制器也接收收发器收到的数据，处理数据并传给微处理器。

（2）CAN 收发器。CAN 收发器是一个发送器和接收器的组合，将 CAN 控制器提供的数据转化成电信号并通过数据总线发送出去，同时它也接收总线数据，并将数据传到 CAN 控制器。

（3）数据传输终端。数据传输终端实际是一个电阻，作用是避免数据传输结果反射回来，产生反射波而使数据遭到破坏。

（4）CAN 数据总线。CAN 数据总线用以传输数据的双向数据线，分为 CAN 高位（CAN‐High）和低位（CAN‐Low）数据线。数据没有指定接收器，数据通过数据总线发送给各电控单元，各电控单元接收后进行计算。

2）数据传递过程

每条数据的传递包括以下 5 个过程：

（1）提供数据。电控单元向 CAN 控制器提供需要发送的数据。

（2）发送数据。CAN 收发器接收由 CAN 控制器传来的数据，转为电信号并发送。

（3）接收数据。CAN 系统中，所有电控单元转为接收器。

（4）检查数据。电控单元检查判断所接收的数据是否是所需要的数据。

（5）接受数据。如果接收的数据重要，它将被接受并进行处理，否则被忽略掉。

整个数据传递过程，例如：发动机电脑向某电脑 CAN 收发器发送数据，该电脑 CAN 收发器接收到由发动机电脑传来的数据，转换信号并发给本电脑的控制器。CAN 数据传输系统的其他电脑收发器均接收到此数据，但是要判断此数据是否是所需要的数据，若不是则将其忽略掉，如图 4.4-7 所示。各区域功能见表 4.4-1。

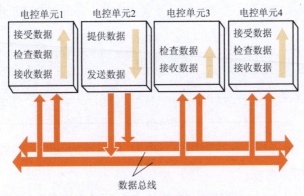

图 4.4-7　CAN 数据的传递过程

表 4.4-1　各区域的功能

区域名称	区域功能
起始域	标志数据开始、带有约 5 V 电压（由系统决定）的 1 位被送入 CAN 高速传输线，带有约 0 V 电压的 1 位被送入 CAN 低速传输线
状态域	判定数据中的优先权，若两个电脑要同时发送各自的数据，则具有较高优先权的电脑优先发送

续表

区域名称	区域功能
检查域	显示在数据域所包含的信息项目数,在此允许任何接收器检查是否已接收到所有信息
数据域	信息被传输到其他电脑
安全域	检测传输数据中的错误
确认域	接收器信号通知发送器,接收器已经正确接收到数据。若检查到错误,接收器立刻通知发送器,发送器再发送一次数据
结束域	标志着数据报告结束,显示错误,最后一次重复发送数据

3)数据的构成

数据由多位构成,在数据中位数的多少由数据域的大小决定,位是信息的最小单位(单位时间电路状态)。在电子学中,一位只有"0"或"1"两个值。也就是只有"是"或"否"两个状态。

(1)灯开关状态。灯开关处于闭合状态,灯亮,其值为"1"。灯开关处于打开状态,灯不亮,其值为"0"。

(2)发送器状态。发送器打开,在舒适系统中,电压为5 V(动力传动系统中,电压约为2.5 V),其值为"1";相同电压施加到传输线上:在舒适系统中,大约为5 V电压(动力传动系统中,大约为2.5 V),发送器关闭,搭铁;传输线同样搭铁,约为0 V。

4)数据总线CAN的数据分配

若多个电脑要同时发送各自的数据,则系统必须决定哪一个电脑首先进行发送,具有最高优先级的数据首先发送。基于安全考虑,由ABS/DEL电脑提供的数据比自动变速器电脑提供的数据(驾驶舒适)更重要。

(1)数据分配每个位都有1个值,该值定义为电位,即高电位或低电位,见表4.4-2。

表4.4-2 高电位或低电位

位电压/V	位 值	电 压
0	0	低
5	1	高

(2)数据报告的优先权。在状态域中,由11位组成的编码,其数据的组合形式决定了优先权,见表4.4-3。

表4.4-3 根据状态域中的11位编码组合形式决定优先权

优先权	位 值	状态域形式
1	ABS/DEL	001 1010 0000
2	Motronic	010 1000 0000
3	自动变速器	100 0100 0000

5)干扰源

车辆中的干扰源由电火花和电磁线圈开关联合作用产生,其他干扰源包括移动电话和发送站及产生电磁波的物体。电磁波影响或破坏 CAN 的数据传送。为防止数据传送的干扰，两条数据传输线缠绕在一起，也可防止数据所产生的辐射噪声，如图 4.4-8 所示。两根线上的电压相反。若一根数据线上的电压约为 0 V，则另一根线上的电压约为 5 V。这样两根线的总电压能保持常值，所产生的电磁场效应也会由于极性相反而互相抵消，因此可保证系统免受外界辐射干扰，且对外无辐射。

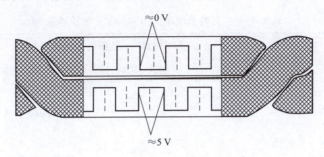

图 4.4-8 两条数据线缠绕在一起防辐射

6. 奥迪汽车舒适系统 CAN 数据总线

舒适系统 CAN 数据总线连接五个电脑，包括中央电脑及四个车门的电脑，如图 4.4-9 所示。舒适系统 CAN 数据传输有五个功能：中央门锁、电动窗、照明开关、电动调节和后视镜加热及自诊断功能。电脑的各条传输线以星状汇聚一点，其优点是若一个电脑发生故障，其他电脑仍可发送各自的数据。

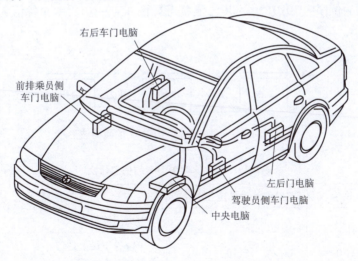

图 4.4-9 舒适系统 CAN 数据总线

1）特点

（1）通过车门连接所确定的线路较少。

（2）若出现对搭铁短路、对正极短路或线路间短路，CAN 会转为紧急模式运行和转为单线模式运行。

（3）因为自诊断完全由中央电脑控制，所以只需要较少的自诊断线。

（4）由于舒适系统中的数据可以以较低的速率传输，所以发送器需要较低的功率。若一根数据传输线发生故障,该系统可转换到单线模式运行,从而保证数据仍可传输。

2)舒适系统中 CAN 传输信息

信息与各自的功能状态有关,如无线电遥控操作信息、当前的中央门锁状态信息、故障信息等。表4.4-4 所列是以驾驶员侧车门电脑为例,介绍中央门锁状态和电动窗状态的传输信息。

表 4.4-4 驾驶员侧车门电脑的部分传输信息

功能状态	信 息	位序(数据线的电压)/V		位 值
		Bit5 Bit4	Bit3 Bit2 Bit1	
中央门锁	基本状态		0,0,0	000
	安全		0,0,5	001
	锁止(中央门锁)		0,5,0	010
	车门锁止		0,5,5	011
	打开(中央门锁)		5,0,0	100
	信号错误输入传感器		5,0,5	101
	错误状态		5,5,0	110
			5,5,5	111
电动窗	运动中	0,0		00
	静止状态	0,5		01
	在行程范围内	5,0		10
	最上端停止点	5,5		11

举例:5 位的位序为 10101 时,其位值状态如图 4.4-10 所示。各值为 10101 的信息含义见表 4.4-5。

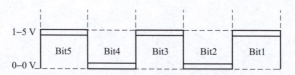

图 4.4-10 5 位的位值为 10101 的数据波形

表 4.4-5 位值为 10101 的信息含义

位序	位值	数据线中的电压/V	信息含义
3 到 1	101	5,0,5	中央门锁打开
5 到 4	10	5,0	车窗处于最上端停止点(完全关闭)与车窗密封条下 4 mm 之间

7. 奥迪汽车驱动 CAN 总线

1)驱动 CAN 总线组成

图 4.4-11 所示为驱动 CAN 总线系统组成。驱动 CAN 总线连接发动机控制单元、变速箱控制单元、ESP 控制单元、安全气囊控制单元、电子驻车制动控制单元、大灯照程调节控制单元。由于其连接了发动机和变速箱等系统,故称为驱动 CAN 总线。

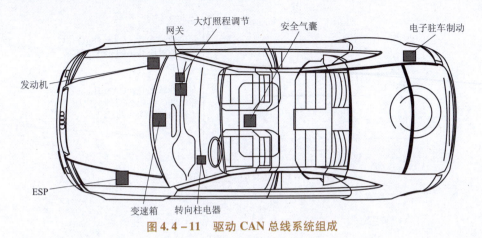

图 4.4－11 驱动 CAN 总线系统组成

点火开关关闭后 CAN 总线通信一直有效，通信断路时（如拔下插头或某一控制单元供电断路）会产生故障记忆，在重新连接正常后必须删除所有控制单元的故障存储信息才可以正常运行。

2）驱动 CAN 总线特点

（1）500 kbit/s 高速传输。

（2）级别 CAN/C。

（3）双绞线：CAN—High 为橙/黑色，CAN—Low 为橙/棕色。

（4）在一根线断路/短路时所有功能都会停止。

3）电路控制与信号

图 4.4－12 所示为大众车系驱动 CAN 总线的电路简图。驱动 CAN 总线由 15 号线激活，速率是所有 CAN 总线中最高的，达到 500 kbit/s，采用终端电阻结构，其中心电阻为 66 Ω（发动机电阻），并且高低 CAN 总线为环状结构，即任一根 CAN 总线断路，CAN 总线都无法工作。驱动总线上的信号波形如图 4.4－13 所示。从双线信号中获得信号电平，如图 4.4－14 所示。

动画：迈腾 B8 驱动 CAN 电路分析

图 4.4－12 驱动 CAN 总线的电路简图（大众）

驱动系统的 CAN 总线信号和逻辑信号：

CAN—High 的高电平：3.5 V；CAN—High 的低电平：2.5 V；

CAN—Low 的高电平：2.5 V；CAN—Low 的低电平：1.5 V；

逻辑"0"：CAN—High = 3.5 V，CAN—Low = 1.5 V；

逻辑"1"：CAN—High = 2.5 V，CAN—Low = 2.5 V。

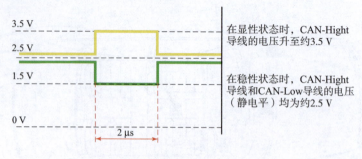

图 4.4-13 驱动总线上的信号波形

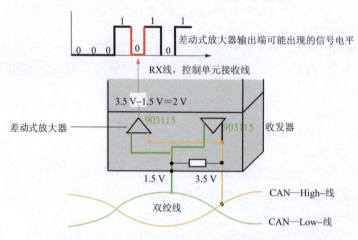

图 4.4-14 双线信号中获得信号电平波形图

8. 诊断总线

在大众车系新型多路传输 CAN 总线中设置了诊断总线，诊断总线是用于诊断仪器和相应控制单元之间的信息交换，它被用来代替原来的 K 线或者 L 线的功能（废气处理控制器除外）。当车辆使用诊断 CAN 总线结构后，VAS5051 等诊断仪器必须使用相对应的新型诊断线（VAS5051/5 A 或 VAS5051/6 A），否则无法读出相应的诊断信息。诊断总线目前只能在 VAS5051 和 VAS5052 下工作，而不能适用于原来的诊断工具（如 1552 等），如图 4.4-15 所示。注：5051 仪器的版本号必须大于 3.0 才能使用诊断 CAN 总线。

诊断总线通过网关转接到相应的 CAN 总线上，然后再连接相应的控制器进行数据交换，如图 4.4-16 所示。

随着诊断总线的使用，大众车系将逐步淘汰控制器上的 K 线存储器，而采用 CAN 总线作为诊断仪器和控制器之间的信息连接线，该线被称为虚拟 K 线，如图 4.4-17 所示。

车上的诊断接口也作出了相应的改动，如图 4.4-18 所示。诊断接口端子含义见表 4.4-6。新型诊断线能够适用于旧型诊断接口。

项目四 汽车车身通信系统检修

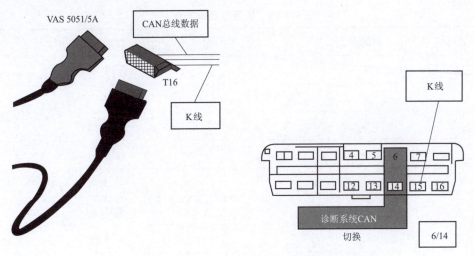

图 4.4-15　网关诊断插头图

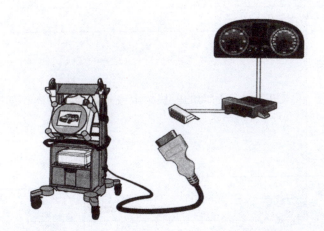

图 4.4-16　诊断总线通过网关连接各控制器

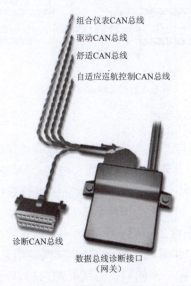

图 4.4-17　诊断总线（虚拟 K 线）示意图

图 4.4-18　诊断接口布置图

表 4.4-6 诊断接口端子含义

针脚号	对应的线束
1	15 号线
4	接地
5	接地
6	CAN—High
7	K 线
14	CAN—Low
15	L 线
16	30 号线

注：未标明的针脚号暂未使用。

9. 网关的作用

网关（Gateway）安装在手套箱后面的模块架上或集成在仪表内，如图 4.4-19 所示。

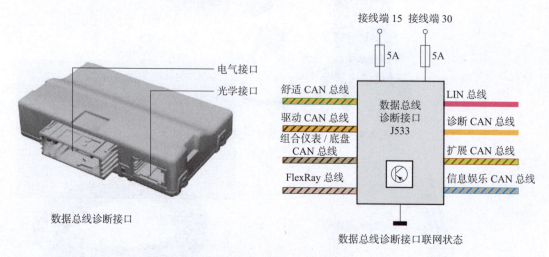

图 4.4-19 网关的安装位置

网关是整车不同总线间的接口，以及诊断仪和与总线系统相连的控制单元间的接口，使所有连接在 CAN 总线上的控制单元实现数据交换。驱动 CAN 总线、舒适 CAN 总线和显示 CAN 总线（信息娱乐 CAN 总线）的传输速率是不同的，所以不能直接进行数据交换。驱动 CAN 总线的速率为 500 kbit/s，舒适 CAN 总线的速率为 100 kbit/s，信息娱乐 CAN 总线（奥迪）的速率为 100 kbit/s，几种不同的总线系统必须以一个中间速率进行数据交换。作为诊断网关，在不改变数据的情况下，将驱动 CAN 总线、舒适 CAN 总线、信息娱乐总线的诊断信息传递到 K 线。作为数据网关，使连接在不同的数据总线上的控制单元能够交换数据，如图 4.4-20 所示。

项目四 汽车车身通信系统检修

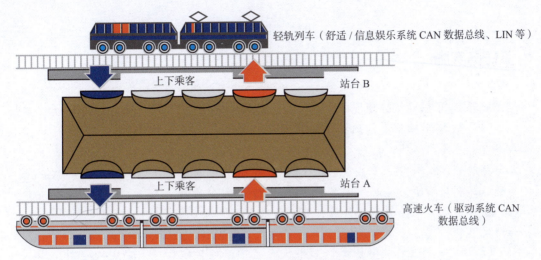

图 4.4-20 网关的数据传递原理

由于不同区域 CAN 总线的速率和识别代号不同，因此，一个信号要从一个总线进入到另一个总线区域，必须把它的识别信号和速率进行改变，这个任务由网关来完成。另外，网关还具有改变信息优先级的功能。如车辆发生相撞事故，气囊控制单元会发出负加速度传感器的信号，这个信号的优先级在驱动 CAN 总线系统非常高，但传到舒适 CAN 总线系统后，网关调低了它的优先级，因为它在舒适 CAN 总线系统的功能只是打开门和灯。

对于大众车系而言，舒适 CAN 总线和信息娱乐 CAN 总线在物理上是一个总线系统，但是它们在软件和硬件上是分开的，如图 4.4-21 所示。

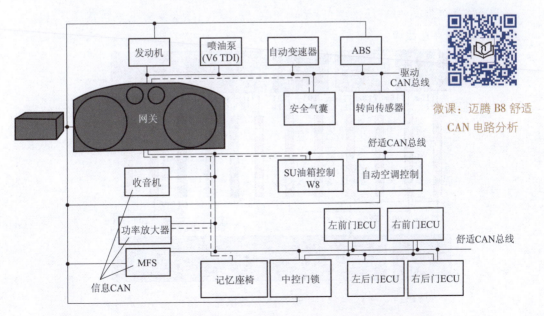

图 4.4-21 舒适 CAN 总线和信息娱乐 CAN 总线的关系图

任务实施

步骤1. 了解确认故障现象

（1）收集车辆信息，确认故障现象。打开车门，进入车内，不关闭车门，然后打开点火开关，方向盘解锁、方向盘解锁，仪表灯正常点亮，但 EPC 灯和制动指示灯不亮；踩刹车踏板，尾部制动灯不亮，换挡手柄不能换挡；仪表提示多个控制系统故障，安全气囊指示灯常亮；起动机不转。

（2）进一步明确故障现象，缩小故障范围。连接诊断仪，读取故障码，发现显示故障码：U0100，驱动系统总线损坏，且发动机、变速器等驱动总线系统相关的控制系统都进不去。

微课：迈腾 B8 的驱动 CAN 总线故障诊断

步骤2. 分析故障可能原因，引出突破点

通过图 4.4-22 所示电路图结合电路控制逻辑分析，再根据故障现象可以得出以下分析结果：

①方向盘解锁，证明 E378—J965（唤醒）—J519—舒适 CAN—J764；J965—室内天线—钥匙—J519 工作正常。

②仪表能点亮，说明 E378—J965（唤醒）—J519—舒适 CAN—J285 工作正常。

③因 EPC 灯不亮，说明 J623—驱动总线—J533—舒适总线—J285 工作异常。

④仪表提示多个与驱动总线相关的控制系统故障，怀疑发动机控制系统及动力系统总线通信存在故障。

动画：迈腾 B8 驱动 CAN 线故障诊断流程

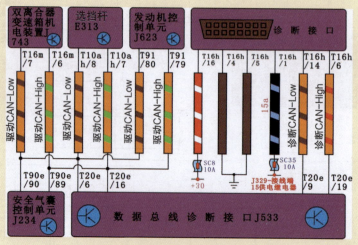

图 4.4-22 驱动 CAN 总线电路原理图

步骤3. 排除故障点（表4.4-7）

表4.4-7 故障排除一览表

步骤	测试对象	测试条件	测试设备	测试结果		分析结论及突破口
1	测 J623 总线波形	在线测量	示波器	标准	标准的驱动总线波形	通过驱动总线标准波形和异常波形对比，发现驱动总线可能存在相互短路情况
				实测	CAN-High 波形为 2.5V 直线，CAN-Low 波形为 2.5V 直线	
				结论	异常　正常	
2	测 J623 总线 CAN-High 和 CAN-Low 之间电阻	关闭点火开关，测量 J623 的 T91/79—T91/80	万用表	标准	60Ω	通过测量结果可知道总线或者总线涉及的控制单元局部有短路情况，下一步测量是总线短路
				实测	<10Ω	
				结论	异常	
3	测 J623 总线 CAN-High 和 CAN-Low 之间电阻	关闭点火开关，断开 J623 的 T91 插接器	万用表	标准	∞	测量结果说明总线出现互短故障
				实测	<10Ω	
				结论	异常	

故障总结

作为现代汽修人员，必须要不断学习新技术；对于不熟悉的车型，必须做到理性维修，不能盲目动手；很多车的系统供应商是一样的，因此在维修中要尽量"吃透"这些系统；在故障排除过程中要保持思维活跃，能够适当放宽思路。

步骤4. 总结分析故障

迈腾 B8L 驱动 CAN 总线互相短路引起整个驱动系统 CAN 网络瘫痪，导致驱动系统所有控制点单元均不能正常工作。

任务评价（请扫码下载表格）

项目五 汽车车身智能控制系统检修

自主创新：国产汽车领跑智能化

任务 5.1　电控前照明系统检修

 任务导入

一辆 2018 款全新迈腾 B8L 车辆，车主反映，车辆前后雾灯均不能正常工作，操作灯光开关时，小灯和近光灯延迟点亮，经维修人员检查后发现灯光开关出现故障导致车辆出现前后雾灯不能正常工作。

知识目标

1. 能正确描述常见电控前照灯照明系统的组成、各元件功能、工作原理及系统的控制方法。
2. 电控前照灯照明系统，能够对电控前照灯照明系统的故障进行排除及诊断。

 能力目标

1. 能正确拆装电控前照灯照明系统的各元件。
2. 能检测判断电控前照灯照明系统各部件性能。
3. 会分析诊断和排除电控前照灯照明系统常见故障。

 知识内容

为了汽车使用的方便和汽车行驶的安全，现代汽车上都装有多种照明设备和灯光信号装置。随着社会的发展，人们对汽车安全性和舒适性要求越来越高，很多车辆都开始配备智能控制的照明系统，电控前照灯照明系统已经开始成为中高档轿车的标准配置了。

1. 电控内藏式前照灯

> 配备内藏式前照灯系统的轿车，不用前照灯时，便将前照灯隐藏在前照灯盖门的后面，当灯光开关打到 Head 挡时，前照灯盖门开起。前照灯盖门用电动机或真空推杆开闭。

1）真空操纵内藏式前照灯系统

利用真空为动力开闭前照灯盖门的系统，采用一只带有真空分配阀的灯光开关，由真空推杆开闭前照灯盖门，如图 5.1－1 所示。

当发动机不工作或真空度不足时，要由真空罐储存的真空维持前照灯盖门的关闭。系统中还设有一个供系统失灵时手动开起盖门用的旁通阀，如图 5.1－2 所示。

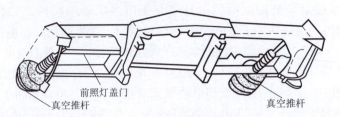

图 5.1-1 真空操纵内藏式前照灯系统

2）电动机操纵内藏式前照灯系统

如图 5.1-3 所示，车身计算机接收灯光开关和前照灯闪光超车开关的输入信号。当打开车灯开关时，车身计算机便收到点亮前照灯的信号。为了打开前照灯盖门，车身计算机由 L50 输出

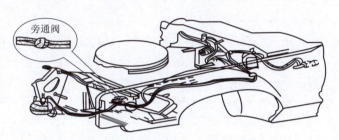

图 5.1-2 系统失灵时手动开起盖门用的旁通阀

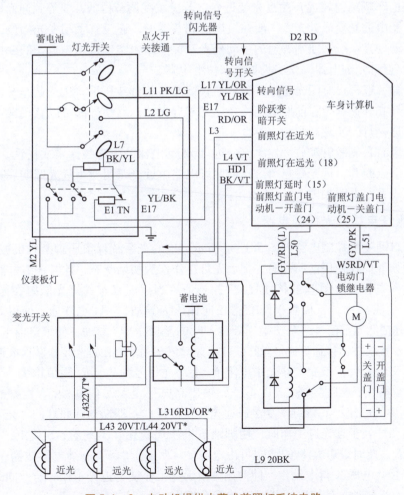

图 5.1-3 电动机操纵内藏式前照灯系统电路

线为开盖门继电器（上）励磁线圈供电，使开盖门继电器动断触点动作（图中向下闭合），使盖门电动机上端搭铁，于是电动机将打开盖门，变换颜色：蓄电池正极→灯光开关→输出线 L11 →关盖门继电器的动断触点→盖门电动机→开盖门继电器→搭铁。当关闭车灯开关时，车身计算机由 L51 输出线为关盖门继电器（下）励磁线圈供电，使关闭盖门动断触点动作（图中向上闭合），使盖门电动机下端搭铁，于是电动机将关闭盖门，由电动门锁继电器提供电源正极→开盖门继电器动断触点→盖门电动机→关盖门继电器→搭铁。

2. 前照灯自动变光系统

> 现代汽车为了减小安全隐患，提高安全性能，在前照灯电路中多采用自动变光系统。该系统一般由光敏管及放大器单元（感光器）、灵敏度调节器、远/近光继电器、变光开关和前照灯闪光超车继电器等组成。

光敏管及放大器单元一般装在后视镜支架上，也有的安装在前中网与散热器之间，用来感应对面汽车的光线。灵敏度调节器装在灯光开关上，或装在灯光开关附近，驾驶员通过旋转灵敏度调节器便能调节前照灯自动变光系统的灵敏度。若灵敏度调节得高，前照灯便早些（迎面车辆离得较远）由远光变近光。若灵敏度调节得低，要等到迎面车辆离得很近前照灯才能由远光变成近光。一般在灵敏度调节器上，还设有手动变光挡位，当置于此挡位时，自动变光系统则回到普通的手动变光开关操作，实现远光与近光的变换。用来实现变光的远/近灯光继电器，是一只单臂双位继电器。

变光开关一般都设有闪光超车开关，如果接通（抬起或压下）闪光超车开关，远光灯将亮。不论灯光开关是否在前照灯挡或在远光或近光挡，驾驶员都可以直接操作闪光超车开关，接通远光灯，实现超车。

会车结束时，光敏管和放大器单元使远/近光继电器的电磁线圈再次搭铁，远/近光继电器的近光触点断开，远光触点闭合，前照灯电路由近光照明变为远光照明。福特汽车前照灯自动变光系统电路如图 5.1-4 所示。

3. 前照灯自动变光控制电路

前照灯自动变光控制电路如图 5.1-5 所示。该变光系统保留原脚踏式机械变光开关，其工作原理如下：在使用前照灯时，把远光灯工作作为初始状态，此时在继电器 K 作用下将电源"+"与至远光灯丝的接线柱"1"连通。当迎面来车的灯光照射在光敏电阻 R_1 上，R_1 的阻值将减小，三极管 VT_1 获得正向偏压而导通，VT_2 也导通，使得 VT_3 截止而 VT_4 导通，并把低电平信号送至功率三极管 VT_5 的基极，VT_5 导通，使继电器 K 得电动作，断开远光灯丝接线柱而接通近光灯丝接线柱，此时汽车前照灯由远光工作转换成近光工作。

当两车交会之后，该变光器光敏电阻 R_1 上的光信号消失，R_1 阻值增大，三极管 VT_1 截止，VT_2 也截止；VT_3 导通，VT_4 截止，输出高电平至 VT_5 的基极，VT_5 截止，切断继电器 K 线圈中的电流，其触点恢复接通远光灯丝接线柱，即恢复前照灯的远光工作。

如果前照灯处于远光灯工作时，用脚踏下机械式变光开关 S 时，S 就由"a"位置转到"b"位置，此时继电器 K 的线圈可由电源"+"→"b"→继电器线圈→接地而获得电流，于是继电器 K 得电动作，使前照灯由远光工作变为近光工作。与此同时，三极管 VT_4 的基极直接接地，使多谐振荡器停滞不再振动。

项目五 汽车车身智能控制系统检修

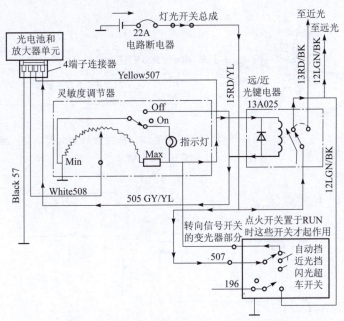

图 5.1-4 福特汽车前照灯自动变光系统电路

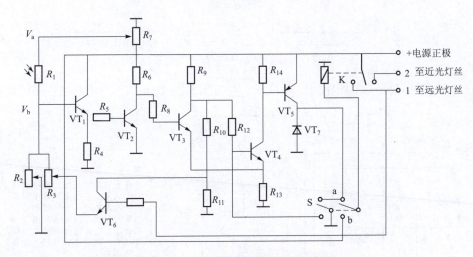

图 5.1-5 前照灯自动变光控制电路

4. 前照灯自动开灯/延时关灯系统

> 前照灯自动开灯/延时关灯系统（或称为"黄昏守卫"系统）有两种功能：一是当环境亮度暗到预定程度时，自动点亮前照灯；另一个是当汽车停车熄火后，使前照灯能保持亮一段时间，为驾驶员离开黑暗的停车场提供照明。

1）前照灯自动开灯/延时关灯系统

前照灯自动开灯/延时关灯系统（光敏管和放大器单元）组成如图 5.1-6 所示。

2）前照灯自动开灯/延时关灯系统电路

前照灯自动开灯/延时关灯系统电路如图 5.1-7 所示。

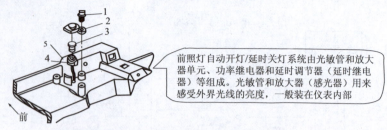

图 5.1-6 前照灯自动开灯/延时关灯系统（光敏管和放大器单元）组成
1—螺钉；2—连接片；3—光敏管和放大器单元；4—插座；5—仪表板

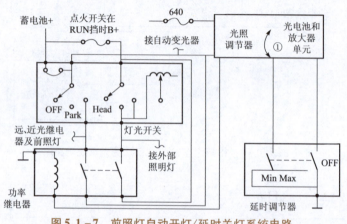

图 5.1-7 前照灯自动开灯/延时关灯系统电路

（1）自动开灯模式。如图 5.1-8 所示，灯光开关在 OFF 挡，点火开关在 RUN 挡。

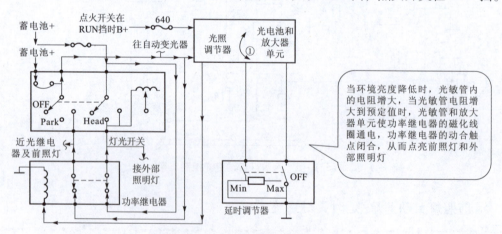

图 5.1-8 自动开灯模式时电流方向

（2）延时关灯模式。延时调节器是一个电位计，利用电位计发信号给光敏管和放大器单元。驾驶员离开汽车前，可以用延时调节器设定前照灯继续照明时间的长短。延时调节器多数安装在车灯开关上，也有的装在仪表板上。

当关闭点火开关后，由点火开关到光敏管和放大器的火线 640 便断开。这时，通过延时调节器的闭合，起动了光敏管和放大器内部的定时电路，由灯光开关到光敏管和放大器单元的火线通过光敏管和放大器单元内的定时电路，继续给功率继电器供电，使功率继电器的触点继续闭合，前照灯或外部照明灯继续亮。当预定的时间一到，光敏管和放大器单元便停止给功率继电器供电,功率继电器的触点断开,前照灯便熄灭。

3) 车身电子控制的"黄昏守卫"系统

车身电子控制的"黄昏守卫"系统电路如图 5.1-9 所示。

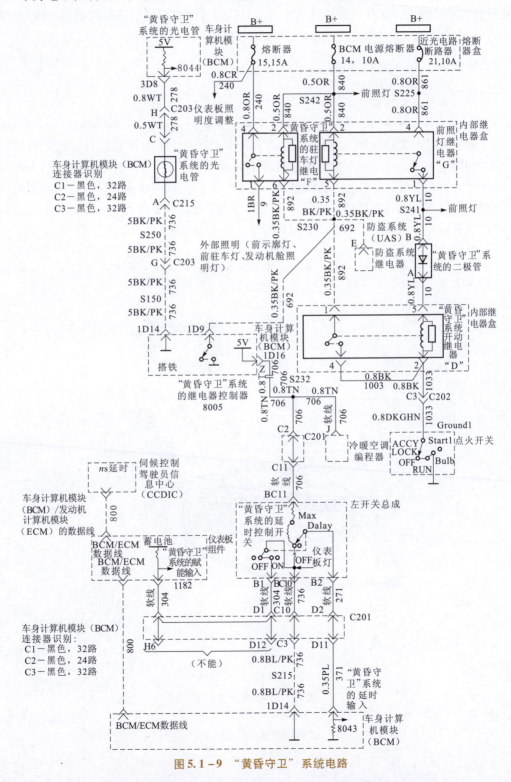

图 5.1-9 "黄昏守卫"系统电路

车身计算机感受光敏管两端的电压降与延时控制开关两端的电压降,延时控制开关的电阻与光敏管串联接线。如果外界环境亮度下降到预定值时,车身计算机便接通前照灯继电器 G 线圈和驻车灯继电器 P 线圈的搭线回路,从而点亮前照灯与驻车灯。在关闭点火开关之后的规定时间内,车身计算机继续维持前照灯照明电路导通,前照灯点亮,规定时间一到,前照灯熄灭。

5. 新技术:氙气大灯系统

1) 氙气大灯

> 氙气大灯由大灯灯泡、气体放电灯控制单元及大灯照射行程执行器电动机组成,如图 5.1-10 所示。它的灯泡两极间的间隙为 4 mm,工作时电压高达 25 kV,因此绝对不允许在其工作状态拆装作业。控制单元的作用非常重要,因为它既要起到瞬间高压激发氙气大灯点亮的作用,又要稳定维持点灯正常各类参数,并起到自动感知电路异常切断高压的作用,以保安全,并有高稳定、高效率、抗电磁干扰等优良特性。

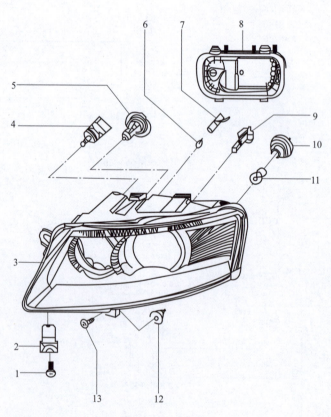

图 5.1-10 氙气大灯

1,13—螺钉;2—固定件;3—大灯壳体;4—大灯射程调节电动机;5—远光灯泡;6—驻车灯;7—灯泡固定件 1;8—壳体后盖;9—近光灯;10—灯泡固定件 2;11—转向信号灯泡;12—调节螺母

2) 双氙气大灯

> 双氙气大灯是一种特殊的灯光系统。由于氙气气体放电灯点燃 3 s 后才能达到最大亮度，传统的氙气灯不能作远光灯，只能作近光灯使用，因此大灯内仍然装有一个作远光灯用的卤素灯泡。而双氙气大灯允许使用一个氙气灯同时产生近光和远光，双氙气大灯分为反射型双氙气大灯和投射型双氙气大灯。

（1）反射型双氙气大灯。通过远光/近光开关操作，一个电子机械动作器移动反射镜内的氙气灯到合适的位置以限制远光和近光光锥面的散失情况。这种双氙气大灯的优点是可以用于远光氙气灯，其结构原理如图 5.1 - 11 所示。

（2）投射型双氙气大灯。投射型双氙气大灯结构原理如图 5.1 - 12 所示，通过移动明/暗截止线的遮光屏使氙气灯用于远光操作，透镜直径为 60 ~ 70 mm。

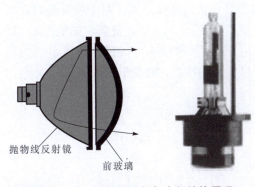

图 5.1 - 11　反射型双氙气大灯结构原理

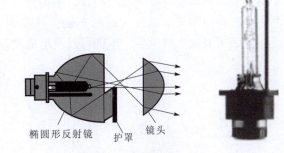

图 5.1 - 12　投射型双氙气大灯结构原理

（3）奥迪车上应用的双氙气灯。奥迪 A6 轿车采用三种前大灯，包括卤素大灯、双氙气大灯和自适应大灯。作为选装装备，可以使用一个双氙气大灯作为远光灯和近光灯，可选一个带灯泡 H7 的大灯作为附加远光灯，如图 5.1 - 13 所示，安装了这种型号的大灯时，如果在未打开近光灯的情况下操纵远光灯瞬时功能，则只有附加远光灯亮起。

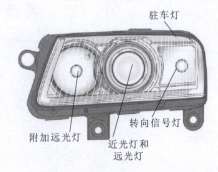

图 5.1 - 13　带附加远光灯的双氙气大灯

奥迪 A6 轿车上基本装备是卤素和氙气大灯，其内部装有如图 5.1 - 14 所示的灯泡。W5W 灯泡，用于驻车灯，以保证驻车灯灯光颜色与氙气灯相同；H1 灯泡，用于远光灯和变光；H7 灯泡，用于近光灯和白天行车灯；PY21W 灯泡，用于转向灯；D2S 灯泡用于远光灯、变光和近光灯，在远光灯和变光状态还控制近光灯防炫。

3）氙气大灯的优点

氙气大灯从发明至今只有十多年，其工艺和技术远比卤钨灯复杂，制作更精细，其主要优点如下。

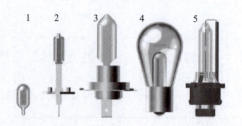

图 5.1-14 奥迪 A6 大灯灯泡类型图

1—W5W 灯泡；2—H1 灯泡；3—H7 灯泡；4—PY21W 灯泡；5—D2S 灯泡

（1）寿命长。利用电流刺激气体发光，基本上不会产生过高温度，所以只要其中的氙气还没用完，它就可以一直正常发光。而一般的卤素灯泡，常会发生钨丝烧坏的现象。在正常的用车条件下，一组氙气大灯至少有 6 年的使用寿命，是卤钨灯的 8～10 倍。并且当它出现故障时往往会逐渐变暗，而不是突然不亮，可以给驾驶者提供维修的准备时间。

（2）高亮度。氙气大灯可以发出高出传统卤素灯 3 倍的亮度效率，对于提升夜间及雾中驾驶视线清晰度有着明显的功效，照得更亮、更广、更远，行车更安全。如图 5.1-15 所示，在路口未安装氙气大灯的车辆，从发现自行车到车辆停止，很容易造成事故的发生，安装了氙气大灯以后，车辆可以及早地发现自行车的状态，并能够及时制动停车。

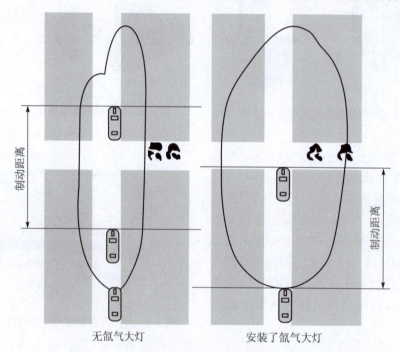

图 5.1-15 氙气大灯作用图

（3）省电。一般车辆上卤素大灯每小时需要耗费 60 W 左右的电力，氙气大灯只需要 35 W 的电力，节省电力约 50%，在相应提高车辆照明的同时，减少了油耗。

（4）色温性能好。有 3 000～12 000 K 不同色温的选择，色温接近正午太阳光的蓝钻石白光，适合人眼的接受度和舒适度，可以有效减少驾驶员的视觉疲劳，大大提高驾车的安全性。

6. 新技术：前照灯自动调平系统

1) 组成

> MAZDA M6 轿车前照灯自动调平系统主要由前/后自动调平传感器、主/副自动调平控制单元和左/右前照灯自动调平执行器等组成，其布局如图 5.1-16 所示。

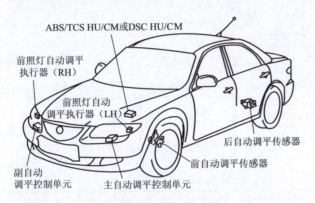

图 5.1-16　前照灯自动调平系统电子元件的布局

2) 前照灯自动调平系统工作原理

前照灯自动调平系统工作原理如图 5.1-17 所示，控制电路如图 5.1-18 所示。

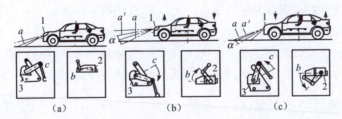

图 5.1-17　前照灯自动调平系统工作原理

(a) 车辆空载状态（基准位置）；(b) 车辆重载或加速（前照灯光轴向下调整）；
(c) 车辆减速（前照灯光轴向上调整）
1—前照灯；2—后自动调平传感器；3—前自动调平传感器；
a—前照灯光轴位置（基准设置时）；a'—变化后的前照灯光轴位置；b—后自动调平传感器基准位置；
c—前自动调平传感器基准位置；α—光轴调节度

当乘客或货物条件变化时，车辆悬架状态发生变化。此时，前、后自动调平传感器分别向主自动调平控制单元输送不同的前照灯光轴位置信号，主自动调平控制单元在接收到信号后，即校验汽车状态。然后计算前照灯光轴调节度，并向副自动调平控制单元发送信号。接着主、副自动调平控制单元将前照灯反射镜的实际位置与标准位置进行比较，并控制左、右前照灯调平执行器调整前照灯光轴的方向，当车辆重载或加速时，前照灯光轴向下调整；当车辆减速时，前照灯光轴向上调整。

在车辆处于行驶状态，并且前照灯亮时，主自动调平控制单元接收来自防抱死制动系统（ABS）、牵引力控制系统（TCS）液压控制模块或动力稳定性控制系统（DSC）液压

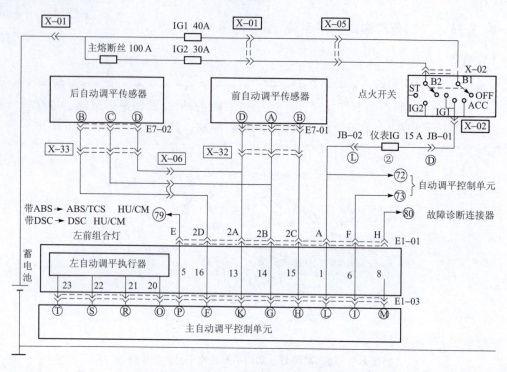

图 5.1-18 前照灯自动调平系统控制电路

控制模块的车速信号及来自前、后自动调平传感器的悬架状态信号,然后对车速变化和车辆状态进行校验,计算前照灯光轴调节度,并向副自动调平控制单元发送信号,再与副自动调平控制单元一起对实际的反射镜位置与所需的反射镜位置进行比较,控制左、右前照灯调平执行器调整前照灯光轴至最优方向。注意,刚接通点火开关时,前照灯自动调平系统进行自检,会听到前照灯调平执行器持续几秒的运转声音,属于正常工作状态。

7. 迈腾 B8 前照灯控制系统

1) 迈腾 B8 远光灯控制系统

迈腾 B8 远光灯控制系统通过车载电网控制单元 J519 集中控制,系统包含灯光旋转开关、车灯变光开关、左前大灯总成、右前大灯总成、转向柱电子装置控制单元 J527、数据总线诊断接口 J533、组合仪表控制单元 J285、车载电网控制单元 J519 等元器件,如图 5.1-19 所示。

迈腾 B8 远光灯系统工作原理如图 5.1-20 所示。

(1) 灯光旋转开关旋至远光灯位置时,变光开关向下按动。开关内部接通远光灯控制触点,随即转向柱电子装置控制单元 J527 接收到远光灯开启的模拟信号,控制单元 J527 将这一个模拟信号转换为数字信号,通过舒适系统 CAN 总线将数据发给车载电网控制单元 J519 和组合仪表中控制单元 J285。

微课:迈腾 B8 灯光应急模式

动画:迈腾 B8 远光灯系统工作电路分析

项目五 汽车车身智能控制系统检修

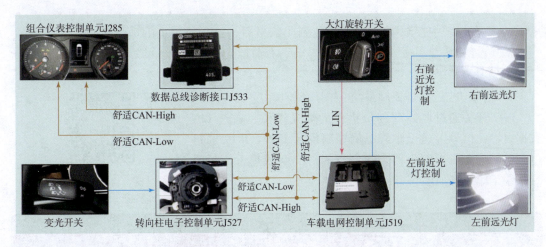

图 5.1－19　远光灯控制系统示意图

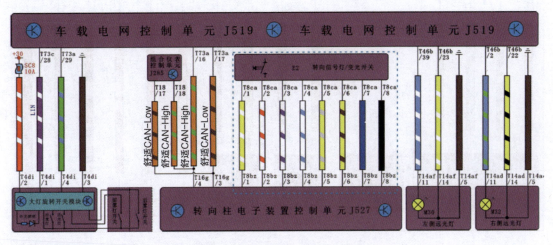

图 5.1－20　迈腾 B8 远光灯系统工作原理图

控制单元 J519 接收到此信号后,分别接通左前、右前远光灯控制信号,所有远光灯点亮。

组合仪表中控制单元 J285 接收到此信号后,点亮仪表上的远光指示灯,提示驾驶员灯光状态。

(2) 任何时候变光开关向上拉动。开关内部接通超车灯控制触点,随即转向柱电子装置控制单元 J527 接收到超车灯开启的模拟信号,控制单元 J527 将这一个模拟信号转换为数字信号,通过舒适系统 CAN 总线将数据发给车载电网控制单元 J519 和组合仪表中控制单元 J285。

控制单元 J519 接收到此信号后,分别接通左前、右前远光灯控制信号,所有远光灯点亮。

211

> 组合仪表中控制单元 J285 接收到此信号后，点亮仪表上的远光指示灯，提示驾驶员灯光状态。松开变光开关，左前、右前远光灯和仪表上的远光指示灯熄灭。

2）迈腾 B8 近光灯控制系统

EX1 开关通过监测驾驶员操作的灯光挡位，通过 LIN 数据线将此信号发送至车载电网控制单元 J519。J519 通过电源供给近光灯控制电路来控制近光灯亮起或熄灭。近光灯系统工作原理如图 5.1-21 所示。

动画：迈腾 B8 近光灯系统工作电路分析

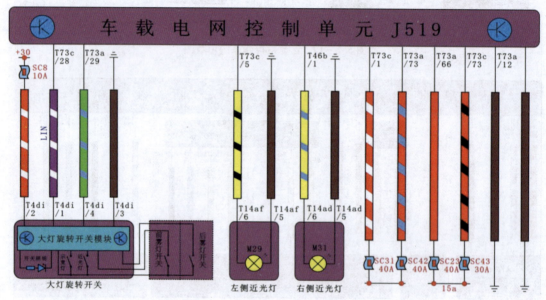

图 5.1-21　近光灯系统工作原理

当操作 EX1 开关时，EX1 开关内部电路逻辑监测到驾驶员所选灯光挡位信号。灯光旋转开关旋至近光灯挡位，灯光旋转开关模块接收到近光灯开启信号，通过 LIN 网线传递信号至车载电网控制单元 J519，模块内部将接收到的模拟电压信号转换为数字信号。

> J519 监测到灯光挡位信号后，将电源分配给近光灯，近光灯亮起，并通过 CAN 网线向其他模块传递灯光挡位信息。

3）迈腾 B8 灯光控制 LIN 总线系统

车辆灯光旋转开关状态信号是通过 LIN 总线发出，并传递至车载电网控制单元 J519。灯光旋转开关 E1 的 T4di/1 管脚接线为 LIN 数据线，连接至车载电网控制单元 J519 的 T73c/28 管脚，控制单元 J519 和灯光旋转开关 E1 通过这个 LIN 线组成的局域网，且传入和传出数据信息。即通过控制单元 J519 解析后将数据传入或传出，并且通过舒适 CAN 总线的数据总线

微课：迈腾 B8 灯光控制 LIN 总线系统

项目五 汽车车身智能控制系统检修

诊断接口 J533（网关）和诊断仪器通信。接收外部数据以及发送故障代码和当前工作状态。

> **注意**：当 LIN 线出现故障时，那从车辆在点火开关打开时，车辆的小灯、近光灯会异常亮起，这时是车辆进入了应急模式，在排查时可根据应急模式排除某些可能，或者说暂时不考虑。（比如：车辆小灯、近光异常点亮后，我们先怀疑是否进入应急，在进行展开排查，暂时可以不用考虑是小灯和近光灯开关，灯泡执行线路等相关的故障。）EX1 开关 LIN 线和车门 LIN 总线是属于一类网线，功能控制不同而已，测试方法和步骤基本一样。

任务实施

步骤 1. 确认故障现象

（1）收集车辆信息，确认故障现象。操作各控制开关，进一步检查车辆状况，发现车辆存在下列故障现象：按下 E378，方向盘解锁，仪表正常点亮。操作 EX1 开关，示宽灯及近光灯均延迟点亮。操作 EX1 开关小灯、近光挡前后雾灯，前后雾灯均不亮。

微课：迈腾 B8 EX1 的冗余信号线造成灯光系统异常诊断

（2）进一步明确故障现象，缩小故障范围。连接诊断仪，读取故障码，发现显示故障码 544533：数据总线丢失信息；930056：灯开关不可信信号。

步骤 2. 分析故障可能原因，引出突破点

EX1 开关背景照明灯亮说明 EX1 的电源电路正常。对应挡位灯光均能亮起，且未出现灯光应急模式，说明车灯开关 LIN 网线正常。示宽灯和近光灯均延迟开启，可能是冗余信号线或 EX1 开关及 J519 自身故障。

当车载电网控制单元控制单元 J519 通过 T73a\29 端子未能正确收到来自从控制单元的信息，且从控制单元本侧功能异常时就会出现灯开关，不可信信号的码，根据故障代码定义可知，从控制单元本身以及其电源电路、网络通信可能存在故障。

结合电路图 5.1－22，在迈腾 B8 上，灯光开关 EX1 内部安装有集成电路板，所有开关位置信息通过 LIN 网线与冗余信号

图 5.1－22　灯光开关 EX1 信号电路

线传输至车载电网控制单元 J519。开关电源是由蓄电池通过保险 SC8 提供至开关的 T4di/2 管脚,再通过开关的 T4di/3 管脚构成回路。如果灯光旋转开关 E1 的 T4di/4 管脚线路出现故障,将导致示宽灯、近光灯点亮迟钝,同时前、后雾灯无法点亮,控制单元 J519 通过监测此信号线路故障后,向仪表发送故障信息,仪表上会提示"故障:车辆照明"。

读取数据组,如图 5.1-23 所示。结果显示,操作 EX1 开关侧灯(小灯)、近光灯、前雾灯、后雾灯数据流均活动,说明 LIN 线工作正常;冗余信号线始终为断开状态,进一步说明冗余信号线存在故障,故说明故障码真实存在。结合电路分析,基于故障发生概率大小原则,确定故障突破点为 EX1 开关冗余信号线。

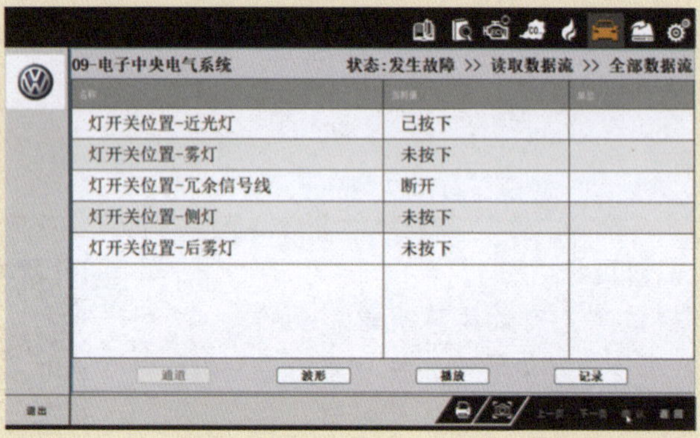

图 5.1-23 灯光开关 EX1 数据组

步骤 3. 排除故障点(表 5.1-1)

表 5.1-1 故障排除一览表

步骤	测试对象	测试条件	测试设备	测试结果		分析结论及突破口
1	测 EX1 开关 T4di/4 端对地波形	ON 挡,车灯开关 EX1 处于 TFL	示波器	标准	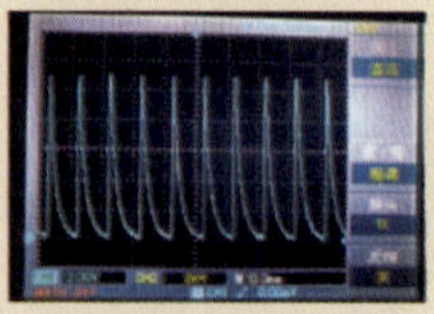 +B 方波	可能存在断路或 J519 未发出信号
				实测	0V 横波	
				结论	异常	

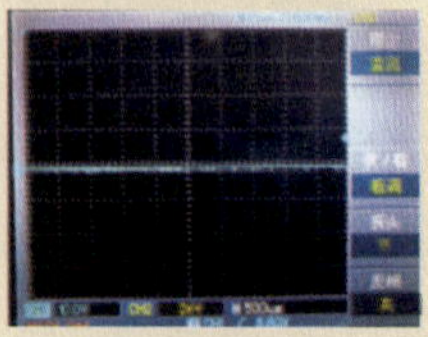

项目五 汽车车身智能控制系统检修

续表

步骤	测试对象	测试条件	测试设备	测试结果		分析结论及突破口
2	测 J519 的 T73a/29 端子对地波形	ON 挡，车灯开关 EX1 处于 TFL	示波器	标准	+B 方波	输出正常，J519 发出信号正常，检查线路
				实测	+B 方波	
				结论	正常	
3	测量 T73a/29 与 T4di/4 间线路电阻	断开 T73a/29 与 T4di/4 线路	万用表	测得 T73a/29 与 T4di/4 线路电阻无穷大		确认故障点：T73a/29 与 T4di/4 线路断路

步骤 4. 总结分析故障

迈腾 B8L 灯光开关 EX1 冗余线故障导致车辆前后雾灯不能正常工作，同时造成小灯和近光灯延迟点亮。

任务评价（请扫码下载表格）

任务 5.2　自动空调系统检修

  任务导入

一辆 2016 款全新迈腾 B8L 车辆，车主反映，空调不制冷，仪表提示电子驻车制动系统故障，经维修人员检查后发现保险丝 SC34 熔断造成电子驻车制动系统报警和空调不制冷。

知识目标

1. 能正确描述常见汽车电控自动空调系统的组成、各部件功用、工作原理及系统的

215

控制方法和原理。

2. 能讲述汽车电控自动空调系统的故障诊断方法。

1. 能够检测判断自动空调系统各元件性能。
2. 能够对自动空调系统进行抽真空、加注冷媒、更换冷冻油等操作。
3. 能够诊断与维修制冷及通风系统故障。
4. 能够诊断与维修采暖系统故障。

1. 汽车自动空调系统的组成及控制原理

> 汽车自动空调系统制冷部分由压缩机、冷凝器、膨胀阀、蒸发器、储液干燥器（带观察窗）、压力开关、冷凝器冷却风扇等组成。
>
> 制热部分由方式伺服电动机、取暖器主继电器、冷却水控制阀、加热器、散热器等组成。
>
> 控制部分主要包括空调ECU及控制线路，传感器部分主要包括太阳能传感器、车内温度传感器、车外温度传感器、蒸发器温度传感器、冷却液温度传感器及烟度传感器等。
>
> 执行器部分主要包括压缩机电磁离合器、鼓风机电动机、进气伺服电动机、空气混合伺服电动机、方式伺服电动机、冷气最足伺服电动机、取暖器主继电器伺服线圈、功率管及超高速继电器线圈等，如图5.2-1所示。

凌志 LS-400 空调系统（图5.2-1）控制原理为：驾乘人员根据自己的需求操纵空调控制面板上相应的按键，将信号传送给ECU，空调系统的传感器如太阳能传感器、车内温度传感器、车外温度传感器、蒸发器温度传感器、水温传感器等将环境温度、车内温度状态等以电信号形式送给ECU。ECU对以上信号进行分析、比较和计算后发出控制指令，使空调压缩机电磁离合器、进气伺服电动机、空气混合伺服电动机、方式伺服电动机、冷气最足伺服电动机、取暖器主继电器伺服线圈、功率管、超高速继电器线圈等执行器发生相应的状态变化，自动实现驾乘人员对车内温度、空气流量、空气流向等多个方面的要求。同时ECU根据压力开关、压缩机同步传感器线圈、功率管、超高速继电器线圈等执行器发生相应的状态变化，自动实现驾乘人员根据车内的信号对空调系统的运行进行监控，保证空调系统在设定状态下安全运行。

2. 系统的主要部件及工作原理

1) 传感器

（1）车内温度传感器。车内温度传感器是具有负温度系数的热敏电阻，一般安装在仪表板下端，在前后双空调式车上多在前后座上各装1个，其安装位置和电器如图5.2-2

所示，具体类型如图 5.2-3 所示。

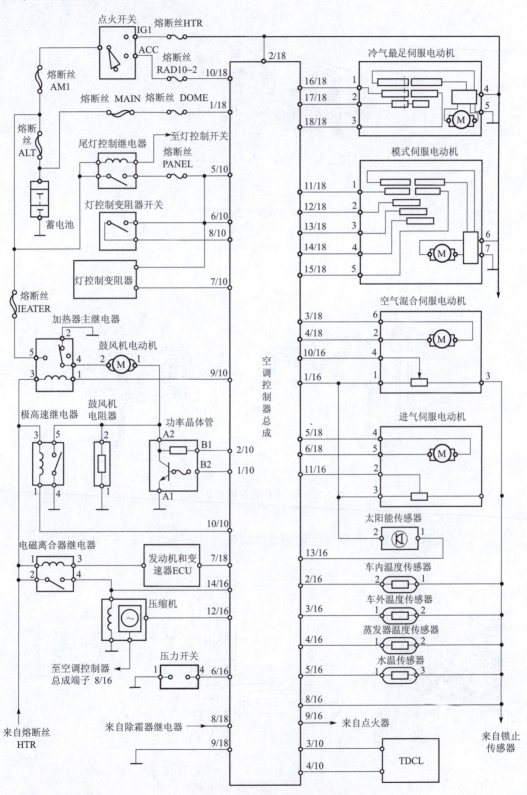

图 5.2-1　凌志 LS-400 空调系统

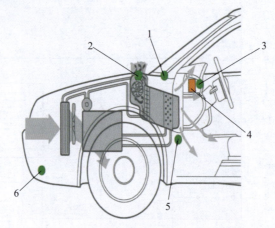

图 5.2-2 车内温度传感器的安装位置

1—新鲜空气进气通道温度传感器；2—阳光强度传感器；3—仪表板温度传感器；
4—控制单元；5—脚坑出风口温度传感器；6—车外温度传感器

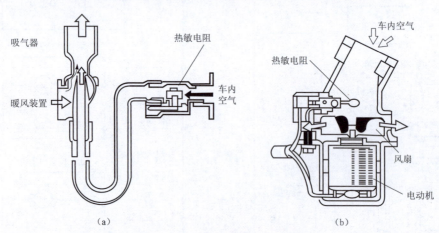

图 5.2-3 车内温度传感器类型

(a) 吸气器型；(b) 电动机型

(2) 车外温度传感器。车外温度传感器如图 5.2-4 所示，一般位于车的前部。

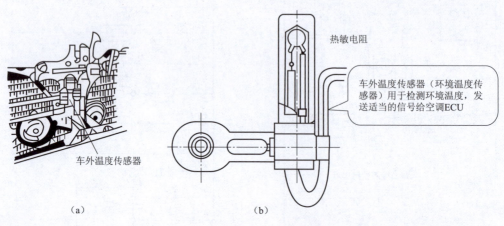

图 5.2-4 车外温度传感器

(a) 安装位置；(b) 结构

(3) 蒸发器出口温度传感器。蒸发器出口温度传感器安装在蒸发器片上,如图5.2-5所示。

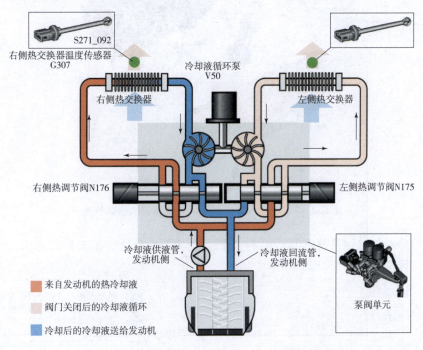

图5.2-5 蒸发器(热交换器)出口温度传感器

蒸发器出口温度传感器主要用于空调温度控制,其电路如图5.2-6所示。

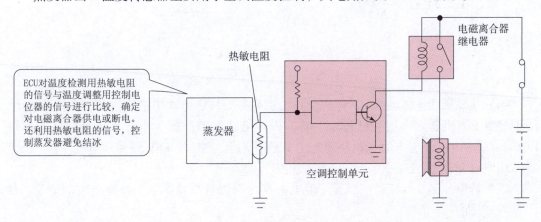

图5.2-6 蒸发器出口温度传感器的应用电路

(4) 冷却液温度传感器。冷却液温度传感器直接安装在暖风芯底部的水道上,如图5.2-7所示,用于检测冷却水温度。产生的水温信号输送给空调ECU,对低温时鼓风机的转速进行控制。

(5) 光照传感器。光照传感器安装在驾驶室仪表板上方容易接受阳光照射的位置处。光照传感器(太阳能传感器)可以检测太阳能辐射,将日光照射量的变化转换为电流变化,将信号输入空调ECU,ECU根据此信号调整车内空调器吹出的风量与温度。

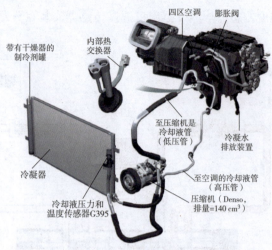

图 5.2-7 奥迪汽车冷却液温度传感器的安装位置

光照传感器的结构及特性如图 5.2-8 所示,主要由壳体、滤光片及光敏二极管组成,通过光敏二极管可检测出日光照射量的变化。

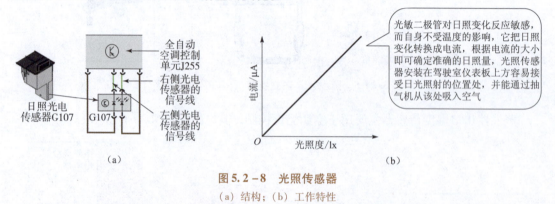

图 5.2-8 光照传感器
(a) 结构；(b) 工作特性

(6) 压缩机锁止传感器。压缩机锁止传感器是一种磁电式传感器,安装在压缩机内,用于检测压缩机转速。压缩机每转 1 转,该传感器线圈产生 4 个脉冲信号输送到空调 ECU。如果压缩机转速与发动机转速之比小于预定值,则空调 ECU 便使压缩机停转,指示器以约 1 s 的间隔闪光一次。

(7) 静电式制冷剂流量传感器。静电式制冷剂流量传感器用于检测制冷剂流量,如图 5.2-9 所示。

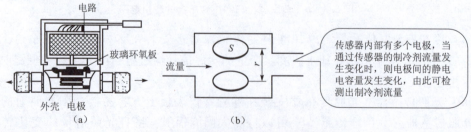

图 5.2-9 静电式制冷剂流量传感器
(a) 结构；(b) 工作原理

制冷剂循环过程如图 5.2－10 所示，制冷剂流量传感器连接在储液干燥器和膨胀阀之间。

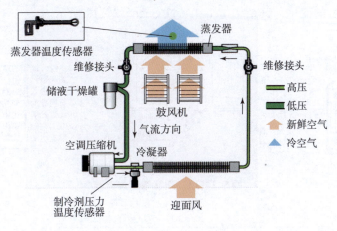

图 5.2－10　制冷剂循环过程

（8）烟雾浓度传感器。香烟的烟雾及车外传来的灰尘会污染车内空气，为排除烟雾或被臭味污染的空气，使空气清新，在一些电控自动空调上安装了空气交换器，空气交换器的结构如图 5.2－11 所示。采用光电型散热光式烟雾浓度传感器检测烟雾，通过空调 ECU 可使空气交换器在有烟雾时自动运转，没有烟雾时自动停止，总能保持车内空气清新。

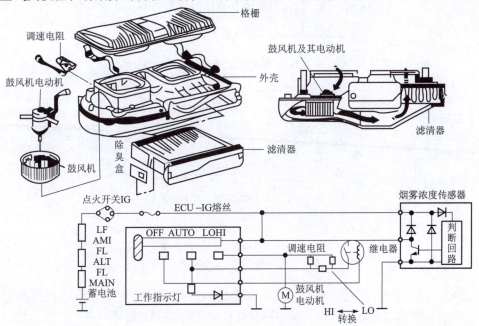

图 5.2－11　空气交换器的结构

如图 5.2－12 所示，烟雾浓度传感器由发光元件、光敏元件及信号处理电路部分组成，通过细缝的空气可自由流动，发光元件间歇地发出红外线。其内部电路如图 5.2－13 所示。

（9）湿度传感器。湿度传感器主要有热敏电阻式和结露式两种形式。

①热敏电阻式湿度传感器。用于汽车风窗玻璃的防霜和电控自动空调车内相对湿度的

检测。传感器内部装有金属氧化物系列陶瓷材料制成的多孔烧结体,利用烧结体表面对水分子的吸附作用进行工作。当烧结体吸附了水分子时,其电阻值发生变化,根据这一变化就可以检测出湿度的变化,其结构与工作特性如图5.2－14所示。

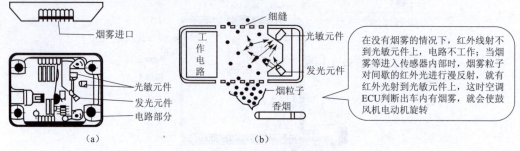

图 5.2－12 烟雾浓度传感器

（a）结构；（b）工作原理

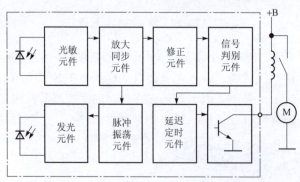

图 5.2－13 烟雾浓度传感器内部电路

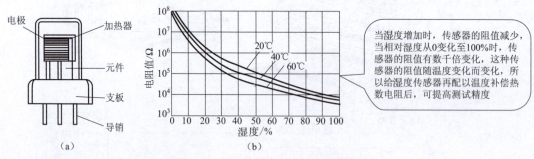

图 5.2－14 热敏电阻式湿度传感器

（a）结构；（b）工作特性

② 结露传感器。在接近结露状态的高温度区域,厚膜状陶瓷半导体的阻值将急剧变化,结露传感器利用此原理工作,其结构及特性如图5.2－15所示,其内部由电极、感湿膜、热敏电阻及铝基板组成。结露传感器可用于检测车窗玻璃结露情况,当处于结露状态时,传感器使汽车空调以除霜方式工作,从而保持车内乘员的良好视野。

2）ECU

ECU 根据各种传感器输入的信号和驾驶员设定的温度,通过空气混合风门改变冷热风的比例，进而控制空气流的温度。当车内温度达到设定值时，ECU 停止驱动伺服电动机，并把此位置存入记忆元件。ECU 还通过方式风门控制气流流向，通过进气风门控制进气来自车内还是来自车外。另外，ECU 还有故障自诊断功能。

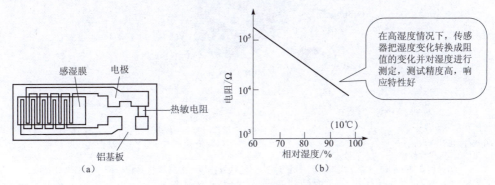

图 5.2 – 15　结露传感器的结构及特性
（a）结构；（b）工作特性

3）执行元件

　　执行元件主要包括控制伺服电动机、鼓风机、电动机及压缩机电磁离合器等，伺服电动机的安装位置如图 5.2 – 16 所示，各种风门的位置如图 5.2 – 17 所示。

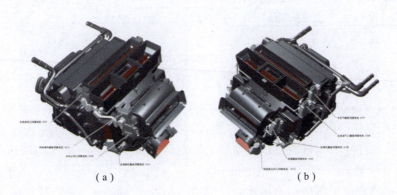

图 5.2 – 16　伺服电动机的安装位置
a）驾驶员侧；(b) 副驾驶员侧

　　（1）进风控制伺服电动机。进风控制伺服电动机控制进风方式，其结构如图 5.2 – 18（a）所示，电动机的转子经连杆与进风风门相连，当驾驶员使用进风方式控制键选择"车外新鲜空气导入"或"车内空气循环"模式时，空调 ECU 控制进风控制伺服电动机带动连杆顺时针或逆时针旋转，带动进风风门打开或关闭，从而改变进风方式。该伺服电动机内装有 1 个电位计随电动机转动，并向空调 ECU 反馈电动机活动触点的位置情况。

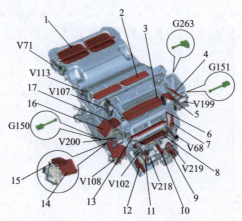

图 5.2-17 各种风门的位置

1—新鲜空气/气流翻板；2—循环空气翻板；3—除霜翻板；4—右出风口；5—右侧间接通风；6—右侧脚坑翻板；7—右后脚坑翻板；8—中央出风口冷空气翻板；9—右后热空气翻板（仅指四区空调）；10—右后冷空气翻板（仅指四区空调）；11—左后冷空气翻板（仅指四区空调）；12—左后热空气翻板（仅指四区空调）；13—中央出风口温度翻板/热空气翻板；14—左后脚坑翻板；15—左侧脚坑翻板；16—左出风口；17—左侧间接通风

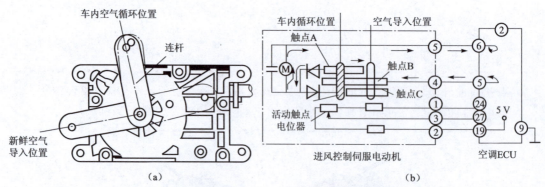

图 5.2-18 进风控制伺服电动机

(a) 结构；(b) 工作电路

进风控制伺服电动机与空调 ECU 的连接电路如图 5.2-18（b）所示，当按下"车外新鲜空气导入"键时，电流路径为：空调 ECU 端子 5→伺服电动机端子 4→触点 B→活动触点→触点 A→电动机→伺服电动机端子 5→空调 ECU 端子 6→ECU 端子 9→搭铁。此时伺服电动机转动，带动活动触点、电位计触点及进风风门移动或旋转，新鲜空气通道打开。当活动触点与触点 A 脱开时，电动机停止转动，空调进气方式被设定在"车外新鲜空气导入"状态，车外空气被吸入车内。

当按下"车内空气循环"键时，电流路径为：空调 ECU 端子 6→伺服电动机端子 5→电动机→触点 C→活动触点→触点 B→伺服电动机端子 4→ECU 端子 5→ECU 端子 9→搭铁。于是电动机带动活动触点、电位计触点及进风风门向反方向移动或旋转，关闭新鲜空气入口，同时打开车内空气循环通道，使车内空气循环流动。

当按下"自动控制"键时，空调 ECU 首先计算出所需的出风温度，并根据计算结果自动改变进风控制伺服电动机的转动方向，从而实现进风方式的自动调节。

（2）空气混合伺服电动机。空气混合伺服电动机如图 5.2-19 所示，进行温度控制时，空调 ECU 首先根据驾驶员设置的温度及各传感器送入的信号，计算出所需要的出风温度，并控制空气混合伺服电动机连杆顺时针或逆时针转动，改变空气混合风门的开启角度，从而改变冷、暖空气混合比例，调节出风温度与计算值相符。

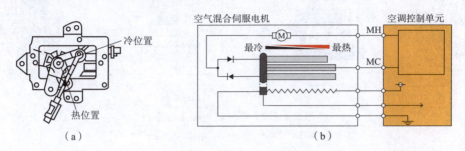

图 5.2-19　空气混合伺服电动机
（a）连杆转动位置；（b）工作电路

（3）送风方式控制伺服电动机。送风方式控制伺服电动机如图 5.2-20 所示，当按下操纵面板上某个送风方式键时，空调 ECU 将电动机上的相应端子搭铁，而电动机内的驱动电路由此将电动机连杆转动，将送风控制风门转到相应的位置上，打开某个送风通道。

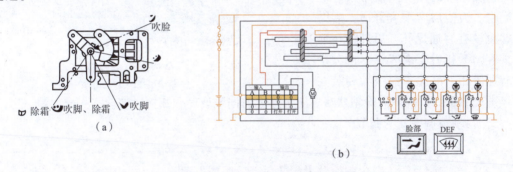

图 5.2-20　送风方式控制伺服电动机
（a）连杆位置；（b）工作电路

（4）最冷控制伺服电动机。最冷控制伺服电动机如图 5.2-21 所示，该电动机的风门具有全开、半开和全闭 3 个位置。

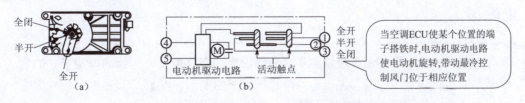

图 5.2-21　最冷控制伺服电动机
（a）风门位置；（b）工作电路

（5）压缩机电磁离合器。压缩机电磁离合器有定圈式和动圈式两种，工作原理基本相同，如图 5.2-22 所示。

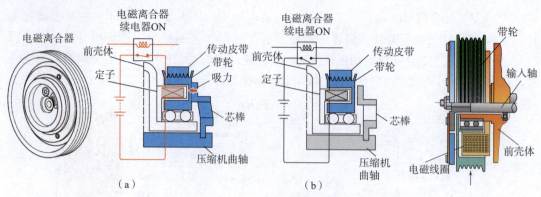

图 5.2-22　压缩机电磁离合器
（a）电磁离合器 on 时；（b）电磁离合器 on 时

3. 自动空调通风系统

1）自动空调通风系统安装位置

凌志 LS-400 空调通风系统结构，如图 5.2-23 所示。通过仪表板左右及中央的通气孔，可使经过空调系统处理的风吹向前席乘客的上半身。为使后席乘客舒适，后席乘客也设有后通风孔。另外，在前席乘客脚下和后席乘客脚下也分别设有通风孔。前除霜器喷嘴和装在

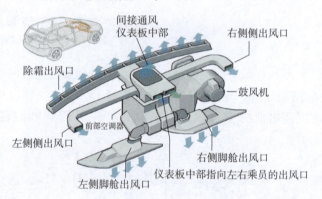

图 5.2-23　空调通风系统结构图

挡风玻璃和车门上的侧向除霜器喷嘴用于除去前挡风玻璃和侧挡风玻璃雾气或冰霜。

2）自动空调空气的调节

> 汽车空调系统主要由制冷及采暖两大部分组成。

送风机风扇吸入车外空气（简称外气）或车厢内空气（简称内气），送往制冷系统的蒸发器。通过蒸发器后，空气被夺走潜热，成为 3~5 ℃ 干燥冷气。空气混合控制风挡将冷气分成两部分：一部分通过取暖器芯经加热后进入混合气室；另一部分干燥冷气直接进入混合气室。

> 空气混合控制风挡的开度决定了向车厢吹出的空气温度：当通向取暖器芯的通路被阻断时，达到最大冷却温度；当冷风通路被阻断时，达到最暖温度；空气混合风挡处于中间位置时，暖风与冷风混合，得到中间温度。

3）空调风的分配

如图 5.2-24 所示，通风口风挡、中央及后通风口风挡、脚风挡、除霜器风挡等，决定了把经过空调的空气分配到车厢内的情况。当通风口风挡、中央及后通风口风挡打开时

向中央、旁侧及后通风口吹出空调风；当脚风挡打开时则向前后席脚下吹出空调风；除霜器风挡开起时则向挡风玻璃及边窗吹出空调风。这些风挡不是独立工作的（如风挡①③⑤位置永远是联动的），如后面所述，它们保持联动关系，表5.2-1显示出了这些联动风挡处于表中某一栏位置时，吹出的空调风作用效果。

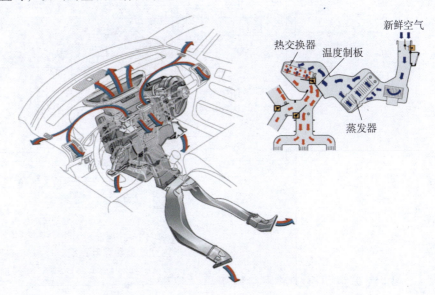

微课：自动空调的
空气调节及通风路径

图 5.2-24 奥迪汽车空气的调节及通风路径

表 5.2-1 空气流量方式

方　式		风挡位置	通风口			热		除霜器	
			中央	侧面	后面	前面	后面	前面	侧面
脸	👉	①③⑤⑦⑨	○	○	○				
脸和脚	👉	①③⑤⑧⑨	○	○		○	○		
脚	👉	②④⑥⑧⑨		○		○	○	○	○
脚/除霜器	👉	②④⑥⑧⑩		○		○	○	○	○
除霜器	👉	②④⑥⑦⑪		○				○	○

注：圆圈（○）的大小表示空气流量的多少。

图 5.2-24 中冷气最足风挡是在炎热天气驻车时急需冷风时打开，以增加冷风量。

4）自动空调通风控制系统

汽车空调器电子控制系统的结构框图如图 5.2-25 所示。驾驶员或乘客可用此控制系统中的车内温度设定开关去设定所要求控制的温度。

汽车空调电子控制单元接收如车内温度、太阳辐射强度、车外温度和发动机冷却水温等信号，计算出经过空调热交换器后送入车内应该达到的出风温度。电子控制单元还控制混合空气气流及冷却水阀的开启和关闭，根据车厢内空气质量，通过调节进气风挡位置（后述），控制送入车内新鲜空气量。

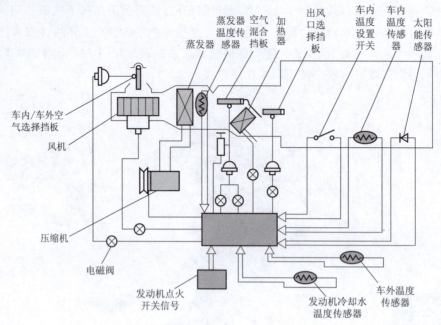

图 5.2-25　车内空气自动调节系统

4. 汽车空调系统常用检修工具、仪表

1) 歧管压力计

> 歧管压力计俗称高低压表组,其结构如图 5.2-26 所示,它由高压表、低压表、手动高压阀、手动低压阀、阀体、高压接头、低压接头、制冷剂—真空泵接头等组成。

工作时高、低压接头分别通过软管(高压接头连红色软管,低压接头连蓝色软管)与空调系统高、低压检修阀相接,中间接头用软管(绿或黄色)与真空泵或制冷剂罐相接。歧管压力计的功能如下:

(1) 当手动低压阀开启、手动高压阀关闭时,低压管路与中间管路、低压表相通,这时可进行低压侧加注制冷剂或排放制冷剂,并同时检测高、低压侧的压力。

(2) 当手动低压阀关闭、手动高压阀开启时,高压管路与中间管路、高压表相通。这时可进行从高压侧加注制冷剂或排放制冷剂,并同时检测高、低压侧的压力。

(3) 当手动高、低压阀均开启时,可进行加注制冷剂、抽真空,并进行高、低压侧压力的检测。

(4) 当手动高、低压阀都关闭时,可进行高、低压侧压力检测。

2) 检漏设备

> 在拆装或检修完空调制冷系统管道、更换零部件之后,都需在检修拆装部位进行制冷剂的泄漏检查。汽车空调系统检漏设备主要有卤素检漏灯和电子检漏仪两种设备。

项目五 汽车车身智能控制系统检修

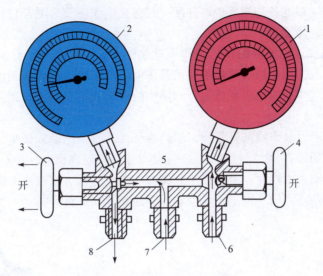

图 5.2-26 歧管压力计结构

1—高压表；2—低压表；3—手动低压阀；4—手动高压阀；5—阀体；
6—高压接头；7—制冷剂或抽真空接头；8—低压接头

（1）卤素检漏灯。卤素检漏灯实际上是一种丙烷（或酒精）燃烧喷灯，当制冷剂气体被吸入喷灯的吸管内时，遇到高温火焰便会分解出氟、氯等卤素元素，与铜化合（反应板为铜质）生成卤素铜化合物，使火焰颜色发生改变，利用这种特性可以判断系统的泄漏部位和泄漏程度，其结构如图 5.2-27 所示。当泄漏量较少时，火焰呈浅绿色；当泄漏量较多时，火焰呈浅蓝色；当大量泄漏时，火焰呈紫色。

卤素检漏灯的使用方法如下：

① 先检查储气瓶内是否装有液态丙烷，然后卤素检漏灯安装好。

② 逆时针方向缓慢旋转调节把手，让丙烷气体逸出，同时用明火将其点燃。

③ 待铜反应板加热至红热状态后，将火焰尽量调小（火焰越小，对制冷剂泄漏反应越敏感）。

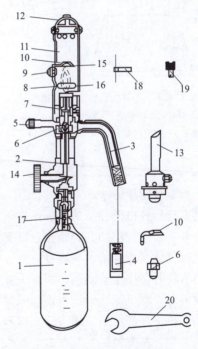

图 5.2-27 卤素检漏灯结构

1—检漏灯储气罐；2—检漏灯主体；3—吸入管；4—滤清器；
5—燃烧筒支架；6—喷嘴；7—火焰分隔器；8—点火孔；
9—反应板螺钉；10—反应板；11—燃烧筒；12—燃烧筒盖；
13—栓盖；14—调节把手；15—火焰长度（上限）；16—火焰长度
（下限）；17—喷嘴；18—喷嘴清洁器；19—扳手；20—扳手

229

④把吸入管末端靠近各待测部位，并细心观察火焰颜色及泄漏部位，根据以上情况判断出泄漏部位和泄漏程度。

(2) 电子检漏仪。电子检漏仪的工作原理如图 5.2-28 所示，其核心部分是一对电极，阳极由铂金做成，铂金被加热器加热而带正电，其阳离子就会从阳极射到阴极并产生电流。若有制冷剂气体从两电极间流过，回路中的电流就明显增大，据此可以检测出制冷系统是否泄漏。

图 5.2-29 所示为电子检漏仪结构，加热器装在圆筒状铂金阳极里，在阳极外侧装有阴极，阴、阳极之间加有 12 V 直流电压。为使气体在电极间流动，设有吸气孔和小风扇，当有卤素元素的阳离子出现时，就会产生几微安的电流，再由直流放大器放大使电流计指针摆动或使音程振荡器发出不同的声响，从而判断制冷剂是否泄漏。

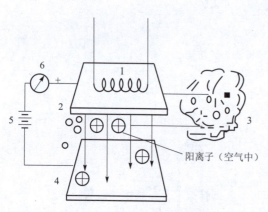

图 5.2-28　电子检漏仪工作原理
1—加热器；2—铂金；3—卤素气体；
4—阴极；5—直流电源；6—电流计（阳极）

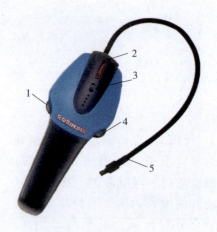

图 5.2-29　电子检漏仪结构
1—音量调整钮；2—视频指示；3—制冷剂选择开关；4—开关及灵敏度控制；5—探杆

电子检漏仪使用方法如下：
①接上检漏仪电源并预热 10min 左右。
②将开关拨至校核挡，确认指示灯和警铃工作是否正常。
③将仪器调至所要求的灵敏度。
④然后将开关拨至检测挡，将探头放到被检测部位 7 s 以上，若有超过灵敏度范围的泄漏量，则电流计指针将摆动或警铃会发出声响。
⑤确定出泄漏部位后，探头应立即离开此部位，以免影响仪器灵敏度。

(3) 真空泵。在拆检空调制冷系统时，必定要有一定量的空气进入系统，空气中含有大量的水蒸气，这将对制冷系统造成诸多不利影响，使空调制冷系统不能正常运行。因此，对系统检修后，在加注制冷剂前，必须进行一项很重要的工作，就是用真空泵对系统进行抽真空。

真空泵的形式有多种，最常见的是如图5.2-30所示的叶片式真空泵，它主要由转子、定子、叶片及排气阀等组成。

工作时，在叶片离心力和弹簧弹力的共同作用下，叶片紧贴在定子的内壁上，并将转子与定子之间的空腔分隔成吸气腔和压缩腔。转子旋转时，吸气腔容积逐渐扩大，腔内压力下降，从而将系统内的空气吸入；压缩腔容积逐渐缩小，压力升高，最后将从系统内吸入的空气经排气阀排到大气中去。这样不断循环，便可以把系统内的空气抽出，从而达到抽真空的目的。

（4）制冷剂罐注入阀。

制冷剂罐注入阀的作用是将罐中的制冷剂加注到空调系统中，如图5.2-31所示为其结构。制冷剂罐中装有制冷剂，其接头与歧管压力计的中间软管相连。

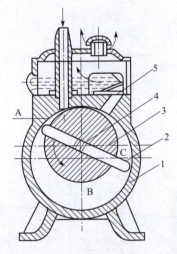

图5.2-30　叶片式真空泵结构
1—泵体；2—旋片；3—转子；4—弹簧；5—排气阀
A—吸气腔；B—压缩腔；C—排气腔

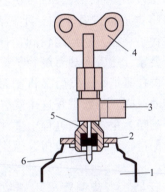

图5.2-31　制冷剂罐注入阀
1—制冷剂罐；2—螺柄；3—注入阀接头；
4—手柄；5—注入阀；6—阀针

它的使用方法如下：
①先按逆时针方向转动旋转手柄直到阀针完全退回为止。
②逆时针方向旋转板状螺母直到最高位置，然后将制冷剂注入阀对准罐口并顺时针方向拧动，直到注入阀旋紧在制冷剂罐上。
③将板状螺母顺时针方向拧紧，再将歧管压力计上的中间软管固定到注入阀的接头上。

④按顺时针方向旋转手柄,使阀针扎破罐口。

⑤若要加注制冷剂,则逆时针转动旋转手柄使阀针抬起,同时打开歧管压力计上的手动阀。

⑥若要停止加注制冷剂,就顺时针方向旋转手柄,将阀针再次旋进而将扎破的孔堵住,起到密封作用,并同时关闭歧管压力计上的手动阀。

(5)其他维修工具。图 5.2-32 所示为汽车空调专用成套维修工具。

所谓汽车空调专用成套维修工具就是把维修汽车空调时常用的工具装在一起,便于携带。维修时应尽量使用这些专用工具,以确保维修质量。汽车空调专用成套维修工具主要由歧管压力计、卤素检漏灯、割管器、扩孔器、检修阀扳手、制冷剂注入阀以及各种衬垫等组成。

①割管器。切割铜质或铝质制冷剂管子时,必须用割管器,它切出的管口光滑整齐,易于扩管。切忌用钢锯,因为用钢锯锯断的切口不齐且凹扁,难以扩管,锯割时还易将锯屑掉进管子内,不易清理。切割时将管子夹在刀片与滚轮间,拧紧把手将管子夹紧,然后将割刀绕管子缓慢转动一圈;再拧紧把手,然后又将割刀绕管子缓慢转动一圈。不断重复这个动作,直到将管子割断为止。切割过程中要注意刀刃与管子保持垂直,不要歪扭,否则易将刀口崩裂。

②扩管器。当紫铜管采用螺纹接头时,为确保接头处的密封性,管口需扩大成喇叭形状。扩口时,先用气焊火焰加热管口,然后将管子放入与管径相同的孔口,管口朝向喇叭面并使管子露出喇叭口深度的 1/3,旋紧夹具,转动手柄使顶尖下旋 3/4 圈(顶尖上事先要涂少许冷冻润滑油)后再退出 1/4 圈,然后重新顶进,如此反复直至扩成 60°喇叭口为止。

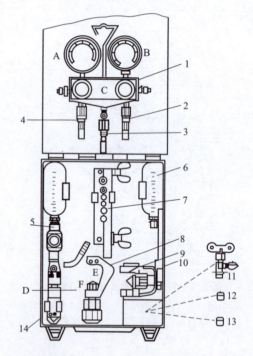

图 5.2-32 汽车空调专用成套维修工具

1—气管压力计;2—红色注入软管;3—绿色注入软管;4—蓝色注入软管;5—漏气检漏仪;6—备用储气瓶;7—制冷剂注入阀;8—制冷剂管割刀;9—扩口工具;10—检修阀;11—制冷剂罐注入阀;12—注入软管衬垫;13—检修阀衬垫;14—工具箱;A—低压表;B—高压表;C—压力表座;D—反应板;E—墩刀;F—刀片

③弯管器。弯曲铜管时,首先将管子加热,放入弯管器的轮槽内,用夹管钩夹紧,然后缓慢转动柄杆直至弯曲到所需角度为止。调节弯管器活动轮的不同位置,可得到不同的弯曲角度。

④制冷剂回收装置。为了减少制冷剂对大气的破坏及避免造成浪费,在对汽车制冷系

统进行维修之前，可利用回收装置将制冷系统内原有的制冷剂进行回收。若回收的制冷剂较纯净，则可不经过加工直接充注回制冷系统重新利用；若回收的制冷剂含杂质较多，则必须进行油分离、过滤、除湿、除酸等加工后方可再利用。制冷剂。回收罐一般与真空泵、高低压表组等安装在一起，连接好后可进行制冷剂的回收、抽真空、加注制冷剂等多项维修作业项目。

能力训练

1. 汽车空调系统故障诊断

1）看

就是观察空调系统各部件表面的情况，主要内容包括：

（1）通过视液镜观察制冷剂的流动情况，空调系统正常工作时，视液镜中流过均匀透明的液体为正常，其余情况说明不正常。

（2）低压管表面结露为正常，不结露说明不制冷。

（3）制冷系统各管接头处干燥无油渍为正常，有油迹说明有渗漏。

（4）冷凝器表面是否脏污，各软管是否磨损、老化、鼓包及有裂纹等。

（5）看蒸发器有无淌水情况，正常情况下空调运行 5~10 min 有水从蒸发器接水盘中淌出，否则为不正常。

（6）看冷凝器电子扇是否正常运行。

2）听

就是听机器运转的声音是否有异常，主要包括：

（1）听压缩机运转时有无杂音或撞击声，有则为不正常。

（2）听鼓风机、冷凝风扇电动机等运转时是否有杂音，有则为不正常。

（3）若有皮带声，说明皮带打滑。

（4）若有尖叫声，则为电磁离合器磁力线圈老化，磁吸力不够，离合器片打滑所致。

3）摸

摸，是指用手触摸各典型部位，从而感觉各部位的温度是否正常，包括：

（1）摸制冷系统的高、低压管，高压管烫手、低压管冷或冰手为正常。

（2）冷凝器较热为正常。

（3）储液干燥过滤器呈温热态，上下温度均匀且进出口无明显温差为正常。

（4）用手感觉空调出风口吹出的风有冰凉的感觉为正常。

（5）用手摸各管接头及电器插座插头是否松动。

4）测

通过看、听、摸这些人工诊断方法，只能大概判断故障部位及原因，但要作最后结论，还必须借助于空调系统专用仪器、仪表来进行测试。在测试的基础上，对故障现象认真分析研究，找出故障的确切部位及原因，然后对症下药，予以排除。

2. 汽车空调系统维修操作

> 无论是新装的空调系统，检修后的空调系统，还是正在使用的空调系统，都必须进行一些基本的空调系统维修作业。这些作业项目主要包括制冷剂的排放、制冷剂的加注或补充、冷冻润滑油的加注或补充、系统抽真空及系统检漏等。这些维修作业项目完成的好坏，将直接影响汽车空调系统的运行性能。

1）制冷剂的排放

汽车空调系统在进行拆卸部件、系统检修等许多维修项目之前，都必须首先放出系统中的制冷剂。排放制冷剂时，须注意环境通风，并不能有明火，否则将产生有毒气体。排放制冷剂的操作方法如下：

（1）关闭压力表组上的高、低压手动阀，将压力表组的高、低压软管分别连接到空调系统的高、低压检修阀上，将中间软管端头用干净擦布包上。

（2）缓慢打开高压手动阀，让制冷剂从中间软管排出，注意阀门开度要小，否则冷冻油将随制冷剂一同排出。

（3）观察高压表，当其压力降到 0.35 MPa 以下时，逐渐打开低压手动阀，使制冷剂从两侧同时排出。

（4）随压力下降，逐渐开大两个手动阀，直到制冷剂完全放出为止。

若想回收制冷剂，在上述操作的基础上可将中间软管接到真空泵入口，真空泵出口接到回收罐上，然后开启真空泵，便可将制冷剂回收到罐中。

2）系统抽真空

检修完空调系统后，系统内难免要进入空气，空气中含有大量的水蒸气，它对空调系统有很大的破坏作用，因此必须将空气彻底抽出。抽真空时，由于压力越来越低，水逐渐汽化成蒸汽而被抽出，这个过程比较慢，因而抽真空最少需 30 min 以上，若真空泵的容量小，还需更长时间。为使空气尽可能被彻底抽出，还可采用重复抽真空法，即在第一次抽完后，再重复抽 1~2 次。抽真空的具体操作方法如下：

（1）将压力表组的高、低压软管分别与空调系统的高、低压检修阀相连，中间软管与真空泵相连。

（2）打开高、低压手动阀，并起动真空泵，注意观察两个压力表，经 30 min 以上的时间后，抽真空至负压为 0.1 MPa（低压表上的绿色刻度段）。

（3）关闭高、低压手动阀，观察压力表 5 min，若压力不回升，便可结束抽真空（也可再重复抽 1~2 次）。

（4）先关闭高、低压手动阀，然后关掉真空泵。

3）加注冷冻润滑油

汽车空调系统正常运行时，冷冻油的消耗非常少，不需要进行补充，只要按规定每两年更换一次即可。制冷系统小的泄漏也无须补充冷冻油，但较多泄漏（15 mL 以上）时则需补充冷冻油，其补充量如下：若更换冷凝器，则补充 30~50 mL 冷冻油；若更换蒸发器，则补充 30~50 mL 冷冻油；若更换储液器，则补充 10~30 mL 冷冻油；若更换压缩机，则补充40~60 mL冷冻油；若更换管道，则补充10~20 mL冷冻油；若全部更换或是新装空调，则按压缩机说明书上的规定量加注，一般压缩机冷冻油量为120~170 mL。

冷冻润滑油的加注在系统抽真空前、后均可进行，具体方法有以下几种：

（1）直接加注。若在抽真空前加注冷冻油，就可采用直接加注法，其方法很简单。先用量杯量取所需要的冷冻油量，然后从压缩机的旋塞口将所量取的冷冻油倒入即可。

（2）抽真空加注。利用抽真空法加注冷冻油，也是在抽真空之前进行，加注完后还须对系统进行抽真空。其方法如下：

①先按抽真空法对系统抽真空，抽完后关闭真空泵和高低压手动阀。

②将所要加注的冷冻油放入量杯中，计算冷冻油量时要将加注管中的残余油量考虑进去。

③按如图5.2-33所示连接整个系统，即将低压软管从表组一端卸下并伸进冷冻油中，高压软管仍接高压检修阀，中间软管仍接真空泵。

④开启真空泵，打开高压手动阀，冷冻油便被徐徐吸入压缩机中。加注完毕后，关闭真空泵及高压手动阀。

（3）压缩机吸入加注。起动发动机，开启空调，使压缩机运转，利用压缩机本身的抽吸作用，可从低压阀处将冷冻油吸入。

（4）加注制冷剂。当对空调系统进行抽真空

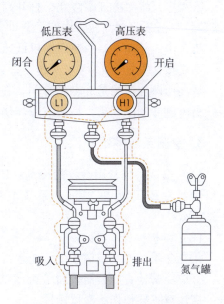

图5.2-33 抽真空法加注冷冻润滑油

并经检查确实不存在泄漏部位后，便可进行制冷剂的加注作业。每种压缩机加注制冷剂的量都有严格规定，加注量过多或过少都将影响压缩机的寿命和空调系统的制冷效果。

加注制冷剂的方法有两种：一种是从低压侧加注，这种加注方法最适于补充制冷剂，其优点是安全性好，但速度较慢；另一种是从高压侧加注，这种加注方法不适合用于补充制冷剂，其优点是速度快，但不安全。

①从低压侧加注制冷剂。

第1步，抽完真空后，关闭高低压手动阀，将中间软管从真空泵改接到制冷剂罐，用手拧紧接头。制冷剂罐必须保持正立。

第2步，先顺时针方向转动注入阀旋转手柄，使阀针扎破罐口，然后逆时针转动旋转手柄使阀针抬起。

第3步，拧松歧管压力计中间接头，待听到有气体流出声最好是有白气冒出时，立即将其拧紧（目的是排出中间软管内的空气）。

第4步，起动发动机，开启空调系统，打开低压手动阀，即开始加注。

第5步，加注过程中制冷剂罐外表应很凉且结霜，霜化则说明罐内制冷剂已加完。若一罐不够，可换罐再加，直到注入规定量为止。

第6步，加注完毕后，先关闭低压手动阀，再关闭空调系统及发动机，最后迅速卸下软管。从低压端加注的是气态制冷剂，在加注过程中制冷剂罐必须保持正立，不能倒置，

否则液态制冷剂进入压缩机,将造成压缩机的"液击"损坏。在从低压侧加注的过程中,罐中的制冷剂不断吸热汽化,因此罐子的外表很凉且结霜,手拿制冷剂罐时最好戴上手套。拧松表组中间接头是为了驱赶中间软管内的空气。

②从高压侧加注制冷剂。

前3步与从低压侧加注时相同。

第4步,将制冷剂罐倒立,打开高压手动阀,当从表组观察孔观察到一股液态制冷剂(淡黄色)流入空调高压管内时,立即关闭高压手动阀。

第5步,起动空调,使压缩机低速运转几分钟,然后停机。

第6步,重复第4~5步两步,直到加注足量为止。

从高压侧加注的是液态制冷剂,在加注时罐子应倒立。加注时,空调系统必须停机,否则高压倒冲制冷剂罐,易造成爆炸伤人。

3. 空调系统的维护保养

(1) 空调系统常用参数制冷剂:HFC—134a 制冷剂加注量:380 g±10% 压缩机冷冻润滑油:专用 PAG 润滑油。系统真空度:真空表压≥740 mmHg;低压压力 0.1~0.2 MPa。

(2) 维护保养:

①在冬季,汽车空调系统停止运行时,空调系统也应定期每两周起动工作 5 min 以上。

②应经常检查冷凝器表面是否清洁,有无杂物和泥土附在冷凝器表面,用水进行清洗,应注意不要损伤冷凝器翅片。

③空调箱中的过滤网应拆卸后进行清洗,蒸发器芯体第一年应在专业维修站进行拆卸清洗。

④应定期到专业维修站调校压缩机皮带张力。

4. 空调系统维修后的性能检测

(1) 安装修理完成后进行外观检查,须说明的是修理后的汽车空调在保温性能、车内气流分布、温度差异等都不用检测,检测时是用压力表阀测量其高、低压力值和用温主计测量空调的出风口温度。

(2) 首先将专用加注机或真空泵、表阀与系统相连。

(3) 系统抽真空,真空度达到真空表压≥740 mmHg(用 2 L 的真空泵抽 20 min 以上),高压端和低压端同时抽真空。

(4) 系统保压 5 min,如表针无变化说明系统无泄漏,可进行下一步操作,如表针有明显变化说明系统有泄漏点,找出漏点进行处理,然后进行上步操作。

(5) 从低压加注端加注制冷剂 HFC—134a,380 g±10%。

(6) 卸下高压端,起动发动机和空调系统,控制发动机转速在 3 500 r/min,空调系统工作 2 min 后将连接管子内的制冷剂吸入系统中。

(7) 测量出风口温度,温度为 8~12 ℃。

(8) 拆下连接管,装上防尘盖。

5. 汽车空调常见故障维修方法

1）案例一

故障现象： 压缩机不吸合，空调系统不工作，系统没有压力。

故障原因： 制冷剂全部泄漏了。

排除方法： 找出泄漏点（管路磨破、管路密封圈破裂、冷凝器管子磨破、压力开关没有扭紧已松动、膨胀阀损坏泄漏、压缩机保险片损坏已失效）后进行更换已失效的零部件，然后进行抽真空、保压、按空调系统规定的充注量加注制冷剂，故障即可排除。

2）案例二

故障现象： 压缩机吸合，空调系统不制冷，压缩机排出管表面温度非常高（烫手），膨胀阀进出管子表温没有温差，压缩机吸合后高压没有变化，但低压压力很低。

故障原因： 膨胀阀感温头磨破，封住的冷媒全部泄漏了，致使膨胀阀的阀孔关闭，无法实现制冷剂循环。

排除方法： 更换膨胀阀，然后进行抽真空、保压、按空调系统规定的充注量加注制冷剂，故障即可排除。

3）案例三

故障现象： 压缩机不吸合，空调系统不工作，系统内平衡压力正常（0.5～0.7 MPa）。

故障原因： 空调系统保险片失效、空调继电器失效，热敏电阻线索接触不良或断裂、压缩机连接线索接触不良，冷凝器电子风扇连接线索接触不良。

排除方法： 对上述零部进行检查，对失效零部件进行更换，即可排除故障。

4）案例四

故障现象： 空调系统运行正常，空调降温效果不好，出风口风量不足，风机噪声加大，蒸发器有结霜现象。

故障原因： 空调箱通道中有脏物风阻加大，过滤网阻塞。

排除方法： 拆卸下蒸发器芯体和过滤网进行清洗（每年进行一次），然后重新装配，安装完毕后进行抽真空、保压、按空调系统规定的充注量加注制冷剂，故障即可排除。

5）案例五

故障现象： 空调运行正常，空调降温效果不好，高压压力和低压压力均偏高。

故障原因： 空调系统中的制冷剂加注量过多或压缩机润滑油加注过多。

排除方法： 应重新回收制冷剂放出过多的压缩机润滑油，然后进行抽真空、保压、按空调系统规定的充注量加注制冷剂，故障即可排除。

6）案例六

故障现象： 空调工作正常，使用一段时间后制冷效果越来越不好，高压压力和低压压力均偏低。

故障原因： 汽车在运行过程中振动后使管路的各个接头部位有松动现象，制冷剂慢性泄漏造成。

排除方法： 重新将各接头拧紧，然后进行抽真空、保压、按空调系统规定的充注量加注制冷剂，故障即可排除。

7）案例七

故障现象：空调开始运行时一切正常，但过一段时间后制冷效果明显下降直至不制冷，高压压力很高，低压压力非常低（≤0.05 MPa），停止运行一段时间后再起动又恢复正常，过一段时间又重复上次的现象。

故障原因：膨胀阀冰堵。

排除方法：更换干燥过滤器，然后重新进行抽真空、保压、按空调系统规定的充注量加注制冷剂，故障即可排除。

8）案例八

故障现象：空调系统运行10多分钟后，出风口温度偏高，制冷效果不好，低压压力偏高，压缩机有撞击声。

故障原因：膨胀阀失效。

排除方法：更换膨胀阀，然后进行抽真空、保压、按空调系统规定的充注量加注制冷剂，故障即可排除。

9）案例九

故障现象：空调系统运行正常，空调降温效果不好，出风口风量不足，风机噪声加大，压缩机频繁起动断开。

故障原因：空调箱通道中有脏物风阻加大，过滤网阻塞，这是为防止蒸发器表面结霜而切断压缩机。

排除方法：拆卸下蒸发器芯体和过滤网进行清洗（每年进行一次），然后重新装配，安装完毕后进行抽真空、保压、按空调系统规定的充注量加注制冷剂，故障即可排除。

10）案例十

故障现象：空调系统高、低压压力偏高，高压侧压力表指针摆动较慢，摆幅大，压缩机排气管表面温度很高（烫手）。

故障原因：空调系统内有空气混入。

排除方法：重新回收制冷剂后，进行抽真空达到规定的真空度要求并保压。

步骤1：了解确认故障现象

（1）收集车辆信息，确认故障现象。

一辆2016款迈腾B8L，打开点火开关后，操作空调制冷系统开关，空调不制冷，仪表上提示电子驻车制动系统报警。

（2）进一步明确故障现象，缩小故障范围。连接诊断仪，读取故障码，发现ABS里出现"AUTO HOLD按钮灯，断路/对地短路"故障码，空调系统里出现"高压传感器没有信号"。

项目五 汽车车身智能控制系统检修

步骤2：分析故障可能原因，引出突破点

根据故障码分析，可能由于以下故障原因导致"空调不制冷，仪表上提示电子驻车制动系统报警。"

(1) 保险丝熔断

(2) 供电线路故障

(3) AUTOHOLD 按钮、高压传感器自身故障

图 5.2－34 为电子驻车 AUTOHOLD 按钮、高压传感器公共部分电路图。

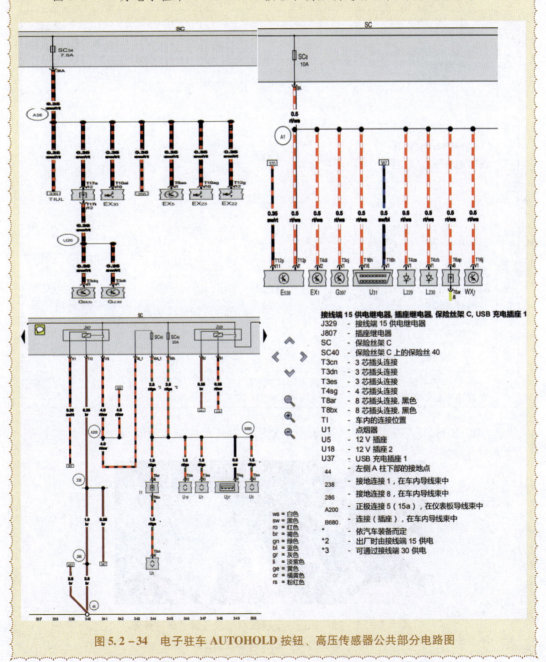

图 5.2－34　电子驻车 AUTOHOLD 按钮、高压传感器公共部分电路图

步骤3：排除故障点

步骤	测试对象	测试条件	测试设备	测试结果		分析结论及突破口
1	测 SC34 的输入端对地电压	ON 档	万用表	SC34		说明 SC34 保险丝上游正常，继续查 SC34 保险丝输出端供电电压
				标准	12 V	
				实测	12 V	
				结论	正常	
2	测 SC34 的输出端对地电压	ON 档	万用表	SC34		说明 SC34 保险丝，继续查找保险丝损坏原因
				标准	12 V	
				实测	0 V	
				结论	异常	
3	测 SC34 的输出端对地电阻	OFF 档位	万用表	SC34		说明 SC34 保险丝输出端对地短路导致保险丝熔断
				标准	∞ Ω	
				实测	≤2 Ω	
				结论	异常	
4	测 SC34 的输出端至 J807 线圈供电端对地电阻	OFF 档，拔下 J807 继电器	万用表	标准	∞ Ω	SC34 的输出端至 J807 线圈供电端对地电阻异常，说明线路存在对地短路问题
				实测	≤2 Ω	
				结论	异常	
				标准	0-12 方波	
				实测	0-12 方波	
				结论	正常	
5	查找 SC34 输出端对地短路的线束	确认故障点：J807 线圈供电端线束磨损与驾驶员侧膝部安全气囊金属支架形成搭铁，SC34 熔断。				

下图为 J807 线圈供电端线束磨损与驾驶员侧膝部安全气囊金属支架形成搭铁

图 5.2-35　J807 线圈供电端线束磨损与驾驶员侧膝部安全气囊金属支架形成搭铁

项目五 汽车车身智能控制系统检修

步骤 4. 总结分析故障

迈腾 B8L 的 J807 继电器插座的供电线和驾驶员侧膝部安全气囊引爆装置发生干涉，J807 线圈供电端线束磨损与驾驶员侧膝部安全气囊金属支架形成搭铁，导致 SC34 保险丝熔断。

任务评价（请扫码下载表格）

任务 5.3 车内电网管理系统检修

任务导入

一辆 2015 款迈腾 B7L 车辆，车主反映，仪表蓄电池指示灯常亮，怠速过高。

知识目标

1. 正确描述常见车内电网管理系统的组成、工作原理及系统的控制方法和原理。
2. 能讲述车内电网管理系统电路原理及故障检测。

能力目标

1. 能正确讲述车内电网管理系统组成。
2. 会检测判断车内电网管理系统各部件性能。
3. 会分析诊断和排除车内电网管理系统常见故障。

知识内容

1. 双蓄电池的车内电网管理系统

1）蓄电池配置方案

在装有 V10 TDI 发动机的车辆上为保证起动能量足够大，需使用双蓄电池车内电网，如图 5.3-1 所示。车内电网的一个蓄电池即起动蓄电池，用于向起动机供电，必要时可供起动系所需的其他电器供电。第二个蓄电池为车内电网蓄电池，用于向车内电网的其他

微课：迈腾 B8 的电网管理系统

241

电器供电。这两个蓄电池并联时可向 V10 TDI 发动机提供起动所必需的高电流。

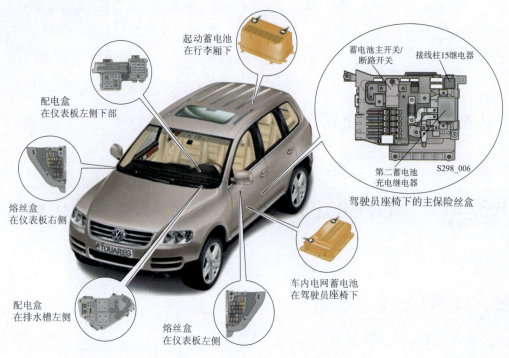

图 5.3-1 双蓄电池车内电网安装情况

2）双蓄电池车内电网的结构

> 为防止电器造成起动蓄电池电量过低，一般将电器分为两组，一组为与起动有关的电器，如预热装置和发动机控制单元等，另一组为与起动无关的车内电网电器，如收音机和可加热后窗玻璃等。与起动无关的电器和车内电网的其他电器由车内电网蓄电池供电。

起动蓄电池可以通过与起动有关的电器的继电器为这些电器供电。高电流电器（例如柴油发动机中的棒状预热塞）总是由起动蓄电池供电。此外，两个蓄电池也可以通过起动蓄电池的充电继电器相连接，以给起动蓄电池充电。该继电器由车内电网控制单元进行控制。它监控车辆行驶期间两个蓄电池的电压，并能识别起动蓄电池何时应充电。

（1）蓄电池主开关/断路开关。当发生碰撞事故时，蓄电池通过蓄电池主开关与起动导线断开。这样可避免起动导线短路及发生火灾。蓄电池主开关通过一根专用信号导线从安全气囊控制单元 J234 得到断开信号。蓄电池主开关如图 5.3-2 所示。

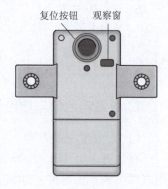

图 5.3-2 蓄电池主开关

在蓄电池主开关触发断开后通过观察窗可见到一个白色的盖板而不是一个铜线圈。之后必须按下复位按钮使继电器复位,否则无法起动。在双蓄电池车内电网中,车内电网控制单元检查蓄电池主开关的位置;如果主开关已断开,则可防止通过起动蓄电池起动,其电路控制如图5.3-3所示。

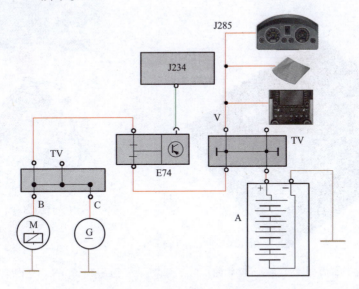

图5.3-3 蓄电池开关电路作用图

A—蓄电池;B—起动机;C—发电机;E74—蓄电池主开关/断路开关;
J234—安全气囊控制单元;J285—组合仪表;TV—导线分电器;V—车内电网电器

(2) 发电机。在V10 TDI发动机上,发电机通过一个齿轮传动机构和一个中间轴(传动比,$i=3.6$,并带一个哈代式挠性联轴节)驱动。通过该中间轴可提高发电机的驱动转速,同时也提高了发电机的功率。能够满足电气装置很高的电流需求,即使是在怠速运行时也是如此。通过发动机的冷却循环回路冷却发电机可防止发电机过热,延长其使用寿命并提高其效率,发电机实物及冷却液回路如图5.3-4所示。

(3) 车内电网控制单元。以前分散安装在车辆中的控制单元和继电器的功能现已汇集到车内电网控制单元中,其实物如图5.3-5所示。车内电网控制单元安装在驾驶员侧脚舱内的仪表板下,如图5.3-6所示。它与登车和起动授权控制单元一起固定在配电盒上。

图5.3-4 发电机实物及冷却液回路图

图 5.3-5 车内电网控制单元实物图

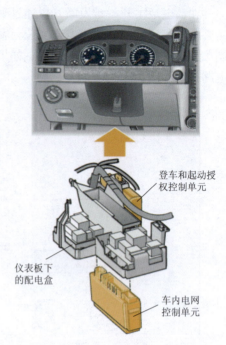

图 5.3-6 车内电网控制单元位置图

大众途锐汽车车内电网控制单元由于与各继电器已经合在一起,所以控制功能很广泛,车内电网控制单元不但进行电源管理与控制,还对车内外灯光控制、大灯清洗装置控制、燃油泵预运行控制、喇叭控制、双清洗泵控制、雨水传感器和光线传感器供电等进行综合控制。此外,它还接收发动机舱盖接触开关、后视镜调节开关、报警闪光器按钮、车灯开关、起动蓄电池和车内电网蓄电池的电压测量值等信号,并通过 CAN 数据总线将其传输给其他控制单元。

3)双蓄电池车内电网的工作模式

(1)休眠模式。车内电网控制单元处于休眠模式(接线柱 S 未启用)时,该系统进入休眠状态。在休眠模式下供电继电器 1(J701)和第二蓄电池即起动蓄电池的充电继电器(J713)断开。供电继电器 2(J710)处于接合状态。

(2)车内电网蓄电池和起动蓄电池已充电时的起动过程。继电器处于正常控制位置(休眠位置)时可以进行起动。第二蓄电池即起动蓄电池的充电继电器 J713 以及供电继电器 J701 断开,供电继电器 J710 接合。蓄电池并联电路继电器 J581 通过登车与起动授权控制单元断开或接通,与接线柱 50 的状态相同,车内电网蓄电池和起动蓄电池已充电时的起动过程电路如图 5.3-7 所示。

(3)车内电网蓄电池电量过低和起动蓄电池已充电时的起动过程。与起动有关的电器的供电从车内电网蓄电池切换到起动蓄电池。为防止这两个蓄电池之间出现补偿电流,供电继电器 J710 先断开,约 100 ms 后供电继电器 J701 接合。第二蓄电池即起动蓄电池的充电继电器 J713 保持断开状态。在这种情况下车辆无法用无线遥控器打开。因为点火开关打开后车内电网控制单元会识别到车内电网蓄电池无电,所以它将执行"应急起动"。

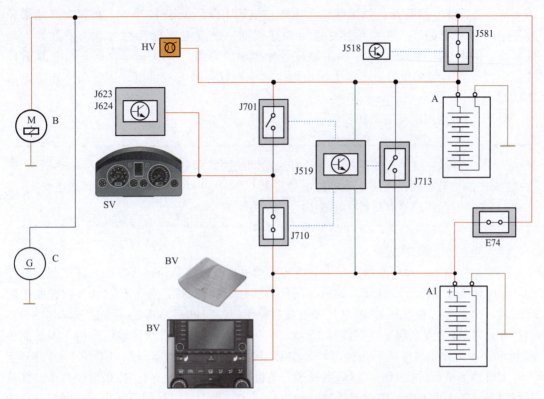

图 5.3-7 双蓄电池已充电后的起动状态电路图

A—车内电网蓄电池，蓄电池；A1—第二蓄电池，起动蓄电池；B—起动机；C—发电机；E74—蓄电池主开关/断路开关；J518—登车和起动授权控制单元；J519—车内电网控制单元；J581—蓄电池并联电路继电器；J623—发动机控制单元；J624—发动机控制单元2；J701—供电继电器1；J710—供电继电器2；J713—第二蓄电池（起动蓄电池）的充电继电器；BV—车内电网电器；SV—与起动有关的电器；HV—高电流电器

通过"应急运行"状态下所连接的导线，信息将传输到组合仪表以及登车和起动授权控制单元。此时在组合仪表显示屏上出现警告信息"请起动发动机"。如果车内电网控制单元识别到发动机运转时发电机给蓄电池充电，它会将与起动有关的电器切换到车内电网蓄电池，这样应急起动结束，这时才能操纵自动变速箱选挡杆，车辆才能行驶。如果转向角传感器已重新适配，可能亮起的 ESP 指示灯在行驶不久后将熄灭。避免预热未完成的情况出现，此时预热装置指示灯将闪烁。

（4）车内电网蓄电池已充电而起动蓄电池电量过低时的起动过程。继电器的控制位置与两个蓄电池已充电时进行起动的控制位置相同。第二蓄电池即起动蓄电池充电继电器 J713 和供电继电器 J701 断开，供电继电器 J710 接合。

（5）双蓄电池电量均不足时的起动过程。在车内电网蓄电池的电压低于 10.5 V 且起动蓄电池的电压低于 11.5 V 的情况下，车内电网控制单元唤醒（唤醒模式）后通过测量可以获得这两个蓄电池的蓄电池电压。如果测得的起动蓄电池电压超过车内电网蓄电池的电压，那么起动过程与车内电网蓄电池电量过低时相同。如果车内电网蓄电池的电压值较高，则不改变继电器的控制位置即可起动。

（6）充电运行模式。车内电网蓄电池总是不断充电。起动蓄电池通过充电继电器 J713 充电，而该充电继电器由车内电网控制单元 J519 进行控制。正常充电时间为

20 min，之后继电器断开。如果起动蓄电池的电压下降到低于 12.8 V，将再次开始最长为 20 min 的充电循环。棒状预热塞进行预热期间，该继电器保持接合状态。如果发动机起动后供电继电器 J701 由于触头黏住等原因不能断开，则 4 min 后充电继电器 J713 接合，直至关闭点火开关。车内电网由两个蓄电池以并联方式供电，因此可防止继电器 J701 过载。

4）车内电网用电器的电源控制

> 车内电网控制单元控制舒适电器和长时间使用的高电流电器（例如可加热后窗玻璃）的接通时间，以防止蓄电池电量过低。车内电网负荷过大时怠速转速也会提高，这样可保证总是有足够的电能用于起动发动机。

（1）电动燃油泵的控制。

①预运行控制。大众途锐汽车中的汽油发动机具有燃油泵预运行功能，这样起动前燃油管路中就能建立压力。打开驾驶员车门且接线柱 15 断电时，登车和起动授权控制单元 J518 的一个信号（接线柱 15 断电）和驾驶员侧车门控制单元 J386 的一个信号（驾驶员车门打开），以及为安全起见（接线柱 15 状态）通过 CAN 数据总线传输给车内电网控制单元 J519 一个冗余信号。随后该控制单元控制（通电）燃油泵预运行继电器约 2 s。打开点火开关时燃油泵预运行中止，以后则通过发动机控制单元进行控制。如果驾驶员车门保持打开状态，最多可逻辑性地重复控制（通电）三次。车内电网控制单元中的时间控制功能可防止不断控制燃油泵，例如驾驶员车门短时间内多次打开和关闭时。燃油泵控制电路图如图 5.3-8 所示。

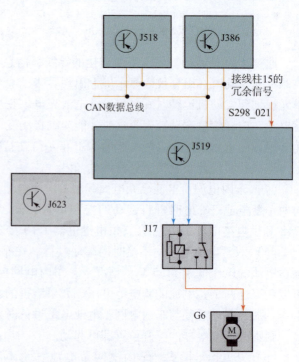

视频：迈腾 B8 燃油泵控制电路测量　　图 5.3-8　燃油泵控制电路图

②碰撞时断开控制。如果点火开关打开时识别到发生碰撞事故，安全气囊控制单元J234将通过CAN数据总线发送信号，燃油泵将立即断开，约5 s后可再次打开点火开关，重新启用该功能。

（2）电控照明系的控制。

①车内照明灯控制。车内照明灯通过车内电网控制单元进行控制，其供电通过接线柱30G实现。为防止车内照明灯打开时导致车辆蓄电池电量过低，在点火开关断开且车辆从外部上锁、所有车门已关闭的条件下，将断开接线柱30G的供电。在操作车内照明灯开关，打开点火开关，车辆开锁且打开某一车门、行李厢盖或后窗玻璃或操纵发动机舱盖接触开关时，接线柱30G将通电，识别出碰撞信号时会立即接通车内照明灯。再次打开点火开关后，可重新启用接线柱30G的关闭功能，其电路控制如图5.3-9所示。

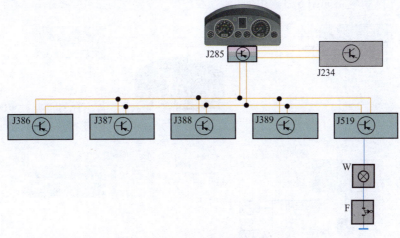

图5.3-9　车内照明灯控制电路图

F—车内照明灯开关；J234—安全气囊控制单元；J285—组合仪表（网关）；
J386—驾驶员侧车门控制单元；J387—副驾驶员侧车门控制单元；J388—左后车门控制单元；
J389—右后车门控制单元；J519—车内电网控制单元；W—车内照明灯

②车外灯光控制。

a. 转向信号灯：转向信号灯的主要功能通过车内电网控制单元实现。

信号流程：转向信号灯开关→转向柱电子系统控制单元→车内电网控制单元（控制转向信号灯）→拖车识别控制单元（控制拖车上的转向信号灯）→驾驶员侧和副驾驶员侧车门控制单元（控制后视镜中的转向信号灯）→组合仪表（控制指示灯和故障信息显示）。

b. 驻车灯：驻车灯的主要功能也通过车内电网控制单元实现。

信号流程：车灯开关→车内电网控制单元（控制前部车灯）→中央舒适性电子系统控制单元（控制后部车灯）→拖车识别控制单元（控制拖车上的车灯）→组合仪表（控制指示灯和故障信息显示）。

动画：制冷循环工作原理

c. 行车灯：行车灯的主要功能同样通过车内电网控制单元实现。通过车内电网控制单元中的一个附加电路可保证，车内电网控制单元或车灯开关失灵时可以打开驻车灯和近光灯。

信号流程：车灯开关→车内电网控制单元（控制大灯）→组合仪表（控制指示灯和故障信息显示）。

d. 行车灯自动控制：车内电网控制单元还能控制行车灯自动控制的功能。只有当车灯开关处于相应位置时，行车灯自动控制功能才能启用。

信号流程：车灯开关处于自动行车灯的位置→光线传感器的输入信号经过刮水器电动机控制单元、信息娱乐系统 CAN 数据总线和网关→车内电网控制单元（控制前部车灯）→中央舒适性电子系统控制单元（控制后部车灯）→拖车识别控制单元（控制拖车上的车灯）→组合仪表（控制指示灯和故障信息显示）。

动画：迈腾 B8 车外灯光控制电路分析

车外灯光控制电路如图 5.3-10 所示。

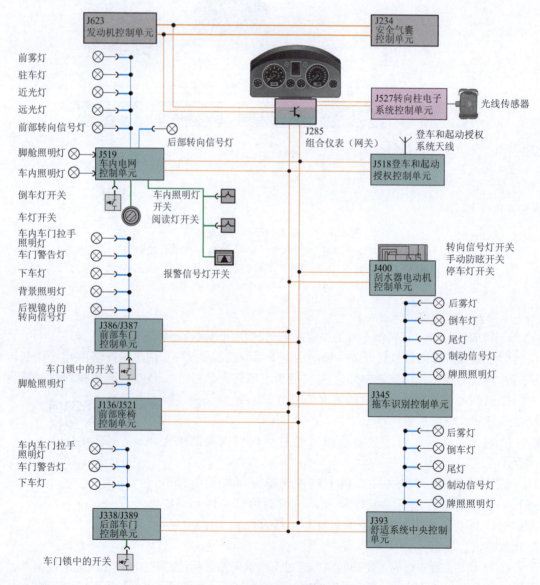

图 5.3-10　车外灯光控制电路

2. LIN 局域互联网与多路传输

1）LIN 总线含义

> LIN 是 Local Interconnect Network 的缩写，其含义是局域互联网络，表示所有的控制单元都装在一个有限的空间内，所以它也被称为"局域子系统"。车上各个 LIN 总线系统之间的数据交换是由控制单元通过 CAN 数据总线实现的。

汽车中的局域互联网络是指所有的控制单元都在一个系统总成内，如发动机系统、自动变速器系统、空调系统。

LIN 总线系统是单线式总线，底色是紫色，有标志色。该线的横截面面积为 0.35 mm^2，无须屏蔽。

LIN 总线系统有主控制器和子控制器之分，整个总成内的主控制器和子控制器、子控制器和子控制器间的信息都由 LIN 总线相连，然后由主控制器通过 CAN 总线与外界相连，如图 5.3-11 所示。

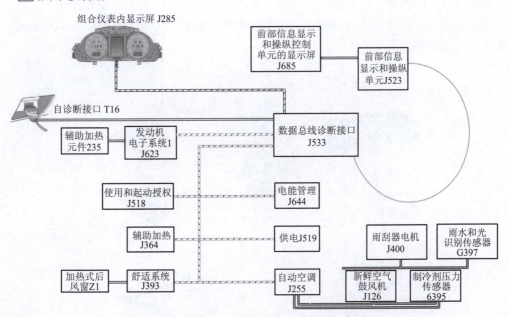

图 5.3-11　CAN 与 LIN 关系图

LIN 总线是 CAN 总线的子网，连接在 CAN 总线上的控制单元执行局域互联网（LIN）的主功能。所连接的局域互联网（LIN）副控制单元的诊断通过局域互联网（LIN）主控制单元进行，如图 5.3-12 所示。

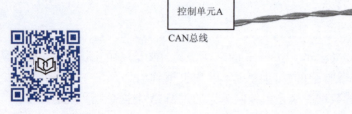

微课：迈腾 B8 的 LIN 线控制原理　　　图 5.3-12　LIN 主、副控制单元的关系图

2）LIN 总线传输特征

（1）最大传输速率 19.2 kbit/s。

（2）单线，基本色：紫色+标志色。

（3）使用主控制器的地址来进行诊断。

3）LIN 总线主控制单元

LIN 总线主控制单元连接在 CAN 数据总线上，它执行 LIN 的主功能。LIN 总线主控制单元监控数据传递和数据传递的速率，发送信息标题。主控制单元的软件内已经设定了一个周期，这个周期用于决定何时将哪些信息发送到 LIN 数据总线上以及发送多少次。该控制单元在 LIN 数据总线系统的 LIN 控制单元与 CAN 总线之间起"翻译"作用，它是 LIN 总线系统中唯一与 CAN 数据总线相连的控制单元。通过 MN 主控制单元进行与之相连的 LIN 从控制单元的自诊断。

如图 5.3-13 所示，空调控制单元和天窗控制单元就是两个 LIN 主控制单元，前风窗加热器、鼓风机和两个温度传感器是空调 LIN 中的从控制单元；天窗控制电动机则是天窗 LIN 中的从控制单元。

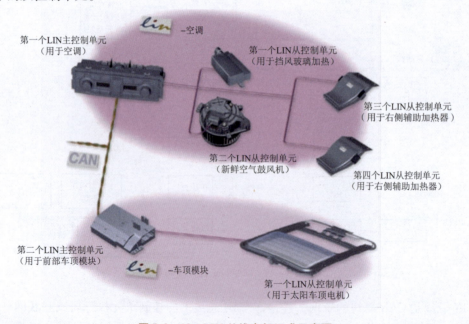

图 5.3-13　LIN 总线内部组成示意图

4）LIN 总线从控制器

每个 LIN 总线中最多可以连接 16 个从控制器，从控制器主要是接收或传送与主控制器的查询或指定有关的数据，如图 5.3 - 14 所示。

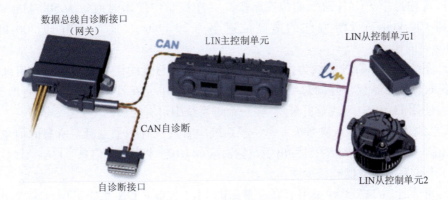

图 5.3 - 14　CAN、LIN 与从控制器示意图

从控制器诊断的内容（测量数据块、执行元件测试、设定、故障存储器查询）在主控制器地址的帮助下被读出或激活。在经过几次通信无效的尝试后，主控制器的故障存储器里会产生一个故障记忆"控制单元 XY 无信号/通信"。LIN 总线通信在通信断开时（拔下插头，通信参与者的供电断路），主控制单元里产生一个故障存储。

5）LIN 总线的组成

图 5.3 - 15 所示为奥迪车系 CAN 总线与 LIN 总线组成示意图。

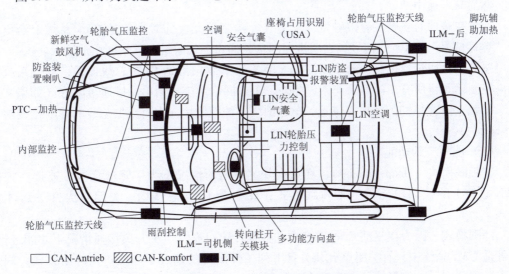

图 5.3 - 15　奥迪车系 CAN 总线与 LIN 总线组成示意图

6）CAN 总线与 LIN 总线的差别

（1）信号线及信号。CAN 总线以 CAN—High 和 CAN—Low 两条信号线（双绞线）工作，舒适 CAN 总线两条线的电平分别约为 0 V 和 5 V（隐性时）。

LIN 总线只以一条相当于 CAN—Low 的信号线工作，隐性时电平接近蓄电池电压，并随之浮动；显性时电平接近地电平。使用直径 0.35 mm 导线，颜色为紫底白线。

（2）组件。CAN 总线工作时，电子单元中除了需要相对复杂的收发器外，通常还需要用专门的协议控制器。LIN 总线单元中的收发器较简单，而且由于协议简单，通常不需要专门的协议控制器。

（3）传输速率。CAN 总线的位速率较高，在汽车中使用时通常为 500 kbit/s，最低的也达到 100 kbit/s；LIN 总线的最高位速率为 20 kbit/s，通常使用 19 200 kbit/s 或 9 600 kbit/s 的速率。

（4）系统结构。CAN 总线为多主机系统，即接入总线的任一电子单元都可通过总线仲裁来获取总线控制权，并向总线系统中发送信息，单元在发出完整的 ID 时即为主机。CAN 总线使用 11 位 ID（甚至更多），在一个子系统中可有较多的单元。

LIN 总线为单主机多从机系统，每一子系统中有且只有一个主机，所有的信息传送都由主机控制，从机必须等待主机发出了与它对应的 ID 后才能发送信息。LIN 总线使用 6 位 ID，在一个子系统中只能有较少的单元。

（5）可靠性。CAN 总线采用可靠性很高的 CRC 校验；LIN 总线采用可靠性相对较差的带进位的和校验。

（6）成本。CAN 总线能用于各种信息传送的场合，但成本较高，工艺性相对差些；LIN 总线只能用于对速率及可靠性要求不是很高的场合，如舒适系统或某些子系统等，其优点是成本低，工艺性好。

7）多路传输的其他功能

（1）碰撞时的特殊功能。Polo 轿车的安全系统有用于碰撞情况的自动电路，这些电路能缓解紧急状态，动作电路包括中控门锁解除连锁、车内灯被打开、闪烁报警装置被接通、燃油输入被中断。

如果在碰撞时安全气囊被触发，安全气囊控制单元会同时在驱动 CAN 总线上给出一个"碰撞信号"，由于此信号，发动机控制单元通过燃油泵继电器切断燃油输入。

碰撞信号通过数据总线的诊断接口（网关）继续向舒适 CAN 总线传送，舒适系统的中央控制单元将所有车门解除连锁，此外，车载网络系统控制单元接通车内灯（如果开关在车门触点位置）和闪烁报警位置。车载网络系统控制单元内有数据总线的诊断接线端子 E_1（网关）。

（2）能源节约功能。

①睡眠模式（sleep—modes）。在点火开关关闭的情况下为了降低耗电，连接在数据 CAN 总线上的控制单元被置于睡眠模式，在驱动 CAN 总线内，关闭点火开关后才能进入。

睡眠模式，因为在驱动 CAN 总线内的数据传输只有在点火开关接通情况下才能进行。在舒适 CAN 总线中只有关闭点火开关且下列条件满足的情况下才能进入睡眠模式：闪烁报警装置关闭、功能保持结束、无诊断数据传输、外部照明关闭。

②唤醒（wake—up—modes）。一个控制单元通过下面所述动作中的一个动作识别到了唤醒命令，并将其继续传送给其他控制单元，从而将这些控制单元也激活。

在驱动 CAN 总线中通常总是在点火开关打开后被唤醒。在舒适 CAN 总线中，在下列动作后唤醒：打开点火开关、激活闪烁报警装

微课：迈腾 B8 控制单元的唤醒功能

置、车门、后行李厢盖、车前盖和点火钥匙的状态发生变化、接通车外照明。

仪表板内有显示的控制单元是与驱动 CAN 总线连接的,即使电源中断(点火开关关闭)也需要从舒适 CAN 总线系统获得数据。因此需要与舒适 CAN 总线有一个直接的连接,或与车载网络系统控制单元有导线连接(唤醒导线),而这取决于仪表板的装备情况。

3. 电源管理系统

1)电能管理控制单元

在新款奥迪 A6 与 A8 轿车上使用了用于蓄电池和电能管理的控制单元,其外形如图 5.3 – 16 所示,由于车上使用的电子部件增多,对电能的需求量也加大,如果不控制电能的使用,就可能造成车上的可用电能大大下降(在任何车况下都有可能出现)。

电能管理控制单元的主要任务是:监控蓄电池的负荷状态,在极端情况下通过 CAN 总线来调节用电器,通过功能切断来将电流消耗降至最小,以保持最佳充电电压。防止蓄电池过度放电,从而保证车辆随时可以起动。

电能管理控制单元安装在行李厢内右侧,在蓄电池附近,如图 5.3 – 17 所示。

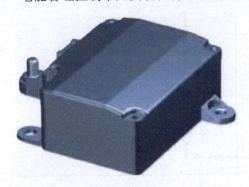

图 5.3 – 16 电能管理控制单元外形图

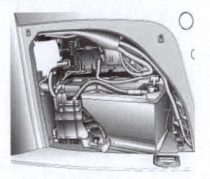

图 5.3 – 17 电能管理控制单元位置图

2)内置功能模块

电能管理控制单元的功能分为 3 个功能模块如图 5.3 – 18 所示,这些功能模块在不同的车辆状态下工作。功能模块 1 是蓄电池管理器,它负责蓄电池诊断,其总是处于工作状态。功能模块 2 是静态电流管理器,在发动机不转的情况下,有需要时会关闭驻车后的用电器。功能模块 3 是用于动态管理的,即在发动机运转时起作用,用于调节充电电压以及降低负荷和减少用电器数量。

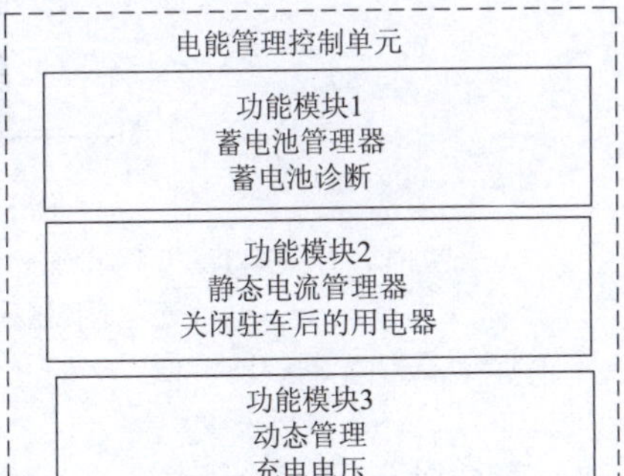

3 个功能模块工作时间不同,只有在一定的状态下才会分别被激活,车辆有 3 种不同的状态,见表 5.3 – 1。

图 5.3 – 18 电能管理控制单元功能模块组成图

表 5.3-1 功能模块工作状态图

车辆状态	蓄电池管理器	静态电流管理器	动态管理
15 号接线柱关闭	激活	激活	
15 号接线柱接通发动机不转	激活	激活	
15 号接线柱接通发动机在运转	激活		激活

3) 系统功能原理

电能管理控制单元可持续监控蓄电池的状况，它会检查蓄电池的充电状态（SOC）及起动电能。在发动机运转时，该控制单元会将发电机的充电电压调节到最佳状态。另外，该控制单元还可以卸掉载荷（减少用电器的个数）及提高怠速转速。为了避免在发动机停转的情况下出现静电流消耗，该控制单元在极端情况下可以通过 CAN 总线来关闭用电器，从而可避免蓄电池过度放电，系统功能如图 5.3-19 所示。

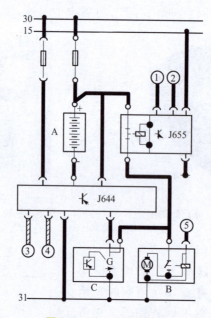

图 5.3-19 系统功能图

A—蓄电池；B—起动机；C—交流发电机；J644—电能管理控制单元；J655—蓄电池切断继电器；
①—安全气囊控制单元 J234；②—安全气囊控制单元 J234；
③—舒适 CAN 总线 High；④—舒适 CAN 总线 Low；⑤—接线柱 50（来自起动机继电器 2（J695））

4. 蓄电池管理器

为了能执行蓄电池自诊断，电能管理控制单元内的蓄电池管理器必须计算出蓄电池温度、蓄电池电压、蓄电池电流和蓄电池的工作时间，电能管理控制单元功能如图 5.3-20 所示。

蓄电池电流和蓄电池电压在控制单元内测量，蓄电池温度是通过一种算法来折算的，而蓄电池电压是在正极接线柱上测量的。组合仪表上可显示出蓄电池的起动能力和当前的

项目五 汽车车身智能控制系统检修

图 5.3-20 电能管理控制单元功能图

充电状态,如图 5.3-21 所示。这两个量是静态电流管理和动态管理的基础,发电机通过一个接口来提供最佳的充电电压。

通过多功能显示器 MMI 上的 CAR 功能就可调出蓄电池的充电状态,该状态用方格图来显示,每格步长为 10%,如图 5.3-22 所示。充电状态值在 60%~80% 之间时为正常。

在发动机停止转动后,如果有用电器在长时间工作,蓄电池就会消耗电能(放电),如果影响到发动机的起动,那么 MMI 上会提示起动发动机从而可防止三分钟后系统自动关闭。充电指示灯位于组合仪表中的转速表内,如图 5.3-23 所示,与以前车型不同的是,该灯由电能管理控制单元来控制。

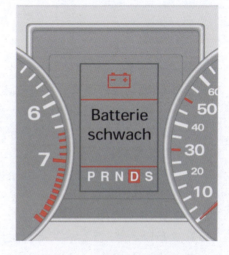

图 5.3-21 蓄电池状态指示图

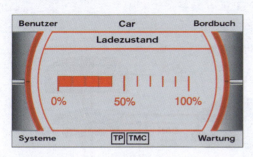

图 5.3-22 蓄电池充电状态指示图

图 5.3-23 充电指示灯位置图

5. 蓄电池的维护与诊断

奥迪 A8 轿车需通过电能管理控制单元来对蓄电池进行检测,不必再对蓄电池进行负荷检测。通过故障导航可以调出"功能和部件选择"菜单,在菜单中可以进行蓄电池检测。控制单元将确定蓄电池充电状况(SOC)、蓄电池内阻和蓄电池供电能力,并根据这些信息来判定蓄电池是否正常以及是否应充电或更换。

蓄电池充电器通过外接起动簧片式接头接在蓄电池的正极接线柱上,通过外接起动销子连接在蓄电池负极接线柱上。蓄电池充电必须在车上进行,因此电能管理控制单元在计算蓄电池值时就可以考虑到充电电流。

当车辆处于 15 号接线柱接通且发动机关闭的状态时,必须接通蓄电池充电器,否则会由于电流消耗过大而出现功能关闭。所用的充电器必须能提供至少 30 A 的稳定充电电流。

不得在车上对蓄电池进行快速充电。在对蓄电池充电时,一定要注意蓄电池和充电器的各种规定,还要注意蓄电池上的说明。更换蓄电池时,必须通过诊断仪对新蓄电池进行适配。在故障导航中,对于有自诊断能力的系统,蓄电池管理器中会有"蓄电池管理器编码"这个菜单项。在编制代码时,需要输入蓄电池的序列号,这个序列号标在蓄电池上。

在进行外接起动时,起动机电缆的搭铁接在外接起动销子上,起动机电缆的正极接在外接

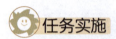

步骤 1. 确认故障现象,推断故障范围
(1) 收集车辆信息,确认故障现象
起动迈腾 B7L 车辆,进一步检查车辆状况,发现车辆存在下列故障现象:仪表上蓄电池指示灯常亮,同时发动机怠速有点高。
(2) 进一步明确故障现象,缩小故障范围
连接诊断仪,读取故障码,发现无任何与发电机有关的故障。
步骤 2. 分析故障可能原因,引出突破点
连接 J519 的线"L"作用是提供发电机预励磁电流,同时为 J519 提供发电量信号。点火开关打开时约为 1 V,发电机工作时约为 12 V。
连接发动机电脑的线为"DFM"的控制线,为发动机电脑提供当前转速下的发电机负荷,为占空比信号。可通过 01 - 08 - 053 查看数据值。
迈腾带负荷管理的车载电源的发电机控制示意图 5.3 - 24 所示。

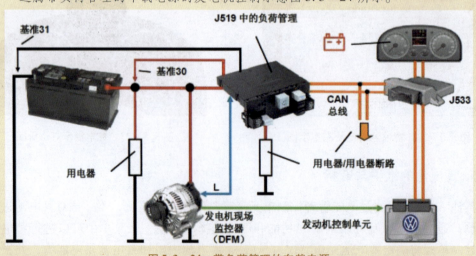

图 5.3 - 24 带负荷管理的车载电源

在发动机怠速情况下读取测量值4发现电压为12 V；将油门踩至3000转后读取测量值此时电压为13.6 V，如图可知发动机转速超过2000转后发电机自励磁正常发电，则发电机正常。实际的数据流如图5.3-25所示：

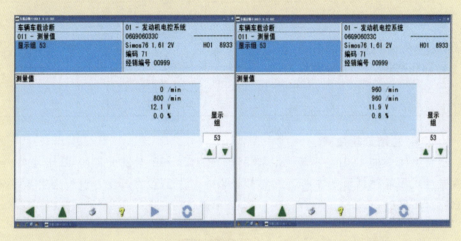

图5.3-25

步骤3. 排除故障点（如表5.3-2所示）

步骤	测试对象	测试条件	测试设备	测试结果		分析结论及突破口
1	测J519的T52C/32电压	ON档	万用表	J519-T52C/32		说明J519的T52C/32侧在ON档正常，在起动发动机后继续查J519的T52C/32供电电压
				标准	1 V	
				实测	1 V	
				结论	正常	
2	测J519的T52C/32电压压	起动发动机	万用表	J519-T52C/32		说明J519的T52C/32供电电压正常，继续查发电机侧L的电压。
				标准	12 V	
				实测	12 V	
				结论	正常	
3	测发电机T2/1对地电压	ON档	万用表	T2/1		说明在ON档发电机侧L的电压异常，在起动发动机后继续查发电机侧L有无接收正确的电压。
				标准	1 V	
				实测	0 V	
				结论	异常	
4	测发电机T2/1对地电压	起动发动机	万用表	T2/1		说明发电机T2/1对地电压正常。
				标准	12 V	
				实测	0 V	
				结论	异常	

续表

步骤	测试对象	测试条件	测试设备	测试结果		分析结论及突破口
5	测 J519 的 T52C/32 至 T2/1 电阻	OFF 档位	示波器	T52C/32 至 T2/1 电阻		确认故障点：J519 侧 T52C/32 至 T2/1 发电机的 L 线路断路。
				标准	≦2 Ω	
				实测	∞ Ω	
				结论	异常	

步骤 4. 总结分析故障

迈腾 B7L 发电机 L 信号断路，即 J519 侧 T52C/32 至发电机侧 T2/1 线路断路，导致发电机不能得到预励磁电流，造成发电机无法正常的工作，仪表上会显示蓄电池指示灯常亮。

任务评价（请扫码下载表格）

参 考 文 献

[1] 阚广武,等. 图解汽车车身电控系统新技术入门 [M]. 北京：中国电力出版社，2009.
[2] 杨勇. 轿车电气设备维修 [M]. 北京：人民交通出版社，2007.
[3] 李春明. 汽车车身电子技术 [M]. 北京：北京理工大学出版社，2008.
[4] 姜立标,等. 现代汽车最新安全控制装置构造与检修实务 [M]. 北京：人民交通出版社，2003.
[5] 李玉茂. 宝来、捷达轿车故障实例与分析 [M]. 北京：机械工业出版社，2005.
[6] 杨庆彪. 大众车系新电器 [M]. 北京：中国劳动社会保障出版社，2008.
[7] 戴胡斌,程国元. 丰田系列轿车维修一本通 [M]. 南京：江苏科学技术出版社，2007.
[8] 董震,席金波. 奥迪 A6 轿车维修手册 [M]. 北京：机械工业出版社，2003.
[9] 黎亚洲. 汽车电气系统维修技术 [M]. 北京：机械工业出版社，2009.

项目一

汽车车身电控系统分析

班级：_____

姓名：_____

学号：_____

日期：_____

项目一 汽车车身电控系统分析

任务　走进汽车车身电控系统

能力训练

1. 请查阅网络资料，列出当前汽车车身电控系统新技术。

新技术名称	主要功能	车型应用

2. 请将下面的系统名称和图片连线。

元件	序号	信号
安全气囊	平视系统	自动泊车
智能雨刮	供电控制单元 J519	胎压检测

003

3. 查阅资料并填写下表。

名称	主要功能	电路简图
熔断器		
继电器		
电磁线圈		

课后作业

一、判断题

1. 为实现低碳排放，全球汽车行业最主要的发展趋势就是发展纯电动汽车。（   ）
2. 汽车升压是将供电系统电压标准由 12 V 提高到 24 V。（   ）
3. 汽车车载电子网络系统通常是以分布式控制系统为基础构建的。（   ）
4. 智能化传感器，不仅能提供用于模拟和处理的信号，还要能对信号进行处理。
（   ）
5. 汽车电气系统工作状况主要受温度变化的影响，与湿度关系不大。（   ）

二、不定项选择题

1. 以下（   ）数据可按表格或曲线形式提供给用户和交警，便于交警客观、公正地分析和处理交通事故。
   A. 停车时刻（年、月、日、时、分、秒）
   B. 车速值（km/h）
   C. 距停车点距离（m）
   D. 刹车信号、左右转弯信号和鸣喇叭信号
2. 下列关于车身电子控制技术基本内容的说法，错误的是（   ）。
   A. 电动后视镜是舒适方面   B. 电控前大灯是照明方面
   C. 电子车速表是仪表方面   D. 电控安全带是安全方面
3. （   ）的使用，对遏止疲劳驾驶、车辆超速等交通违章，约束驾驶员的不良驾驶行为，分析、鉴定道路交通事故，提高交通管理执法水平和运输管理水平，保障车辆运行安全都具有重要作用。
   A. 车辆控制系统   B. 行驶记录仪   C. 电子狗   D. 安全气囊
4. 停车辅助系统当（   ）开关接通时，控制单元进行自检。
   A. 点火   B. 倒车   C. 升降   D. 挡位
5. 汽车电控系统未来发展方向主要包括（   ）等。
   A. 主动防护   B. 网络技术   C. 轮胎自动充气   D. 升压控制
6. 汽车电路系统的特点主要包括（   ）等。

A. 低压直流　　　B. 负极搭铁　　　C. 正极搭铁　　　D. 低压交流

三、简答题

1. 汽车采用电控技术有哪些优点？

2. 汽车上为提高安全防盗功能采用了哪些电控系统？

3. 汽车电控系统未来发展方向主要在哪些方面？

4. 瞬变性过电压对汽车电子元件的危害主要有哪几种情况？

5. 你知道智慧城市吗？请你描绘下未来智慧城市中的汽车是怎样工作的。

项目二

汽车车身电动系统检修

班级：_____

姓名：_____

学号：_____

日期：_____

任务 2.1　电动后视镜检修

视频：后视镜的更换

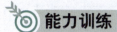

1. 在图 2.1-1 中分别画出左后视镜向右和向下摆动的电路通路。

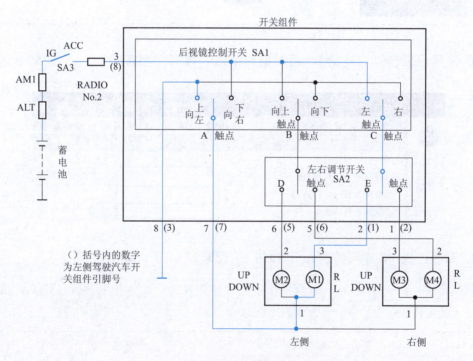

图 2.1-1　典型的后视镜电路示意图

2. 请将下面的迈腾 B8 后视镜元件名称和实物图连线。

元件	序号	信号
后视镜折叠电机	后视镜控制开关	后视镜
车门控制单元 J386	后视镜加热丝	后视镜调节电机

3. 使用诊断仪读取迈腾 B8 后视镜数据流，填写完整下表。

42-驾驶员侧车门电子设备	状态：发生故障 >> 读取数据流 >> 全部数据流	
名称	当前值	单位
同步的后视镜调节		
后视镜加热装置-按钮		
后视镜调整（X/Y方向）		
后视镜内折功能促动		

4. 测量迈腾 B8 车门控制单元 J386 的 T32/25 端子对地电压。

测试标准：点火开关 ON，分别操作后视镜转换开关、加热开关和折叠开关，测量万用表显示的电压值。（教师分两次设置不同故障点）

可能性	实测结果					状态	结果分析
	未操作	L	R	折叠	加热		
1						标准	
2						异常	
3						异常	

5. 测量迈腾 B8 后视镜调整开关 T6v/5 端子对地电压。

测试标准：点火开关 ON，分别操作后视镜转换开关、加热开关和折叠开关，测量万用表显示的电压值。（教师分两次设置不同故障点）

项目二 汽车车身电动系统检修

可能	实测结果					状态	结果分析	可能原因
	未操作	L	R	折叠	加热			
1						标准		
2						异常		
3						异常		

6. 转换开关 E48 导通性测试。

测试标准：点火开关 ON，分别操作后视镜转换开关、加热开关和折叠开关，测量驾驶员侧车门锁 T6v/5 与 T6v/2 插针之间电阻值。（教师分两次设置不同故障点）

可能	实测结果					状态	结果分析	可能原因
	未操作	L	R	折叠	加热			
1						标准		
2						异常		
3						异常		

故障点	J386 的 T16r/5—T3cj/2 断路	
故障现象描述		
部件/电路测试	部件线路范围	测试结果判断
		☐正常 ☐异常
		☐正常 ☐异常
		☐正常 ☐异常
		☐正常 ☐异常
		☐正常 ☐异常
		☐正常 ☐异常
	波形采集（不用者不填）	☐正常 ☐异常

011

课后作业

一、判断题

1. 将电动后视镜开关调到调整左侧后视镜位置时，右侧后视镜的位置会随左侧后视镜位置的改变而改变。（ ）
2. 每个电动后视镜上有两套调整电动机和驱动器。（ ）
3. 迈腾 B8 后视镜左右后视镜折回电机均统一由 J386 控制，信号线与 J386 连接。（ ）
4. 迈腾 B8 后视镜开关在驾驶人侧玻璃升降器操作开关 E512 上，在调节后视镜时需先调节左侧后视镜位置，再调节右侧后视镜。（ ）
5. 迈腾 B8 调节左侧后视镜时右侧后视镜会随着左侧的调节运用，而在调节右侧后视镜时，左侧后视镜不会再次运动。（ ）

二、填空题

1. 电动后视镜按照安装位置不同分为_____、_____、_____，按功能分为_____和_____。
2. 自动防眩目后视镜一般作为_____，由一面_____、两个_____和电子控制器组成。
3. 在每个后视镜的背后都有两个可逆永磁电动机，一个电动机_____，另一个电动机_____。
4. 有些汽车的后视镜还带有存储功能，即在该后视镜控制系统装有_____、_____和_____等。
5. 电动后视镜按镜面形状不同可以分为_____、_____、_____三种。

三、不定项选择题

1. 电动后视镜可通过改变（   ）方向完成后视镜的上下及左右调整。
   A. 电动机的电流方向　　　　　　B. 驱动器
   C. 调整开关　　　　　　　　　　D. 以上都不对
2. 电动后视镜的调整电动机采用（   ）型，可以正反向转动。
   A. 交流型　　　B. 直流型　　　C. 永磁型　　　D. 电磁型
3. 电动后视镜中，可以控制电动后视镜的展开或收回的装置为（   ）。
   A. 折回电动机驱动器　　　　　　B. 调整电动机驱动器
   C. 折回开关　　　　　　　　　　D. 折回驱动器
4. 迈腾 B8 后视镜控制电路中，（   ）接受折回开关的信号，并发出指令使折回驱动机工作，及时准确地控制后视镜的展开或收回。
   A. J386　　　B. J387　　　C. 电动后视镜开关　　　D. J519
5. 电动后视镜主要由镜片、驱动电动机、控制电路、（   ）、后视镜控制模块等组成。

    A. 安全开关   B. 控制开关   C. 折回电动机   D. 折回开关

6. 左、右侧后视镜均不工作的原因不正确的有（　　）。

    A. 搭铁不良   B. 熔断丝熔断

    C. 后视镜电动机损坏   D. 驾驶员车门 ECU

四、简答题

1. 迈腾 B8 J386 是如何感知后视镜开关的左右位置切换与四个方向的调整的？

2. 自动防眩目后视镜是如何实现自动变色的？

3. 结合电路图介绍迈腾 B8 后视镜折回电动机的工作过程。

任务 2.2　电动雨刮检修

视频：雨刮电机检修

能力训练

1. 请根据图 2.2-1 分析电动雨刮器自动复位电路通路并说明工作原理。

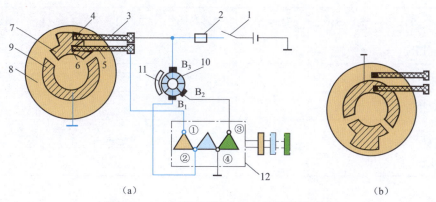

图 2.2-1　电动雨刮器自动复位装置原理图

1—电源开关；2—熔断器；3、5—触点臂；4、6—触点；7、9—铜环；8—蜗轮；10—电枢；11—永久磁铁；12—刮水器开关

2. 请将下面的电动雨刮系统元件名称和实物图连线。

元件	序号	信号
雨刷电动机控制单元	刮水电动机复位装置	雨水传感器
供电控制单元 J519	风窗玻璃洗涤电动机	自动刮水操纵开关

3. 刮水器开关的检测。

刮水器开关的结构如图 2.2-2 所示，请通过检测将数据填写在下表中。

图 2.2-2　刮水器开关结构

电阻值（Ω）	53-53e	53a-53	53a-53b	53-J	53a-T	31-搭铁
间歇挡挡位						
空挡（OFF）						
低速挡						
高速挡						
喷水挡						

4. 请根据图 2.2-3 分析电动雨刮器是如何实现间歇控制的。

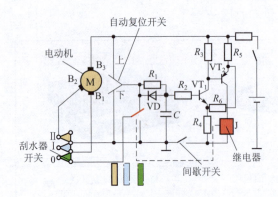

图 2.2-3　电动雨刮器间歇控制电路图

视频：迈腾 B8 雨刮系统 LIN 线断路故障检修

5. 迈腾 B8 车上电动雨刮器是如何实现控制的？尝试在设备中设置图 2.2－4 中打 X 的线路断路故障点并进行排除。

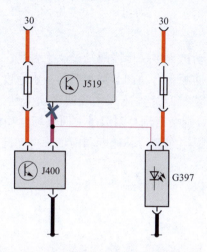

图 2.2－4　控制单元与传感器间的通信

G397—雨水传感器；J400—雨刷电机控制单元；J519—供电控制单元

故障点	J519 的 T46b/30—J400 的 T4ju/4 断路	
故障现象描述		
部件/电路测试	部件线路范围	测试结果判断
		□正常　□异常
		□正常　□异常
		□正常　□异常
		□正常　□异常
		□正常　□异常
	波形采集（不用者不填）	
		□正常　□异常

课后作业

一、判断题

1. 刮水电动机为直流电动机，多采用线圈励磁产生磁场。（   ）
2. 电子感应式刮水器根据雨量自动调节刮水器的刮水速度。（   ）
3. 冬季使用刮水器时，若其刮片被冰冻住或被雪团卡住，应立即断开开关，清除冰块、雪团后方可继续使用，否则会因刮片阻力过大而烧坏电动机。（   ）
4. 电子感应式刮水器能根据车辆行驶速度和雨量，自动调节刮水器刮水速度。（   ）
5. 刮水器刮片上出现难以清除的污渍时，可以用汽油清洗和浸泡。（   ）

二、填空题

1. 永磁式电动机旋转，带动蜗杆、蜗轮，使与_____相连的拉杆和_____带着左、右两刮片架作_____，橡皮刷便刷去风窗玻璃上的雨水、雪、灰尘。
2. 电动刮雨器一般由_____、_____和_____等组成。
3. 刮水电动机为直流电动机，按其输出形式分可分为_____、_____两种。其减速方式也可采用圆柱齿轮减速和_____减速两种。
4. 刮水器刮水片的摆动速度由_____决定。永磁式电动机刮水器的磁场由_____产生，电动机上有三只电刷。利用三个电刷来改变正负电刷之间串联的_____数，实现_____。
5. 雨水传感器可根据_____的原理来判断前风窗玻璃的湿度情况，该传感器内集成有环形的_____，在乘员舱内透过前风窗玻璃发射出_____。

三、不定项选择题

1. 汽车在大雨天行驶时，刮水器应工作在（   ）。
   A. 点动挡　　B. 间歇挡　　C. 高速挡　　D. 低速挡
2. 刮水电动机为直流电动机，多采用（   ）型。
   A. 交流型　　B. 直流型　　C. 永磁型　　D. 电磁型
3. 清洗刮水器刮片时，可用蘸有（   ）的棉纱擦去刮片上的污物。
   A. 酒精　　　B. 香蕉水　　C. 清洗剂　　D. 汽油
4. 风窗玻璃加热器不工作，出现故障概率最大的是（   ）。
   A. 熔丝　　　B. 电路　　　C. 加热开关　D. 定时器
5. 刮水器电动机大多利用永磁直流电动机，其磁极多采用（   ）材料，受冲击易损坏。
   A. 陶瓷　　　B. 钢铁　　　C. 石墨　　　D. 铜合金
6. 下列属于电动刮水器与清洗系统使用注意事项的是（   ）。

A. 定期检查刮水器刮片
B. 刮水器电动机多为封闭式，不可随意拆卸
C. 清洗刮水器刮片时，可用蘸有汽油的棉纱轻轻擦去刮片上的污物
D. 不要随意拆下电动机

四、简答题

1. 永磁式电动机是如何实现自动复位的？

2. 永磁式刮水器电动机是如何实现变速控制的？

3. 永磁式刮水器是如何实现间歇控制的？

任务 2.3　电动座椅检修

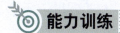

视频：迈腾 B8 电动座椅调节

1. 在图 2.3-1 中分别画出凌志 LS400 轿车电动座椅后垂直方向向下调节的电路通路。

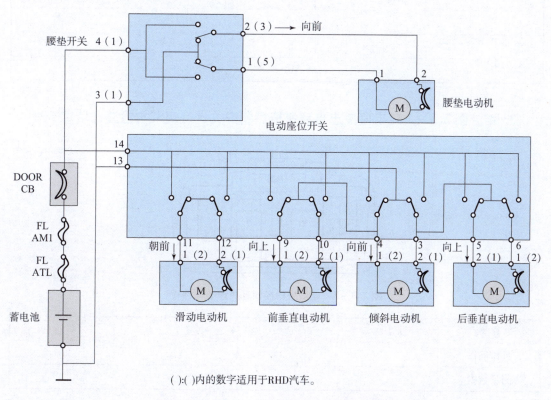

( ):( )内的数字适用于RHD汽车。

图 2.3-1　凌志 LS400 轿车电动座椅控制电路

2. 请根据图2.3-2将电动座椅的各种调节工作情况填写到下表中。

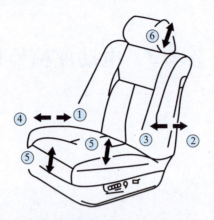

图2.3-2 电动座椅自动调节顺序

序号	工作情况	序号	工作情况
①		④	
②		⑤	
③		⑥	

3. 结合图2.3-3对丰田凌志电动座椅控制开关进行调节与检查，填写下表。

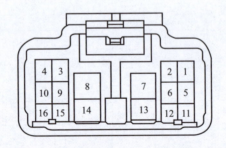

图2.3-3 电动座椅控制开关调节与检查

序号	1	2	3	4
具体操作				
测量数据				

4. 结合图 2.3 – 4 对电动座椅后端高度完成调节与检查。

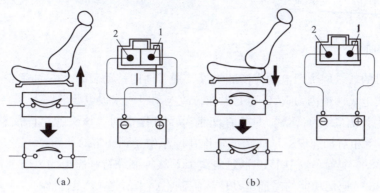

图 2.3 – 4　电动座椅后端高度调节与检查
（a）座椅后部上升；（b）座椅后部下降
1，2—接线端子

	1	2	3	4
具体操作				
测量数据				

故障点	EX33 的 T6zc/2—TSVR 的 T7zb/15 断路	
故障现象描述		
部件/电路测试	部件线路范围	测试结果判断
		□正常　□异常
		□正常　□异常
		□正常　□异常
		□正常　□异常
		□正常　□异常
	波形采集（不用者不填）	□正常　□异常

课后作业

一、判断题

1. 电动机的数量取决于电动座椅的类型，通常两向移动装 2 个电动机。（ ）
2. 存储式电动座椅因为 ECU 功能很强，故电动机内未设电路断路器。（ ）
3. 主动式头枕系统（AKS）是指在车前部受到撞击时，该头枕会向前移动并能避免肩部与头部产生相对加速度，从而降低颈椎在撞车中受到伤害的危险。（ ）
4. 迈腾 B8 高配置车辆中 J519 通过舒适 LIN 线控制靠背和座椅的风扇工作。（ ）
5. 迈腾 B8 带记忆功能的左前电动座椅控制电路由舒适 LIN 线控制。（ ）

二、填空题

1. 为满足不同车型和配置的要求，制造厂已制造出具备_____、_____、_____、_____、_____等调节功能的电动座椅。
2. 电动座椅一般是由电子控制器（ECU）、_____、_____、_____传动装置和_____等组成。
3. 电动机由来自电动座椅 ECU 或腰垫开关的_____驱动，每个电动机均有内设_____。
4. 迈腾 B8 不带记忆功能的左前电动座椅通过调节开关控制_____，同时通过双向开关改变_____，使调节电机实现正反转。
5. 迈腾 B8 的座椅由电热丝实现加热，J519 通过_____接收到加热按钮的信号后，根据按钮提供的_____信号，控制电热丝_____。

三、不定项选择题

1. 电动座椅系统由（　　）组成。
   A. 调节开关　　　　　　　　B. 座椅调节电动机
   C. 过载保险　　　　　　　　D. 电池
2. 电动座椅的电路故障会引起（　　）。
   A. 座椅运动不灵活　　　　　B. 座椅运动不到位
   C. 某个方向不能调节　　　　D. 座椅不运动
3. 座椅过载保险安装位置有所区别，但现在一般过载保险和（　　）装在一起。
   A. 电动机　　B. 开关　　C. 保险丝盒　　D. 控制模块 ECU
4. （　　）对汽车结构设计提出了更高的要求，它既要满足驾驶人多种姿势下的操作安全要求，也要满足包括对乘员的舒适性和安全性的要求。
   A. 电动座椅　　B. 真皮座椅　　C. 电加热座椅　　D. 记忆座椅
5. 汽车电动座椅能调节的方向比较多，许多车辆使用 4 个电动机，能够对座椅的（　　）方向进行调节。

A. 8个 B. 6个 C. 4个 D. 2个

四、简答题

1. 电动座椅具有哪些调节功能？

2. 电动座椅是如何实现记忆功能的？

3. 简述迈腾B8带记忆功能的左前电动座椅控制电路原理。

任务 2.4　电动车窗检修

动画：迈腾 B8 电动车窗工作异常诊断流程

1. 桑塔纳 2000 电动车窗控制电路图（图 2.4 – 1）的识读。

① 在图中用实线箭头 ──────► 标出左后窗中央开关控制车窗升时的电流路径；
② 在图中用虚线箭头 ------► 标出右后窗车门开关控制车窗降时的电流路径。

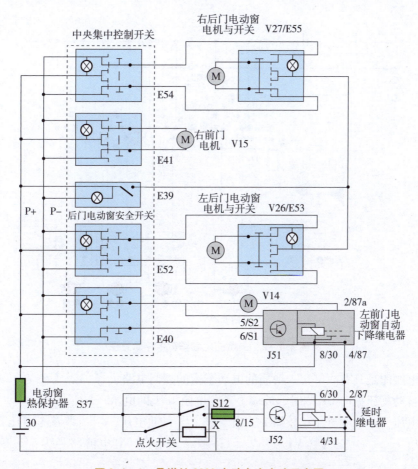

图 2.4 – 1　桑塔纳 2000 电动车窗电路示意图

2. 请将下面的迈腾 B8 电动车窗元件名称和实物图连线。

元件	序号	信号
车窗玻璃电动机	车窗玻璃	车窗玻璃分控开关
仪表	门控制单元	车窗玻璃主控开关

3. 读图 2.4-2，完成填空。

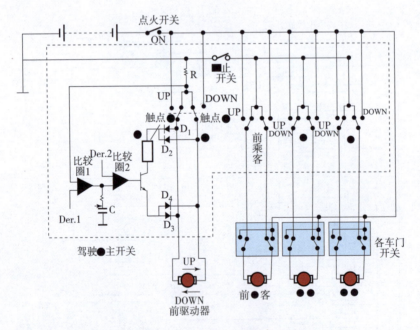

图 2.4-2 典型的电动车窗电路示意图

左侧电路图是具有_____功能的电动车窗的控制电路；

当把自动旋钮摁向 UP 侧时，玻璃上升，电阻 R 上的电压_____。

参考电压一，因此电压比较器 1 输出_____；此电压_____参考电压2，电压比较器 2 输出_____三极管 VT_____；触点 1 结合，其电流路径为：_____
_____

_____ _____ _____ _____ _____ _____。上升至终点位置时，电动机锁止电流流动，电阻 R 上的压降_____。当此电压_____参考电压 1 时，比较器 1 输出_____，电容 C _____；当电压_____参考电压 2 时，电压比较器 2 输出_____三极管 VT _____；触点 1 断开。

4. 测量迈腾 B8 车窗玻璃主控开关 E710 开关各挡对地波形。

	车窗开关状态	标准	实测	状态	分析
1	未操作				
2	电动上升				
3	快速上升				
4	电动下降				
5	快速下降				

故障点	E512 的 T10i/8—J386 的 T32/30 断路	
故障现象描述		
部件/电路测试	部件线路范围	测试结果判断
		□正常 □异常
		□正常 □异常
		□正常 □异常
		□正常 □异常
		□正常 □异常
	波形采集（不用者不填）	
		□正常 □异常

📖 课后作业

一、判断题

1. 电动车窗常见的玻璃升降器有交叉传动臂式和钢丝滚筒式的。　　　　　　（　　）

2. 主驾驶侧的玻璃升降开关可以控制所有车门车窗玻璃的升降。（   ）
3. 其他车门车窗玻璃开关只能操纵自身车窗玻璃升降。（   ）
4. 车窗玻璃锁止开关可以把所有车窗玻璃锁住。（   ）
5. 升降器按传动方式分类可分为齿扇式和齿条式两种。（   ）

二、填空题

1. 电动车窗主要由车窗玻璃_____、_____、_____和_____等组成。
2. 由于电动车窗的动作是双向升降的，所以采用_____双向电机控制，即工作电流方向不同，电动机转向不同。
3. 门窗升降器的传动机构有_____、_____两种。
4. 电动车窗的电动机的传动装置是一种_____结构，可防止车窗自行打开或强力开启。
5. 电动天窗结构主要由玻璃组件、_____、_____、_____和控制系统组成。

三、选择题

1. 电动车窗电机是（   ）电机。
   A. 直流单向   B. 直流双向
   C. 交流电机   D. 都可以
2. 电动车窗升降系统电路设置的断路保护器结构是采用（   ）。
   A. 熔断器   B. 双金属片
   C. 继电器   D. 保险丝
3. 检查电动车窗左右电动机时，用蓄电池的正负极分别接电动机连接线的端子后，电动机转动，互换正负极和端子的连接后，电动机反转，说明（   ）。
   A. 电动机良好   B. 不能判断电动机的好坏
   C. 电动机损坏   D. 操作不正确
4. 关于电动车窗的控制，说法错误的是（   ）。
   A. 系统一般装有一套控制开关
   B. 系统一般装有两套控制开关，主开关可控制每个车窗的升降
   C. 在主开关上有断路开关，可切断分开关的电路
   D. 为防止电路过载，系统中装有热敏断路开关
5. 下列哪一项不是电动车窗的组成结构：（   ）。
   A. 车窗玻璃   B. 车窗玻璃升降器
   C. 驾驶侧主控开关   D. 调节开关

四、简答题

1. 画出迈腾 B8 车窗控制逻辑走向图，并分析工作过程。

驾驶员侧左后
玻璃升降器开关

左后车门侧
玻璃升降器开关

左前车门
控制单元

左后车门
控制单元

电机

2. 简要介绍防夹车窗的工作原理。

3. 画图并介绍电动车窗一键升降的工作原理。

项目三

汽车车身安全系统检修

班级：_____

姓名：_____

学号：_____

日期：_____

任务 3.1　乘员安全保护系统检修

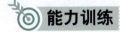

1. 电动安全带电路图的识读。

视频：迈腾 B8
安全气囊系统拆卸

动画：迈腾 B8 安全气囊
系统工作异常诊断流程

图 3.1-1 所示为帕萨特轿车主动安全带系统电路图，试分析该电路工作过程。

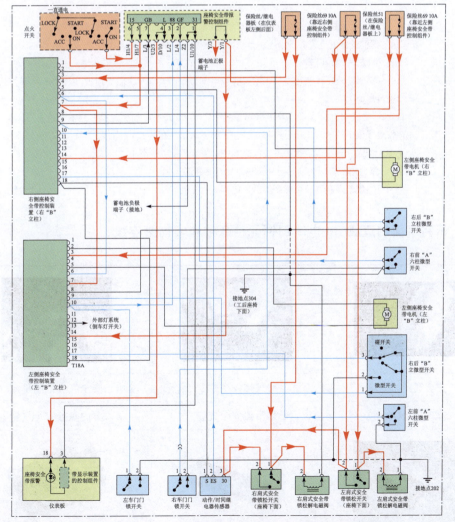

图 3.1-1　帕萨特轿车主动安全带系统示意图

2. 图3.1-2为速腾轿车安全气囊系统控制电路，请根据电路图简述其工作原理。

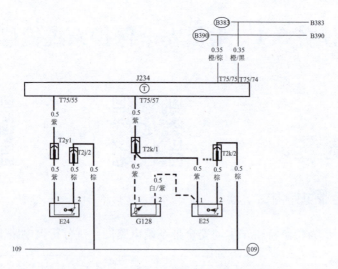

图3.1-2 速腾轿车安全气囊系统控制电路

E24—驾驶员侧安全带拉紧器；E25—副驾驶员侧安全带拉紧器；G128—副驾驶员侧座椅占用传感器；

J234—安全气囊控制单元（位于副仪表板后下方）；T2j/2—芯插头连接（位于驾驶员座椅下）；

T2k/2—芯插头连接（位于副驾驶员座椅下）；T75/75—芯插头连接；109—安全气囊线束中的接地连接；B383—连接1（驱动系统高速CAN总线），在主线束中；B390—连接1（驱动系统低速CAN总线），在主线束中

＊＊＊仅适用于未配副驾驶员侧座椅占用传感器的车辆

- - - 仅适用于带副驾驶员侧座椅占用传感器的车辆

3. 请将下面的迈腾B8电动门锁元件名称和实物图连线。

| 安全气囊插接器 | 气体发生器 | 安全气囊控制单元 |
| 车门控制单元 | 乘员侧安全气囊 | 方向盘处安全气囊 |

故障点	迈腾 B8L – G552 的 T5as/5—搭铁点 720 断路	
故障现象描述		
部件/电路测试	部件线路范围	测试结果判断
		□正常 □异常
		□正常 □异常
		□正常 □异常
		□正常 □异常
		□正常 □异常
	波形采集（不用者不填）	
		□正常 □异常

课后作业

一、判断题

1. 座椅安全带是属于主动安全装置。（　　）
2. 座椅安全带在汽车遭受碰撞时，迅速收紧安全带，缩短驾驶员和乘客身体向前移动的距离，防止身体受到伤害。（　　）
3. 安全气囊可以完全避免驾驶人和乘员受伤害。（　　）
4. 侧面安全气囊的主要功用是保护驾驶员和乘员的面部和胸部。（　　）
5. 安全带收紧器安装在座椅左右两侧或前左、右车门立柱旁边。（　　）

二、填空题

1. 座椅安全带收紧器按控制方式不同分为_____和_____ _____。
2. 安全带收紧器由_____、_____、_____、_____ _____和安全带收缩棘轮组成。
3. 安全气囊按触发机构可分为_____和_____两种。
4. 现代安全气囊系统由_____、_____、_____

和缓冲气囊组成。

5. 安全气囊按碰撞类型的不同可分为_____、_____、_____和_____。

三、不定项选择题

1. 安全气囊的线束为了与其他线束区别一般做成（　　）。
   A. 红色　　　　B. 黄色　　　　C. 蓝色　　　　D. 绿色
2. 安全气囊是辅助安全系统，简称（　　）。
   A. ECU　　　　B. SRS　　　　C. IPC　　　　D. VTEC
3. 在汽车没有发生碰撞的情况下，安全气囊的使用年限为（　　）。
   A. 5~6年　　　B. 15~20年　　C. 7~15年　　D. 9~10年
4. 安全气囊的气体发生器是利用（　　）反应产生氮气充入气囊。
   A. 化学　　　　B. 物理　　　　C. 复合　　　　D. 热效
5. 安全气囊前碰撞传感器的有效作用范围是汽车正前方 ± （　　）。
   A. 25°　　　　B. 35°　　　　C. 30°　　　　D. 40°

四、简答题

1. 简述安全带收紧器的工作原理。

2. 更换安全气囊时，都应注意哪些事项？

3. 简述汽车安全气囊的基本组成结构。

4. 简述安全气囊的工作过程。

任务 3.2　中控门锁系统检修

动画：迈腾 B8 门锁电机
不工作诊断流程

视频：迈腾 B8 车门
电机波形测量

视频：迈腾 B8 驾驶员
侧联锁开关电路检测

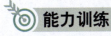

1. 电动车窗电路图的识读。

在图 3.2－1 中用箭头→标出中央门锁开关控制锁门的电流路径。

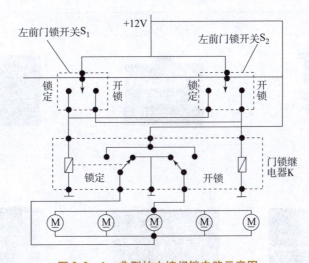

图 3.2－1　典型的中控门锁电路示意图

2. 读图 3.2-2，将提供的元器件名称填写至各位置。

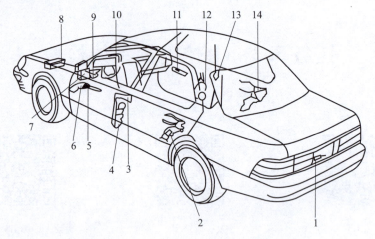

图 3.2-2 中控门锁系统元器件名称

1—行李厢门锁电磁铁；2—左后门锁电动机和位置开关；3—左前车门钥匙控制开关；4—左前门锁电动机、位置开关和门锁开关；5—左前门锁控制开关；6—1 号接线盒（断路器）防盗和门锁控制及门锁控制继电器；7—2 号接线盒（DOME 熔断器）行李厢门锁开关；8—点火开关右前门锁控制开关；9—右前门锁电动机、位置开关和门锁开关；10—右前车门钥匙控制开关；11—右后门锁电动机和位置开关

3. 请将下面的迈腾 B8 电动门锁元件名称和实物图连线。

元件	序号	信号
车钥匙	仪表	中央门锁开关
车门控制单元	进入及许可控制单元	门锁电机

4. 测量迈腾 B8 中央门锁开关 E308 对地电压。

	门锁开关状态	标准	实测	状态	分析
1	未操作				
2	上锁				
3	开锁				

5. 测量迈腾 B8 门锁电机对地波形。

	门锁开关状态	标准	实测	状态	分析
1	未操作				
2	上锁				
3	开锁				

故障点	迈腾 B8L – VX22 的 T8u/2—J387 的 T20a/13 断路	
故障现象描述		
部件/电路测试	部件线路范围	测试结果判断
		□正常 □异常
		□正常 □异常
		□正常 □异常
		□正常 □异常
		□正常 □异常
	波形采集（不用者不填）	□正常 □异常

📖 课后作业

一、判断题

1. 中控门锁的操作受点火开关的控制。   （   ）
2. 中控门锁双线圈门锁执行机构的工作电压为直流 12V。   （   ）
3. 所谓中控锁就是驾驶员锁住驾驶员车门时，其他几个车门能同时自动锁住。（   ）
4. 中控门锁系统对门锁的控制是通过电磁铁或电动机打开和关闭车门的。 （   ）

5. 中控门锁中，门锁位置开关的作用是用来检测车门是否已经锁好。（   ）

二、填空题

1. 中央控制电动门锁主要由_____、_____和_____三部分组成。
2. 中控门锁按驱动方式不同，可分为_____、_____和双向压力泵式。
3. 门锁控制器的常见形式有_____、_____、_____等。
4. 门锁总成主要由_____、_____、外壳等组成。
5. 中央门锁控制系统一般包括_____、_____、_____、_____及_____等。

三、不定项选择题

1. 中央门锁控制系统有车外同时开启与锁止车门的功能，它是由（   ）实现的。
   A. 门锁开关   B. 门控开关
   C. 钥匙控制开关   D. 中央控制门锁开关
2. 中央门锁中，门锁执行机构有电磁线圈式和（   ）式。
   A. 直流电动机   B. 交流电动机   C. ECU   D. SRS
3. 按下迈腾 B8 钥匙开锁按钮的时候，已匹配的钥匙发送一个特定的钥匙验证代码和功能请求代码包括以下（   ）内容。
   A. 寻车请求   B. 车门、油箱盖解锁
   C. 行李厢解锁   D. 方向盘解锁
4. 迈腾解锁车门的方式有以下（   ）几种方式。
   A. 遥控钥匙解锁   B. 无钥匙解锁
   C. 机械钥匙解锁车门   D. 声音解锁车门。
5. 对于迈腾 B8 中控门锁系统描述哪些是正确的：（   ）。
   A. 迈腾无钥匙功能范围是 1.5m 范围内的
   B. 迈腾 B8 钥匙寻车功能范围是 30m 内
   C. 迈腾 B8 门锁电机比原来的迈腾 B7 少了一个安全电动机，只使用一个电机进行控制
   D. 迈腾的门锁功能开关 F241 只有驾驶人侧车门才配备，其他车门上没有装配

四、问答题

1. 简述车门解锁常见的几种方法。

2. 简述迈腾 B8 中控门锁的控制原理。

任务 3.3　驾驶辅助系统检修

视频：迈腾 B8 倒车摄像头系统检修

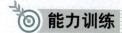

1. 完成图 3.3-1 中各元件识别，将右侧元件名称填写到左侧对应元件处。

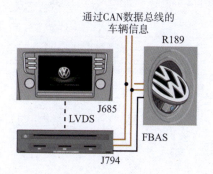

图例
J685　前部信息显示和操作系统控制单元的显示单元
J794　信息娱乐系统电子装置控制单元1
R189　倒车摄像头
LVDS　低压差分信号
FBAS　彩色图像消隐同步信号
━━━　CAN数据总线导线

图 3.3-1　典型的倒车摄像头系统示意图

2. 完成图 3.3-2 中各元件识别，将右侧元件名称填写到左侧对应元件处。

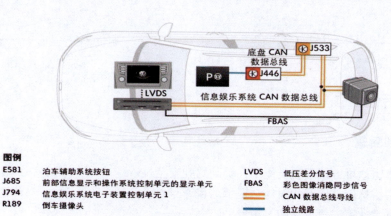

图例
E581　泊车辅助系统按钮
J685　前部信息显示和操作系统控制单元的显示单元
J794　信息娱乐系统电子装置控制单元1
R189　倒车摄像头

LVDS　低压差分信号
FBAS　彩色图像消隐同步信号
━━━　CAN 数据总线导线
━━━　独立线路

图 3.3-2　挂车调车辅助系统结构示意图

3. 请将下面的迈腾 B8 电动车窗元件名称和实物图连线。

元件	序号	信号
信息娱乐电子系统控制单元	倒车摄像头	前部信息显示和操作系统控制单元

故障点	迈腾 B8L – R189 的 T8j/4—T8j/8 互相短路	
故障现象描述		
部件/电路测试	部件线路范围	测试结果判断
		□正常 □异常
		□正常 □异常
		□正常 □异常
		□正常 □异常
		□正常 □异常
	波形采集（不用者不填）	□正常 □异常

课后作业

一、判断题

1. 倒车雷达可方便驾驶员倒车，提高驾驶安全性。　　　　　　　　　　（　　）
2. 倒车雷达就是倒车的时候会提示"倒车请注意"。　　　　　　　　　（　　）
3. 倒车雷达不需要太高的灵敏度。　　　　　　　　　　　　　　　　　（　　）
4. 倒车摄像头系统可以配合倒车雷达系统辅助驾驶人倒车。　　　　　　（　　）
5. 多重碰撞系统通过制动干预应防止后续碰撞或减少后续碰撞的碰撞能量。
　　　　　　　　　　　　　　　　　　　　　　　　　　　　　　　　　（　　）

6. 倒车雷达可以完全扫除视野死角和视线模糊的缺陷，提高驾驶的安全性。
(　　)

7. 倒车影像系统可以适当地帮助驾驶人观察车辆后部的情况，辅助驾驶员倒车或者泊车。
(　　)

8. 新型的倒车影像系统还带有全车影像功能。(　　)

9. 驾驶辅助系统只能在一定程度上帮助驾驶人，目前不能完全取代驾驶人的功能。
(　　)

10. 目前车上使用最普遍的倒车雷达是超声波测距方式。(　　)

二、填空题

1. 倒车雷达系统一般由_____、_____、_____、_____组成。

2. 从功能方面区分，倒车雷达可分为_____、_____、_____、_____探头自动检测式。

3. 迈腾 B8 中的倒车摄像头系统有两个版本：_____以及_____功能的倒车摄像头 compact plus。

4. _____是一种基于摄像头的_____，驾驶员通过它可以查看车辆四周的情况。它为驾驶员提供多种视图和设置模式，以便驾驶员根据交通状况和信息需求进行有针对性的选择。

5. 当车速为_____时，全景影像系统 Area View 开始运行。通过泊车辅助装置按钮 E266 激活或关闭系统。

三、不定项选择题

1. 倒车雷达探头数量一般有以下(　　)几种。
A. 2 探头　　　　　　　　　　　　B. 4 探头
C. 6 探头　　　　　　　　　　　　D. 8 探头

2. 以下(　　)不是倒车雷达的主要性能。
A. 灵敏度反应是否快
B. 是否存在盲区
C. 探测距离范围
D. 是否经济

3. 关于全景摄像头系统增加功能，以下哪些说法是正确的：(　　)。
A. 通过更高分辨率的摄像头更详实地展示车辆环境
B. 大幅简化了生产和客户服务时的校准过程
C. 扩大了功能范围
D. 优化了 OPS 显示

4. 关于倒车影像系统，说法正确的是(　　)。
A. 通过四个摄像头实现对车辆全景的监控
B. 大众汽车前部全景摄像头位于牌照下方，后部全景摄像头安装在行李厢盖大众汽车车徽标中

C. 全景影像系统 Area View 是一种基于摄像头的环境探测系统，驾驶员通过它可以查看车辆四周的情况。

D. 倒车摄像头系统有助于驾驶人倒车。

5. 关于多重碰撞系统，描述错误的是（　　）。

A. 22%的事故属于多次碰撞，也就是多重碰撞

B. 多重碰撞制动系统在识别到碰撞发生时会激活自动制动干预

C. 多重碰撞制动系统以不高于 $6m/s^2$ 的减速度为车轮减速，同时激活紧急制动灯和报警闪烁灯

D. 驾驶员可以随时关闭多重碰撞制动系统。如果驾驶员加速或以较大的减速度进行全力制动，则将关闭系统

6. 关于倒车雷达，下列（　　）说法是正确的。

A. 倒车雷达是汽车泊车和倒车时的安全辅助装置

B. 倒车雷达大多数采用的视超声波式探头

C. 有了倒车了雷达，倒车的时候可以完全扫除视野盲区

D. 功能比较齐全的倒车雷达应该具有距离显示、声音提示报警、方位指示等功能

四、简答题

1. 简述超声波式倒车雷达的工作原理。

2. 简述大众全景摄像系统的技术知识。

项目三 汽车车身安全系统检修

任务 3.4 轮胎压力监测系统检修

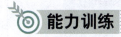

1. 完成图 3.4-1 中各元件识别，将元件名称填写到左侧对应元件处。

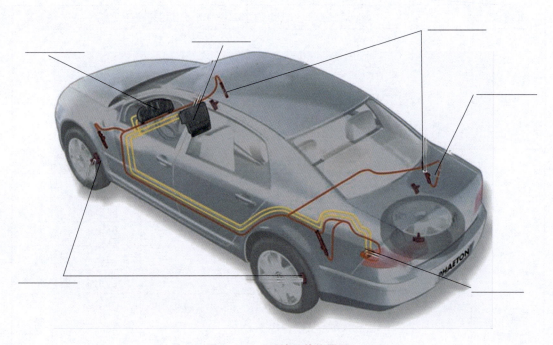

图 3.4-1 系统元件位置图

J218 仪表板中的组合处理器　信息娱乐系统中的功能选择开关　R59-R62 轮胎气压监控天线
G222-G226 轮胎气压传感器（车轮电子装置）　带屏蔽作用的高频线　J502 轮胎气压监控控制单元

2. 完成各元件识别，将元件名称填写到对应元件处。

故障点	迈腾 B8L - R189 的 T8j/4—T8j/8 互相短路	
故障现象描述		
部件/电路测试	部件线路范围	测试结果判断
		□正常 □异常
		□正常 □异常
		□正常 □异常
		□正常 □异常
		□正常 □异常
	波形采集（不用者不填）	□正常 □异常

项目三 汽车车身安全系统检修

故障点	迈腾 B8LJ502 的 T4fh/2—A164 连接点断路	
故障现象描述		
部件/电路测试	部件线路范围	测试结果判断
		□正常 □异常
		□正常 □异常
		□正常 □异常
		□正常 □异常
		□正常 □异常
	波形采集（不用者不填）	
		□正常 □异常

课后作业

一、判断题

1. 轮胎压力监测系统是提高汽车安全性和舒适性方面的一项。（　　）
2. 轮胎压力监测系统可以监测胎压情况。（　　）
3. 胎压长时间过高没有危害。（　　）
4. 汽车胎压会随着季节变化有变化。（　　）
5. 正确的轮胎压力会适当降低燃油消耗。（　　）

二、填空题

1. 轮胎压力监测系统一般由＿＿＿、＿＿＿、＿＿＿、＿＿＿、＿＿＿组成。
2. 轮胎压力监测系统一般有两种解决方案：＿＿＿和＿＿＿。
3. 目前常用的轮胎压力监测系统又分为＿＿＿和＿＿＿两种。
4. 正确的轮胎压力对＿＿＿、＿＿＿和＿＿＿起关键作用。
5. 汽车轮胎压力监测系统通过连续监测轮胎的＿＿＿、＿＿＿和＿＿＿能自动地向驾驶员发出警告。

三、不定项选择题

1. 胎压异常会引起（　　）问题。
   A. 轮胎局部磨损　　　　　　　　B. 车辆操控性下降
   C. 车辆舒适性下降　　　　　　　D. 车辆不能启动

2. 以下（　　）不是轮胎压力监测系统的主要功能。
   A. 可以适当提高燃油经济性　　　B. 适当提高轮胎耐用性
   C. 可以协助驾驶人倒车　　　　　D. 协助驾驶人自动泊车

3. 关于轮胎压力监测系统，以下哪些说法是正确的：（　　）。
   A. 正确的轮胎压力会相应地降低燃油消耗
   B. 轮胎压力过低时会提前提示，因此安全性得到提高
   C. 提高了轮胎使用寿命
   D. 通过四个摄像头实现对车辆全景的监控

4. 以下哪些是轮胎压力监测系统组成元件：（　　）。
   A. 轮胎压力传感器　　　　　　　B. 轮胎压力监测天线
   C. 轮胎压力监测控制单元　　　　D. 组合仪表

5. 关于轮胎压力监测系统，描述错误的是（　　）。
   A. 据统计，轮胎长期处于充气压力不足造成轮胎过早损坏的占85%左右
   B. 轮胎压力长期过低一般不会有多大危害
   C. 长期轮胎压力过低，不会影响燃油消耗
   D. 轮胎压力过低，会加速轮胎磨损

四、简答题

1. 简述轮胎压力监测系统的优点。

2. 简述间接式轮胎压力监测系统主要缺点。

3. 简述轮胎压力监测系统的基本原理。

项目三 汽车车身安全系统检修

任务 3.5　防盗报警系统检修

能力训练

视频：迈腾 B8 无钥匙进入系统检修

1. 防盗报警系统电路图的识读。

在图 3.5-1 中用箭头→标出无钥匙进入工作逻辑路径。

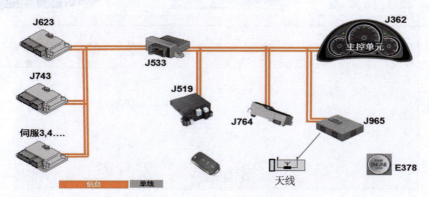

图 3.5-1　典型的防盗报警示意图

2. 看图 3.5-2 识别防盗方式。

图 3.5-2　防盗方式

051

3. 请将下面的迈腾 B8 防盗元件名称和实物图连线。

元件	序号	信号
车钥匙	仪表	中央门锁开关
车门控制单元	进入及许可控制单元	门锁电机

故障点	J965 自身损坏	
故障现象描述		
部件/电路测试	部件线路范围	测试结果判断
		□正常　□异常
		□正常　□异常
		□正常　□异常
		□正常　□异常
		□正常　□异常
	波形采集（不用者不填）	
		□正常　□异常

课后作业

一、判断题

1. 迈腾 B8 防盗系统是大众第五代防盗系统。（   ）
2. 迈腾 B8 的变速箱控制单元也参与了防盗系统工作。（   ）
3. 迈腾 B8 进入及许可控制单元 J965 故障不会导致防盗系统失效。（   ）
4. 迈腾 B8 防盗系统元件 J965 决定了整车的 15 号接线端是否正常工作。（   ）
5. 迈腾 B8 防盗系统主要包括车外的中控门锁系统和车内的一键启动。（   ）
6. 机械师防盗最不容易被破解，安全稳定。（   ）
7. 电子式防盗式应用最广泛的类型。（   ）
8. GPS 卫星定位汽车防盗系统属于网络式防盗。（   ）
9. 汽车钥匙也是防盗的一部分。（   ）
10. 大众汽车的防盗数据在德国狼堡数据中心。（   ）

二、填空题

1. 目前防盗装置按结构可分为 3 大类：_____、_____和_____。
2. 电子防盗器包括有_____、_____、_____等电子防盗器。
3. 网络式防盗系统分为_____和_____。
4. 机械式防盗器常见的结构形式有_____、_____。
5. 防盗电控单元主要由_____、_____、_____、_____等组成。
6. 电子防盗锁共有四种功能：_____、_____、_____、_____。

三、不定项选择题

1. 迈腾 B8 采用的是大众（   ）防盗系统。
  A. 第四代   B. 第五代   C. 第三代   D. 第四代
2. 以下哪些功能是电子防盗的功能：（   ）。
  A. 服务功能   B. 警惕提示功能
  C. 报警提示功能   D. 防盗功能
3. 对于迈腾 B8 防盗系统描述哪些是正确的：（   ）。
  A. 迈腾无钥匙功能范围是 1.5m 范围的
  B. 迈腾 B8 钥匙寻车功能范围是 30m 内
  C. 迈腾 B8 防盗元件在需要更换是，不需要做防盗匹配
  D. 迈腾 B8 车内天线失去作用的时候，可以用应急起动方式来解除防盗
4. 当有人非法入侵车厢时，报警装置可采用以下（   ）方式报警。
  A. 喇叭鸣叫，使喇叭或扬声器断续发出鸣叫声

B. 灯光闪亮方式，使转向灯、大灯、尾灯忽亮忽暗
C. 采用专用喇叭与普通喇叭进行组合的报警
D. 指名呼叫，电波向车主发送警报，与汽车电话线连接，发出盗车信号

四、问答题

1. 简述大众迈腾 B8 无钥匙进入的过程。

2. 迈腾 B8 防盗系统参与的组件有哪些？

项目四

汽车车身通信系统检修

班级：_____

姓名：_____

学号：_____

日期：_____

项目四 汽车车身通信系统检修

任务 4.1 汽车导航系统检修

 能力训练

视频：迈腾 B8 导航系统的使用

1. 迈腾 B8 收音机 – 导航系统电路图的识读。

在图 4.1 – 1 中用箭头→标出 J794 的供电电流路径。

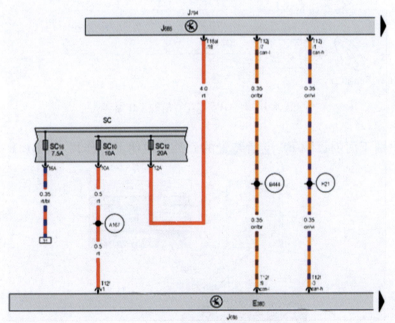

ws=白色
sw=黑色
ro=红色
br=褐色
gn=绿色
bl=蓝色
gr=灰色
li=淡紫色
ge=黄色
or=橘黄色
rs=粉红色

图 4.1 – 1 迈腾 B8 收音机 – 导航系统电路图

057

2. 根据 GPS 汽车导航的工作原理完成图 4.1-2。

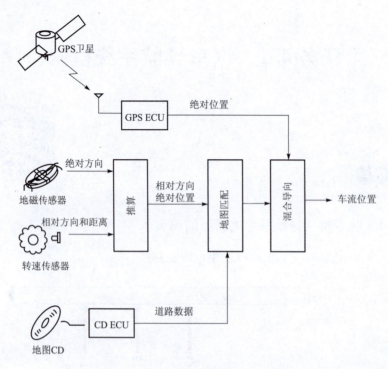

图 4.1-2　GPS 汽车导航的工作原理

3. 请识别下面的迈腾 B8 电话装置的元件并说明元件作用（图 4.1-3）。

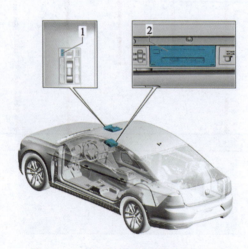

图 4.1-3　迈腾 B8 电话装置的元件图

1）名称：_____
　　作用：_____
2）名称：_____
　　作用：_____

4. 根据图 4.1-4 所示，说明 GPS 系统工作过程。

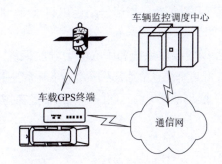

图 4.1-4　GPS 系统工作过程

故障点	GPS 天线损坏	
故障现象描述		
部件/电路测试	部件线路范围	测试结果判断
		□正常　□异常
		□正常　□异常
		□正常　□异常
		□正常　□异常
		□正常　□异常
	波形采集（不用者不填）	□正常　□异常

课后作业

一、判断题

1. 导航系统能实现实时位置测定。　　　　　　　　　　　　　　　（　　）
2. 当新的建筑物和道路不断增多时，由于电子地图不能添加新的目标点或路线，这就需要更换电子地图。　　　　　　　　　　　　　　　　　　　　（　　）

3. 当最佳路线行不通时，系统可以进行瞬时自动再检索，重新提供出新的行车路线。（ ）

4. 凡行驶在十字路口前1 000m处，高速公路进出口前1 000m处，系统自动显示扩大了的十字路口附近的全画面图。（ ）

5. 无线电导航系统包括GPS导航系统和中心电台导航系统。（ ）

6. 在外界温度低或空气湿度非常大的情况下，在导航系统DVD激光头上会产生露珠，导致暂时性的导航系统DVD读出故障。一旦受热，露珠将在短时间内蒸发，系统也将再次正常运行。（ ）

二、填空题

1. 汽车导航系统主要由_____、_____、_____和_____等组成。

2. GPS目前总共由_____颗卫星组成，这些卫星位于_____km的高空，并均匀分布在_____个轨道上，每小时绕地球转一周，并发出无线电波。

3. 汽车导航系统绝对位置检测采用_____，相对位置采用_____，并利用_____测量车辆的行驶距离。

4. 车用蜂窝电话的控制主要包括通电控制、_____、_____、_____、_____和通话结束控制等。

5. 光导纤维简称光纤，有_____和_____两种，在汽车多路通信系统中，常用_____。

三、选择题

1. 下图中迈腾B8车辆的GPS和GSM天线是（　　）。
A. 1和2　　　　　　B. 3　　　　　　C. 4和5　　　　　　D. 1

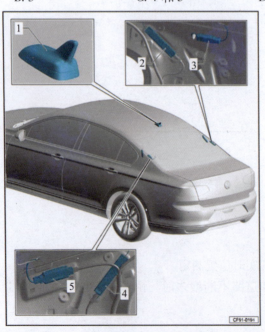

2. 汽车导航系统电路设置的断路保护器结构是采用（　　）。

A. 熔断器　　　　B. 双金属片　　　　C. 继电器　　　　D. 保险丝

3. GPS 系统相对位置检测采用的传感器有（　　）。

A. 车轮转速传感器　　　　　　　　B. 光纤陀螺仪

C. 曲轴位置传感器　　　　　　　　D. 以上都不正确

四、简答题

1. 简述 GPS 系统工作原理。

2. 介绍 GPS 主要用途。

项目四 汽车车身通信系统检修

任务 4.2 汽车娱乐系统检修

 能力训练

视频：迈腾 B8 娱乐系统的使用

1. 请将图 4.2-1 中元件对应名称标出。

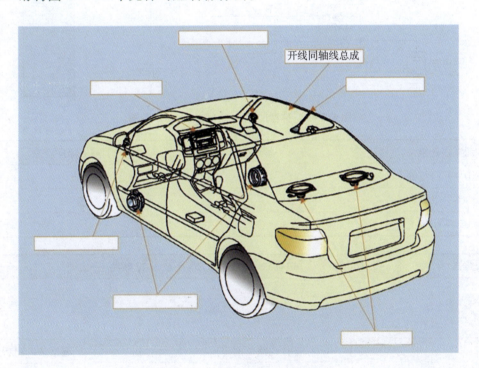

图 4.2-1 典型的视听系统组成
1—收音机总成；2—2 号前扬声器总成；3—1 号扬声器总成；
4—放大器天线总成；5—后扬声器总成；6—1 号前扬声器总成

2. 请根据图 4.2－2，对应威驰实车进行检查收音机总成＋B、ACC、GND 三个端子状态。

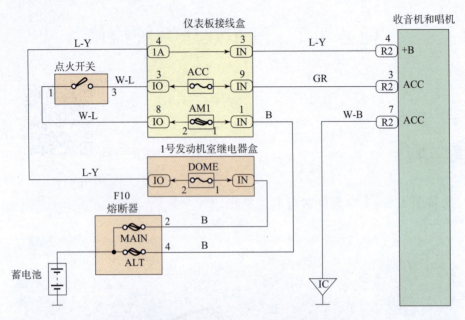

图 4.2－2　典型的威驰 CD 唱机电路示意图

测试器连接	条件	标准状态
GND－车身搭铁		
＋B－GND		
ACC－GND		

故障点	迈腾 B8－J525 的 T38/1 至 SC27 断路		
故障现象描述			
部件/电路测试	部件线路范围	测试结果判断	
		□正常	□异常
		□正常	□异常
		□正常	□异常
		□正常	□异常
		□正常	□异常
	波形采集（不用者不填）	□正常	□异常

项目（四） 汽车车身通信系统检修

课后作业

一、判断题

1. 音响一般采用48V供电。（　　）
2. 汽车音响还有防盗功能。（　　）
3. 扬声器是最终决定车厢音响内音响性能的重要部件。（　　）
4. 现在车辆的车载电话基本上都被手机蓝牙取代了。（　　）
5. 一般音响都设有透光照明按键。（　　）

二、填空题

1. 汽车音响系统主要包括_____、_____、_____、_____、_____、_____和扬声器等。
2. 扬声器的结构方式分为_____、_____、_____，功率为30－100W。
3. 音响的天线可分为_____、_____。
4. 音响的柱式天线可分为_____、_____两种。
5. 激光唱片机通常由_____、_____、_____、_____及显示系统等组成。

三、不定项选择题

1. 高级音响防盗系统出现以下（　　）情况时，防盗就工作，锁死防盗。
   A. 音响被盗
   B. 更换汽车蓄电池
   C. 音响保险丝断路
   D. 音响插头断路

2. 音响防盗解码方案有（　　）。
   A. 硬解码法
   B. 软解码法
   C. 断电法
   D. 综合法

3. 以下哪些是音响的特点：（　　）。
   A. 使用环境恶劣
   B. 抗干扰能力强
   C. 具有夜间照明
   D. 具有导航功能

4. 以下哪项不是音响系统的组成：（　　）。
   A. 功率放大器
   B. 传感器

065

C. 扬声器

D. 天线

5. 对于音响系统描述，哪些是正确的：(   )。

A. 有些音响还有防盗功能

B. 现在的音响系统基本上都可以和手机蓝牙系统相连接

C. 扬声器是音响系统里非常重要的部件，决定了音响的效果

D. 音响是舒适系统的一部分

任务 4.3　汽车电子仪表系统检修

视频：迈腾 B8 电子仪表指示

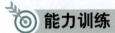

1. 通过下面的爱丽舍轿车燃油表电路图（图 4.3-1），描述燃油表工作原理。

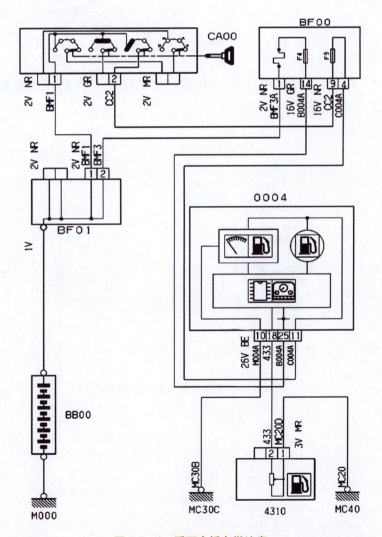

图 4.3-1　爱丽舍轿车燃油表

2. 阅读教材或查阅资料，参照下列电磁式燃油表结构示意图（图4.3-2），请画出电磁式燃油表的等效电路，并说明电磁式燃油表的工作原理。

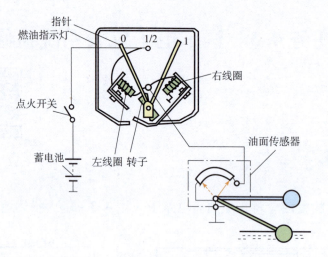

图4.3-2 电磁式燃油表结构示意图

3. 图4.3-3所示为膜片式机油压力警告灯电路，阅读教材或查阅资料，简述发动机机油压力报警原理。

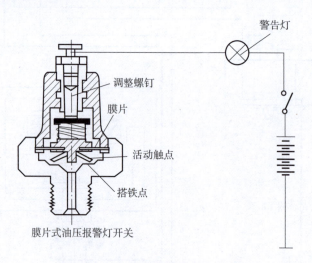

图4.3-3 电磁式燃油表结构示意图

故障点	迈腾 B8 – 组合仪表 KX2 的 T18/17 至 B507 断路		
故障现象描述			
部件/电路测试	部件线路范围	测试结果判断	
		□正常	□异常
		□正常	□异常
		□正常	□异常
		□正常	□异常
		□正常	□异常
	波形采集（不用者不填）		
		□正常	□异常

课后作业

一、判断题

1. 燃油表是显示燃油储存量的。（　　）
2. 仪表异常亮起不影响车辆的使用。（　　）
3. 大众第五代仪表控制单元里包含了防盗控制单元。（　　）
4. 大众迈腾仪表盘在没点亮的情况下依然可以显示车门有没有关好。（　　）
5. 大多数仪表都有自诊断功能。（　　）

二、填空题

1. 电子仪表一般有三种显示方式：＿＿＿＿、＿＿＿＿、＿＿＿＿。
2. 电子仪表的计算机控制系统由＿＿＿＿、＿＿＿＿、＿＿＿＿、＿＿＿＿等组成。
3. 电子式车速表所采用的传感器有三种：＿＿＿＿、＿＿＿＿和＿＿＿＿。
4. 转速表有两种显示方式：＿＿＿＿和＿＿＿＿。
5. 电子式车速里程表主要有＿＿＿＿、＿＿＿＿、＿＿＿＿、＿＿＿＿和＿＿＿＿组成。

三、不定项选择题

1. 燃油表指示总是无油，可能故障原因有（　　）。
   A. 仪表电源稳压器故障　　　　　　B. 燃油表自身故障
   C. 传感器故障　　　　　　　　　　D. 线路断路故障

2. 冷却液温度报警灯常亮，可能故障原因有（　　）。
   A. 冷却液温度传感器故障
   B. 冷却液液面过低故障
   C. 冷却液液位监测开关故障
   D. 线路连接故障

3. 汽车仪表电子化优点有（　　）。
   A. 能提供大量复杂的信息，显示直观清晰
   B. 满足小型轻量化的要求
   C. 具有一表多用功能
   D. 便于监测汽车各部分元件工作情况

4. 以下哪个元件不是电子式车速里程表的组成：（　　）。
   A. 车速传感器　　　　　　　　　　B. 曲轴位置传感器
   C. 车速表　　　　　　　　　　　　D. 里程表

5. 对于汽车电子仪表描述哪些是正确的：（　　）。
   A. 汽车仪表就是装饰品，为了凸显车辆的尊贵
   B. 电子式车速表传感器一般有磁脉冲式、霍尔式和光电式
   C. 汽车仪表可以用来监测车辆各部件的使用和工作情况
   D. 现代的汽车仪表基本上都电子化了，显示的仪表信息更丰富更精确

任务 4.4　CAN 总线系统检修

能力训练

1. 请将大众 MQB 平台使用的总线系统名称标出（图 4.4-1）。

视频：迈腾 B8 驱动 CAN 线波形测量

视频：迈腾 B8 舒适 CAN 线波形测量

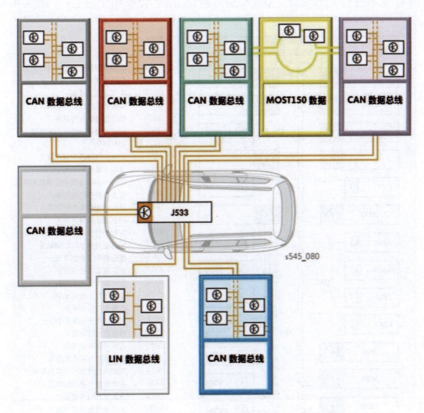

图 4.4-1　典型的大众 MQB 平台使用总线示意图

2. 请将右侧对应控制单元名称填入左侧驱动总线示意图（图4.4-2）中。

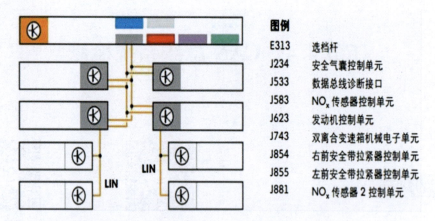

图例	
E313	选档杆
J234	安全气囊控制单元
J533	数据总线诊断接口
J583	NO_x 传感器控制单元
J623	发动机控制单元
J743	双离合变速箱机械电子单元
J854	右前安全带拉紧器控制单元
J855	左前安全带拉紧器控制单元
J881	NO_x 传感器2控制单元

图4.4-2 典型的大众MQB平台使用驱动总线示意图

3. 请将右侧对应控制单元名称填入左侧舒适总线示意图空白图（图4.4-3）中。

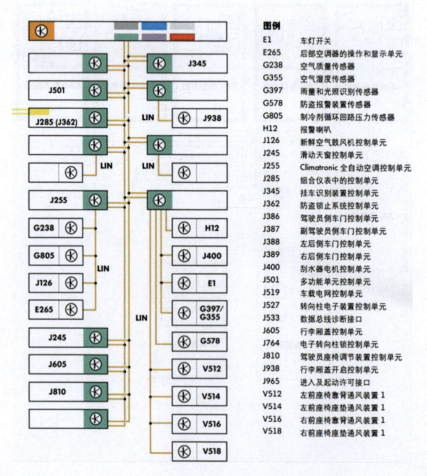

图例	
E1	车灯开关
E265	后部空调器的操作和显示单元
G238	空气质量传感器
G355	空气湿度传感器
G397	雨量和光照识别传感器
G578	防盗报警装置传感器
G805	制冷剂循环回路压力传感器
H12	报警喇叭
J126	新鲜空气鼓风机控制单元
J245	滑动天窗控制单元
J255	Climatronic全自动空调控制单元
J285	组合仪表中的控制单元
J345	挂车识别装置控制单元
J362	防盗锁止系统控制单元
J386	驾驶员侧车门控制单元
J387	副驾驶员侧车门控制单元
J388	左后侧车门控制单元
J389	右后侧车门控制单元
J400	刮水器电机控制单元
J501	多功能单元控制单元
J519	车载电网控制单元
J527	转向柱电子装置控制单元
J533	数据总线诊断接口
J605	行李厢盖控制单元
J764	电子转向柱锁控制单元
J810	驾驶员座椅调节装置控制单元
J938	行李厢盖开启控制单元
J965	进入及起动许可接口
V512	左前座椅靠背通风装置1
V514	左前座椅座垫通风装置1
V516	右前座椅靠背通风装置1
V518	右前座椅座垫通风装置1

图4.4-3 典型的大众MQB平台使用舒适总线示意图

4. 根据图示判断总线故障类型。

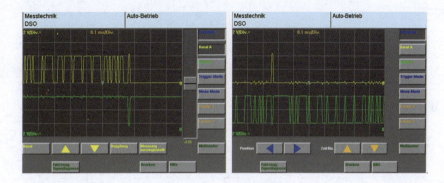

故障类型：_____　　　　故障类型：_____

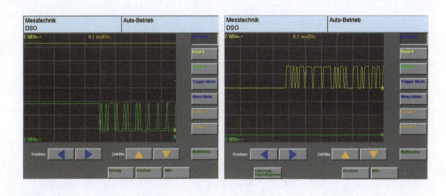

故障类型：_____　　　　故障类型：

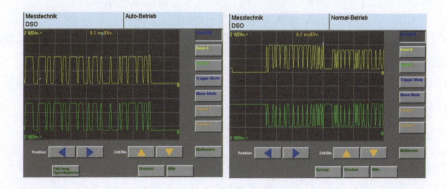

故障类型：_____　　　　故障类型：_____

故障点	迈腾 B8 - 动力网 CAN - H 对地短路	
故障现象描述		
部件/电路测试	部件线路范围	测试结果判断
		□正常　□异常
		□正常　□异常
		□正常　□异常
		□正常　□异常
		□正常　□异常
	波形采集（不用者不填）	□正常　□异常

课后作业

一、判断题

1. 大众 MQB 平台舒适总线和驱动总线速率和总线波形统一标准了。（　　）
2. 大众 MQB 平台汽车 CAN 总线速率都为 100KB/S。（　　）
3. CAN 总线所有的控制单元之间是平等关系。（　　）
4. LIN 总线控制单元特点是主从关系。（　　）
5. 采用光纤技术的 MOST 连接用于快速传输多媒体数据，主要包括图像、视频和音频数据。借助光波的数据传输，其速率可达 150Mbit/s。（　　）

二、填空题

1. 目前大众 MQB 平台车型按总线类型可分为＿＿＿＿、＿＿＿＿、＿＿＿＿、＿＿＿＿、＿＿＿＿、＿＿＿＿和 MOST 总线。
2. 电子防盗器包括有＿＿＿＿、＿＿＿＿、＿＿＿＿等电子防盗器。
3. CAN 数据总线系统由＿＿＿＿、＿＿＿＿、＿＿＿＿、＿＿＿＿组成。
4. 总线的每条数据的传递包括＿＿＿＿、＿＿＿＿、＿＿＿＿、＿＿＿＿、＿＿＿＿。

5. 防盗电控单元主要由_____、_____、_____、_____等组成。

三、不定项选择题

1. 汽车网络大多属于（　　）拓扑结构的局域网。

   A. 总线型　　　　　　　　　　B. 星型

   C. 环型　　　　　　　　　　　D. 网络型

2. CAN – BUS 的直接通信距离在速率为 5kb/s 下，最远可达（　　）。

   A. 10km　　　　　　　　　　　B. 20km

   C. 5km　　　　　　　　　　　 D. 5m

3. MQB 平台 CAN 总线的传输速率是（　　）。

   A. 100KB/S　　　　　　　　　B. 500KB/S

   C. 20KB/S　　　　　　　　　 D. 150MB/S

4. 以下哪些控制单元是大众 MQB 平台迈腾 B8 舒适控制单元：（　　）。

   A. J623　　　　　　　　　　　B. J743

   C. J104　　　　　　　　　　　D. J386

5. 对于迈腾 B8 的 CAN 总线系统描述哪些是正确的：（　　）。

   A. 迈腾驱动总线系统是 15 号线激活的

   B. 迈腾 B8 舒适总线是 15 号线激活的

   C. 迈腾 B8 驱动总线和舒适总线 CAN 总线波形有区别

   D. 迈腾 B8 总线系统里将底盘总线归类到了驱动总线里面

项目五

汽车车身智能控制系统检修

班级：_____

姓名：_____

学号：_____

日期：_____

任务 5.1 电控前照明系统检修

微课：迈腾 B8 雾灯控制电路

视频：迈腾 B8 远光灯线路测量

视频：迈腾 B8 EX1 的信号测量

能力训练

1. 在图 5.1-1 中分别画出前照灯自动开灯和延时关灯的电路通路。

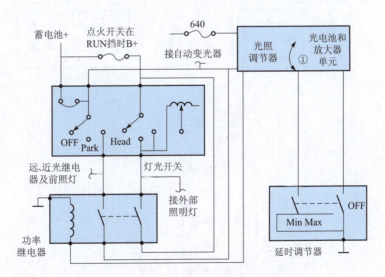

图 5.1-1 前照灯自动开灯/延时关灯系统电路

2. 请在实车上操作训练：根据屏幕法调整车辆前照灯。

前照灯光束调整标准各国略有差异，因此，调整时应参照该车说明书和技术手册进行。前照灯屏幕调整法：将汽车停在平坦路面上，按规定充足轮胎气压，并擦净前透镜。在离前照灯 3 处挂一幕布（或利用白墙壁），在屏幕上画出两条水平线，一条离地面高为

5，另一条比它低 6。再画一条汽车的垂直中心线，在它两侧距中心线 47 处再画两条垂直线，与离地面 5 处的线相交点即为前照灯中心点，与较低线相交点即为光点中心，4 为两灯中心距，如图 5.1－2 所示。调整时，先遮住右侧的前照灯，调整左侧前照灯，垂直方向应调整垂直方向的调整螺栓，水平方向应调整水平方向的调整螺栓，使其射出的光束中心对准屏幕上前照灯光点中心，然后以同样的方法调整右侧前照灯。

3. 结合雅阁轿车前照灯光束水平调节控制电路，在图 5.1－3 中画出控制电路通路。

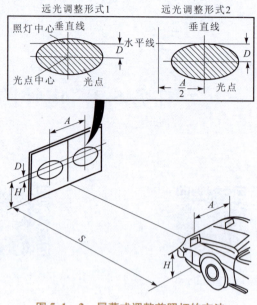

图 5.1－2　屏幕式调整前照灯的方法

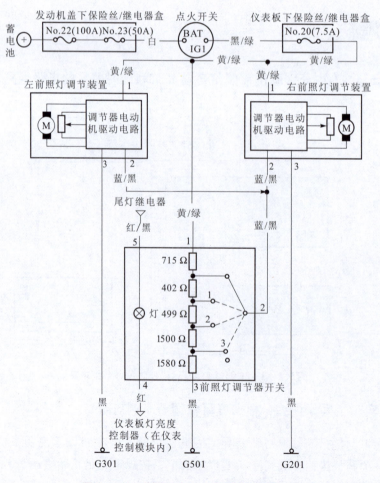

图 5.1－3　前照灯光束水平调节控制电路

项目五 汽车车身智能控制系统检修

4. 在图 5.1 – 4 中写出迈腾 B8 远光灯控制系统中各部件名称。

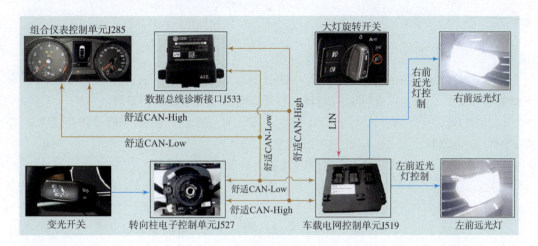

图 5.1 – 4　迈腾 B8 远光灯控制系统示意图

故障点	迈腾 B8 – E1 开关损坏		
故障现象描述			
部件/电路测试	部件线路范围	测试结果判断	
		□正常	□异常
		□正常	□异常
		□正常	□异常
		□正常	□异常
		□正常	□异常
	波形采集（不用者不填）	□正常	□异常

081

课后作业

一、判断题

1. 迈腾 B8 2.0 在标准版 LED 大灯中的日间行车灯功能下，通过 50% PWM 信号控制 13.5V 的 LED 白色部分，在同时启动转向信号灯时，将关闭日间行车灯。（   ）

2. 迈腾 B8 2.0 车型，远光灯 LED 模块上安装有一个起到温度传感器作用的 NTC 电阻，用以监控 LED 温度并相应减少电流供应。（   ）

3. 迈腾 B82.0 TSI 大灯开关 Lin 线断路后，前雾灯应急会异常点亮。（   ）

4. 当迈腾 B8 2.0 车型舒适 CAN 对地短路时，后视镜上的转向灯不闪烁，仪表上的转向指示灯不闪烁。（   ）

5. 针对迈腾 B82.0TSI 车型，SB6 保险丝可能会导致大灯开关 EX1 照明指示灯不亮。（   ）

二、填空题

1. 在前照灯电路中多采用自动变光系统，该系统一般由_____、_____、_____、变光开关和_____等组成。

2. 延时调节器是一个_____，利用它发信号给_____和_____。

3. 氙气大灯由大灯灯泡、_____及_____组成。

4. 迈腾 B8 远光灯控制系统通过_____集中控制，系统包含灯光旋转开关、_____、_____、右前大灯总成、_____、数据总线诊断接口 J533、组合仪表控制单元 J285、_____等元器件。

5. EX1 开关监测驾驶员操作的灯光挡位，通过_____将此信号发送至_____。J519 通过_____供给近光灯控制电路来控制近光灯_____。

三、不定项选择题

1. 在讨论迈腾 B7 灯光开关的应急保护功能时，技师甲说在某个挡位时，如果灯光开关的 TFL、56#、58#端子中有两个或三个端子同时处于高电位，系统会自动触发应急；技师乙说在某个挡位时，如果灯光开关的 TFL、56#、58#端子中没有任何一个端子处于高电位，则系统会自动触发应急。请问谁的说法是正确的：（   ）。
   A. 只有甲正确　　　　　　　　B. 只有乙正确
   C. 两人均正确　　　　　　　　D. 两人均不正确

2. 在讨论迈腾 B7 雾灯开关的应急保护功能时，技师甲说打开前雾灯时，如果 NL 端子处于低电位，则系统会自动触发应急；技师乙说打开后雾灯时，如果 NL 端子处于低电位，则系统会自动触发应急。请问谁的说法是正确的：（   ）。

A. 只有甲正确 B. 只有乙正确
C. 两人均正确 D. 两人均不正确

3. 在 LED 灯电源线中的电阻器作用是（ ）。

A. 电阻器总是与 LED 并联连接且限制电压

B. 电阻器限制电流并防止 LED 损坏

C. 电阻器用于减少车载电气系统中的耗电量

D. 电阻器用于吸收感应电动电带来的波动，限制电压过大

4. 关于迈腾 B8 自诊断 OBD-II 接口功能描述正确的是（ ）。

A. 当 30 供电端子 T16/16 断电时，诊断仪无法进行通信

B. 当 15 供电端子 T16/1 断电时，诊断仪无法进行通信

C. 当 31 接地端子 T16/4 和 T16/5 同时断开时，诊断仪无法进行通信

D. 当诊断 CAN 线有一根断开时，诊断仪无法进行通信

四、简答题

1. 电动座椅是如何实现记忆功能？

2. 试说明 HID 灯泡的发光原理。为什么新换的 HID 灯与原来另一只旧的 HID 灯发光不一样？

3. 交通部门对前照灯的照明标准的基本要求是什么？

4. 自适应式前照灯是如何实现光束的调整的。

5. 迈腾 B8 车辆灯光应急模式什么时候会出现？

项目五 汽车车身智能控制系统检修

任务 5.2 自动空调系统检修

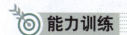

视频：迈腾 B8 自动空调的使用

1. 图 5.2-1 所示为汽车空调系统工作原理图，请填写名称并完成工作原理的分析。

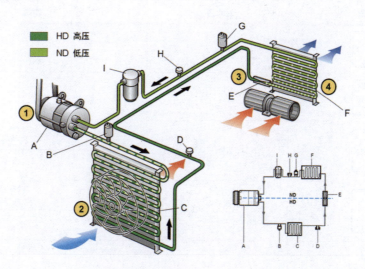

图 5.2-1 空调系统工作原理图

2. 请将下面的元件名称和实物图连线。

元件	序号	空调开关
冷凝器	J519 控制单元	汽车空调压缩机

续表

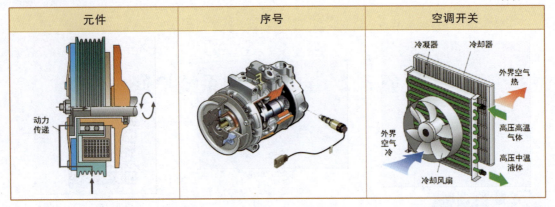

元件	序号	空调开关

3. 请在实车上操作空调系统面板按键，并填写下表，有不同按键在下方空格行补充。

键符	键名	功能
OFF	停止	
AUTO	自动控制	
TEMP	温度控制	
(进风图标)	进风方式控制	
(送风图标)	送风方式控制	
LO / MED / HI	风机转速控制	
A/C	空调工作指示	

4. 指出图 5.2-2 中车用空调系统结构图中各部件名称，分析高低压管路中制冷剂流动线路和空气流动方向及温度变化情况。

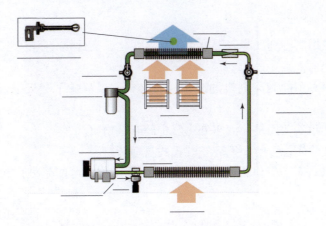

图 5.2-2　奥迪车用电能管理系统结构图

蒸发器温度传感器　维修接头　储液干燥罐　空调压缩机　制冷剂压力温度传感器
迎面风　冷凝器　气流方向　鼓风机　蒸发器　膨胀阀　维修接头　高压　低压
新鲜空气　冷空气

故障点	迈腾 B8 - J126 的 SC14 断路	
故障现象描述		
部件/电路测试	部件线路范围	测试结果判断
		□正常　□异常
		□正常　□异常
		□正常　□异常
		□正常　□异常
		□正常　□异常
	波形采集（不用者不填）	
		□正常　□异常

课后作业

一、判断题

1. 制冷系统应用制冷剂在某一温度点的状态变化，实行热交换达到制冷目的。（   ）
2. 压缩机采用专用的制冷剂机油润滑，大约有一半留在压缩机中，另一半随制冷剂在回路中循环。（   ）
3. 空气质量传感器功用是侦测车外空气中的有害物质。（   ）
4. 空调系统在除霜位置时，循环空气模式自动开启。（   ）
5. 鼓风机电机高速不工作，而在其他转速下都工作，可能是鼓风机接地线松脱或断开。（   ）

二、填空题

1. 电控自动空调系统的传感器主要包括_____、_____、_____、_____、_____、_____等传感器。
2. 膨胀阀的作用主要是_____和_____，常用有三种类型，分别是_____、_____和_____。
3. 电控自动空调系统控制单元将_____信号，按照_____进行处理，并通过_____不断地对_____、_____、_____及_____等进行调节，从而使车内温度、空气湿度及流动状况等保持在设定的水平上。
4. 电控自动空调系统在手动空调的基础上增加了控制系统，控制系统由_____、_____和_____等组成。
5. 汽车空调制冷部分包括四大元件，分别是_____、_____、_____、_____。

三、不定项选择题

1. 将高温高压的气态制冷剂变为高温高压的液态制冷剂的装置是（   ）。
   A. 压缩机　　　B. 蒸发器　　　C. 冷凝器　　　D. 膨胀阀
2. 自动空调电气控制系统中的以下哪个零部件不受空调电脑控制？（   ）
   A. 蒸发器　　　B. 鼓风机　　　C. 电子扇　　　D. 压缩机
3. 关于空调系统中膨胀阀的安装位置，以下哪种说法正确？（   ）
   A. 装在压缩机与冷凝器之间　　　B. 装在蒸发器的入口处
   C. 装在冷凝器与过滤器之间　　　D. 装在蒸发器与压缩机之间
4. 下列关于空调暖风控制板维修的陈述中正确的是：（   ）。
   A. 在拆卸空调控制板之前必须先断开蓄电池负极电缆
   B. 在拆卸空调控制板之前必须先排空制冷系统
   C. 如果车辆装备有气囊，在蓄电池负极电缆断开后应等待指定的一段时间

D. 自诊断测试会显示出计算机控制的空调系统中空调控制板的故障

5. 在读解压力计读数时，高压侧读数高可能是由以下（　　）原因造成的。

A. 制冷剂充注过量

B. 冷凝器阻塞

C. 吹过蒸发器的气流不足

D. 风扇离合器无力

四、简答题

1. 简述汽车空调系统的组成及其作用、制冷系统的组成及基本工作原理。

2. 简述电控自动空调系统传感器、执行元件的种类及其功用。

3. 简述 LS400 型轿车电控自动空调系统构成及工作原理。

4. 简述汽车空调系统主要电路及检测方法。

5. 简述如何检查阳光传感器。

任务 5.3　车内电网管理系统检修

视频：迈腾 B8 雾灯控制电路测量

能力训练

1. 图 5.3-1 所示为智能汽车静态电源管理系统关闭等级工作原理图，请根据图示完成工作原理的分析。

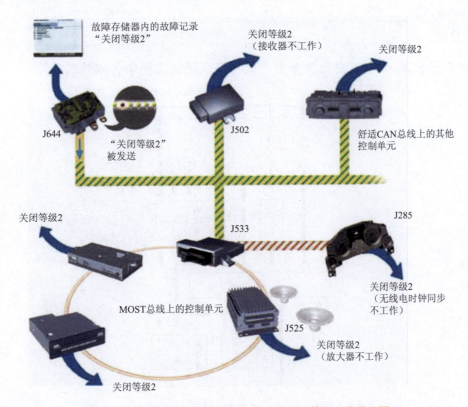

图 5.3-1　智能汽车静态电源管理系统关闭等级工作原理图

2. 请将下面的元件名称和实物图连线。

元件	序号	信号
电子仪表单元	J519 控制单元	电能管理控制单元

3. 请在刮水器电机处采集 LIN 总线信号。请使用转接头 VAS 51003A。注意 DSO 的触发器设置。画出波形图，请记录电压值是多少？

初始电压：_____

隐性电压：_____

显性电压：_____

4. 在图 5.3-2 中写出奥迪车用电能管理系统结构图中各部件名称。

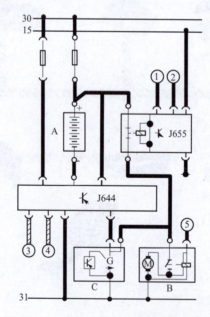

图 5.3-2　奥迪车用电能管理系统结构图

项目五 汽车车身智能控制系统检修

故障点	迈腾 B8 – J519 的 T73c/5 – T17b/17 断路	
故障现象描述		
部件/电路测试	部件线路范围	测试结果判断
		□正常　□异常
		□正常　□异常
		□正常　□异常
		□正常　□异常
		□正常　□异常
	波形采集（不用者不填）	
		□正常　□异常

课后作业

一、判断题

1. 迈腾 B8 车辆操作行李厢盖把手时，已获得授权和匹配的钥匙识别到其信号并发送高频信号向 J519 发送中控锁和钥匙识别的转换代码。（　　）

2. 迈腾 B8 车辆 J965 至 J623 的起动许可信号断路会导致迈腾 B8 方向盘不解锁。
（　　）

3. 当使用无钥匙进入系统进入迈腾 B8 后，按 E378 后，室内天线自身故障会导致钥匙上的指示灯不闪烁。（　　）

4. 迈腾 B8 舒适 CAN 总线会导致玻璃升降器开关 E512 上的开关控制所有功能异常。
（　　）

5. 迈腾 B8 车辆中，驾驶员侧车门控制单元 J386 检测门锁功能开关 F2 信号线路的电位，来判断车门时开启还是关闭状态，低电位代表车门关闭，高电位代表车门打开。
（　　）

二、填空题

1. 车内电网的一个蓄电池即启动蓄电池，用于向＿＿＿＿供电，必要时可供＿＿＿＿供电。第二个蓄电池为车内电网蓄电池，用于向车内电网的＿＿＿＿供电。这两个蓄电池并联时可向发动机提供_____。

2. 为防止电器造成启动蓄电池电量过低，一般将电器分为两组，一组为与启动有关的电器，如_____和_____等，另一组为与启动无关的车内电网电器，如_____和_____等。

3. 通过"应急运行"状态下所连接的导线，信息将传输到_____以及_____。

4. 大众汽车中的汽油发动机具有燃油泵预运行功能，如果驾驶员车门保持_____状态，最多可逻辑性地重复控制（通电）_____次。

5. 大众汽车车内照明灯通过车内电网控制单元进行控制，其供电通过_____实现。为防止车内照明灯打开时导致车辆蓄电池电量过低，在点火开关断开且_____、所有车门_____的条件下，将断开_____供电。

三、不定项选择题

1. 迈腾 B8 豪华 2.0 车型，关于 MOST 总线以下说法正确的是（　　）。
   A. MOST 总线是通过光纤进行数据传递的
   B. MOST 总线采用终端电阻接地的双绞线结构形式
   C. MOST 总线用于传递全车影像的图片及视频文件
   D. MOST 总线用于传递防盗的高频信息

2. 迈腾 B82.0 l TSI 发动机霍尔传感器是如何产生方波信号的：（　　）。
   A. 霍尔传感器有一个接地和一个正极连接。这样，内部电子装置产生方波信号，并通过控制单元信号线发送至控制单元
   B. 由控制单元提供的正电位被霍尔传感器下拉
   C. 霍尔传感器产生交流电压，然后在控制单元中未调制为方波信号
   D. 霍尔元件在交变电磁场作用下产生方波信号，传递给控制单元

3. 针对迈腾 B8 豪华 2.0TSI 车型，技师 A 说：J519 通过 15 单线把 15 信号送给 J285 使仪表点亮；技师 B 说：J965 通过两根 15 单线把 15 信号给 J519，通过总线把 15 信号送给 J285，使仪表点亮。请问谁的说法是正确的？（　　）
   A. 只有技师 A 说法正确　　　　　　B. 只有技师 B 说法正确
   C. 两者说法都正确　　　　　　　　D. 两者说法都不正确

4. 针对迈腾 B82.0TSI 车型继电器，A 技师说，继电器线圈端可能会并联一个电阻；B 技师说，继电器线圈端可能会并联一个二极管。请问谁的说法是正确的？（　　）
   A. 只有技师 A 说法正确　　　　　　B. 只有技师 B 说法正确
   C. 两者说法都正确　　　　　　　　D. 两者都不正确

5. 关于迈腾 B8 2.0 车型电子防盗止动组件描述正确的有：（　　）。
   A. 防盗组件包括发动机控制单元　　B. 防盗组件包括无钥匙进入控制单元
   C. 防盗组件包括舒适系统控制单元　D. 防盗组件包括仪表控制单元

四、简答题

1. 电能管理控制单元的主要任务有哪些？

2. 车内电网蓄电池电量过低时，将执行"应急启动"，请简要介绍此工作情况。

3. 简述大众汽车燃油泵碰撞时断开控制功能。

4. 说明多路传输的唤醒功能。